Der Begriff der wesentlich engeren Verbindung im Internationalen Sachenrecht

Studien zum vergleichenden und internationalen Recht -
Comparative and International Law Studies

Herausgeber: Bernd von Hoffmann und Erik Jayme

Band 70

PETER LANG
Frankfurt am Main · Berlin · Bern · Bruxelles · New York · Oxford · Wien

Christian Stefan Wolf

Der Begriff der wesentlich engeren Verbindung im Internationalen Sachenrecht

PETER LANG
Europäischer Verlag der Wissenschaften

Die Deutsche Bibliothek - CIP-Einheitsaufnahme

Wolf, Christian Stefan:

Der Begriff der wesentlich engeren Verbindung im Internationalen Sachenrecht / Christian Stefan Wolf. - Frankfurt am Main ; Berlin ; Bern ; Bruxelles ; New York ; Oxford ; Wien : Lang, 2002
(Studien zum vergleichenden und internationalen Recht ; Bd. 70)
Zugl.: Köln, Univ., Diss., 2001
ISBN 3-631-39538-8

D 38
ISSN 0930-4746
ISBN 3-631-39538-8

www.peterlang.de

Meinen Eltern gewidmet

Vorwort des Autors

Die Rechtswissenschaftliche Fakultät der Universität zu Köln hat die vorliegende Arbeit im Wintersemester 2001/2002 als Dissertation angenommen.

Herzlich danken möchte ich zunächst meinem Doktorvater, Herrn Prof. Dr. Mansel, der mir beim Anfertigen der Arbeit immer mit Rat und Tat zur Seite stand und mein Interesse am Internationalen Privatrecht weiter vertiefte. Ohne seine fachlichen Anregungen wäre die Arbeit in der vorliegenden Form nicht möglich gewesen.

Herrn Prof. Dr. Jürgen Baur danke ich für die umgehende Erstellung des Zweitgutachtens.

Ein besonderes Dankeschön gilt Herrn Prof. Dr. Ehricke, LL.M, M.A., für den ich während der Erstellung der Arbeit als assistant doctorant an der Université de Genève arbeiten durfte. Neben seinem Verständnis für den zügigen Fortgang der Arbeit und seinen fachlichen Ratschlägen konnte ich auch in persönlicher Hinsicht von ihm während meines Aufenthalts in der Schweiz profitieren.

Schließlich gilt meine Dankbarkeit meinen Eltern. Sie haben mich während des Studiums und der Promotionszeit liebevoll unterstützt. Sie sind das, was man vielleicht als meine Lebenskonstante bezeichnen würde. Durch ihren Beistand haben sie meinen Werdegang möglich gemacht.

Christian Wolf

INHALTSVERZEICHNIS

LITERATURVERZEICHNIS

Die Publikationen werden im Text unter Nennung des Autors und des Periodikums beziehungsweise durch die hier in Klammern gesetzten Stichworte zitiert.

Baetge, Dietmar: Der gewöhnliche Aufenthalt im internationalen Privatrecht, Tübingen 1994 (*Der gewöhnliche Aufenthalt*).

v. Bar, Christian: Internationales Privatrecht, Erster Band, München 1987 (*IPR I*).

ders.: Internationales Privatrecht, Zweiter Band, München 1987 (*IPR II*).

v. Bar, Karl Ludwig: Das Internationale Privat- und Strafrecht, Hannover 1862 (*Int. Privat- und Strafrecht*).

ders.: Theorie und Praxis des Internationalen Privatrechts, Band I, Hannover 1889 (*Theorie und Praxis des IPR*).

Basedow, Jürgen: Die Neuregelung des Internationalen Privat- und Prozeßrechts, NJW 1986, 2971 ff.

Battifol, Henri; Lagarde Paul: Droit international privé, 7. Auflage, Paris 1981 (*DIP*).

Baur, Jürgen; Stürner, Rolf: Sachenrecht, 17. Auflage, München 1999 (*Sachenrecht*).

Beater, Axel: Generalklauseln und Fallgruppen, AcP 194 (1994), S. 82 ff. (*Generalklauseln*).

Beitzke, Günther: Betrachtungen zur Methodik im Internationalprivatrecht, in: FS für Rudolf Smend, Göttingen 1952, S. 1 ff.

Bydlinski, Franz: Juristische Methodenlehre und Rechtsbegriff, 2. Auflage, Wien/New York 1991 (*Methodenlehre*).

Byrne-Sutton, Quentin: Le traffic international des biens culturels sous l'angle de leur revendication par l'état d'origine, Schweizer Studien zum internationalen Recht, Band 52, Zürich 1988, S. 146 ff. (*Le traffic international des biens culturels*).

Creifelds, Carl: Rechtswörterbuch, hrsg. von Klaus Weber, 16. Auflage, München 2000 (*Rechtswörterbuch*)

Czapski, Georg: Niederländische Rechtsprechung zum Internationalen Privat- und Prozeßrecht, RabelsZ 1970 (34), 86 ff.

Denninger, Erhard: Die Traditionsfunktion des Seekonnossements im internationalen Privatrecht, Frankfurt/Berlin 1959 (*Traditionsfunktion*).

Dörner, Heinrich: Moderne Anknüpfungstechniken im internationalen Personen- und Familienrecht, StaZ 1990, 2 ff.

Dolzer, Rudolf; Jayme, Erik; Mußgnug, Reinhard: Rechtsfragen des internationalen Kulturgüterschutzes, Heidelberg 1994 (*Kulturgüterschutz*).

Drobnig, Ulrich: Eigentumsvorbehalte bei Importlieferungen nach Deutschland, RabelsZ 32 (1968), 450 ff.

ders.: Entwicklungstendenzen des deutschen internationalen Sachenrechts, in: Internationales Privatrecht und Rechtsvergleichung im Ausgang des 20. Jahrhunderts, FS für Gerhard Kegel, Frankfurt am Main 1977, S. 141 ff.

ders.: Vorschlag einer besonderen sachenrechtlichen Kollisionsnorm für Transportmittel, in: Henrich, Dieter (Hrsg.), Vorschläge und Gutachten zur Reform des deutschen Internationalen Sachen- und Immaterialgüterrechts, Tübingen 1991, S. 13 ff. (*Henrich, Vorschläge*).

Dubler, César E.: Les clauses d'exception en droit international privé, Études suisses en droit international, Volume 35, Genève 1983 (*Les clauses d'exception*).

Duden: Band 8, Die sinn- und sachverwandten Wörter, 2. Auflage, Mannheim 1986.

Eberl, Wolfgang: Probleme und Auswirkungen der EG-Vorschriften zum Kulturgüterschutz, NVwZ 1994, 729.

Einsele, Dorothee: Rechtswahlfreiheit im Internationalen Privatrecht, RabelsZ 60 (1996), 417 ff.

Engisch, Karl: Die Idee der Konkretisierung in Recht und Rechtswissenschaft unserer Zeit, 2. Auflage, Heidelberg 1968 (*Idee der Konkretisierung*).

Erman, Walter: Handkommentar zum Bürgerlichen Gesetzbuch, 2. Band, 9. Auflage, Münster 1993 (*Erman-Bearbeiter*).

Felgentraeger, Wilhelm: Antikes Lösungsrecht, Berlin/Leipzig 1933 (*Lösungsrecht*).

Ferid, Murad: Internationales Privatrecht, 3. Auflage, Frankfurt a. M. 1986 (*IPR*).

Fikentscher, Wolfgang: Methoden des Rechts in vergleichender Darstellung, Band IV, Dogmatischer Teil, Tübingen 1977 (*Methoden des Rechts*).

Firsching, Karl; v. Hoffmann, Bernd: Internationales Privatrecht, 5. Auflage, München 1997 (*IPR*).

Fisch, Pius: Eigentumserwerb, Eigentumsvorbehalt und Sicherungsübereignung an Fahrnis im internationalen Sachenrecht der Schweiz, der Bundesrepublik Deutschland und Frankreichs, Diss. Freiburg (Schweiz) 1984 (*Eigentumserwerb*).

Flessner, Axel: Interessenjurisprudenz im Internationalen Privatrecht, Tübingen 1990 (*Interessenjurisprudenz im IPR*).

Frankenstein, Ernst: Internationales Privatrecht (Grenzrecht), 2. Band, Berlin-Grunewald 1929 (*IPR*).

Fuchs, Angelika: Kulturgüterschutz und Kulturgutsicherungsgesetz, IPRax 2000, 281 ff.

Geisler, Stephan: Die engste Verbindung im Internationalen Privatrecht, Berlin 2001 (*Die engste Verbindung im IPR*).

Gsell, Beate: Der EU-Richtlinienentwurf zur Bekämpfung von Zahlungsverzug im Handelsverkehr, ZIP 1998, 1569 ff.

Gutzwiller, Max: Die achte Haager Konferenz für Internationales Privatrecht, SchJbIR XIII (1956), 9 ff.

Habicht, Herrmann: Zur Lehre vom IPR beweglicher Sachen, in: FS für Wilhelm Heinitz 1926, S. 463 ff.

Hanisch, Hans: Internationalprivatrechtliche Fragen beim Kunsthandel, in: FS für Wolfram Müller-Freienfels, Baden-Baden 1986, S. 193 ff.

Haubelt, Horst Wilhelm: Die Konkretisierung von Generalklauseln, München 1978 (*Konkretisierung*).

Henkel, Heinrich: Einführung in die Rechtsphilosophie, 2. Auflage, München 1977, (*Rechtsphilosophie*)

Henrich, Dieter (Hrsg.): Vorschläge und Gutachten zur Reform des deutschen Internationalen Sachen- und Immaterialgüterrechts, Tübingen 1991 (*Vorschläge*).

ders.: Zum Herausgabeanspruch des Bestohlenen und den Gegenrechten des gutgläubigen Besitzers in Fällen mit Auslandsberührung, in: Rechtskollisionen, FS für Anton Heini, Zürich 1995, S. 199 ff.

Hepting, Reinhard: Schwerpunktanknüpfung und Schwerpunktvermutungen im internationalen Vertragsrecht, in: FS für Werner Lorenz, Tübingen 1991, S. 393 ff.

Herber, Rolf: Seehandelsrecht - Systematische Darstellung, Berlin/New York 1999 (*Seehandelsrecht*).

v. Hoffmann, Bernd: Internationales Privatrecht, 6. Auflage, München 2000 (*IPR*).

Huber, Peter: Das internationale Deliktsrecht nach der Reform, JA 2000, 67 ff.

Hübner, Ulrich: Die Behandlung ausländischer besitzloser Mobiliarsicherheiten in Frankreich - Französischer Kassationshof, AWD 1969, 454 ff., JuS 1974, 151 ff.

IPRG-Kommentar: Kommentar zum Bundesgesetz über das Internationale Privatrecht (IPRG) vom 1. Januar 1989, herausgegeben von Heini, Anton; Keller, Max; Siehr, Kurt; Vischer, Frank; Volken, Paul, Zürich 1993 (*IPR-Kommentar-Bearbeiter*).

Jayme, Erik: Entwurf eines EU-Übereinkommens über das auf außervertragliche Schuldverhältnisse anwendbare Recht, IPRax 1999, 298.

ders.: Internationales Familienrecht heute, in: FS für Wolfram Müller-Freienfels, Baden-Baden 1986, S. 341 ff.

ders.: Kulturgüterschutz in ausgewählten europäischen Ländern, ZVglRWiss 95 (1996), 158 ff.

ders.: Transposition und Parteiwille bei grenzüberschreitenden Mobiliarsicherheiten, in: FS für Rolf Serick, Bonn/Heidelberg 1992, S. 241 ff.

Jayme, Erik; Kohler, Christian: Europäisches Kollisionsrecht 1999 - Die Abendstunde der Staatsverträge, IPRax 1999, 401 ff.

Junker, Abbo: Die IPR-Reform von 1999: Auswirkungen auf die Unternehmenspraxis, RIW 2000, 241 ff.

Kassaye, Alem B.: Neuere Entwicklungen im internationalen Immobiliarsachenrecht, Diss. Hamburg 1983 (*Neuere Entwicklungen*).

Kegel, Gerhard: Der Gegenstand des Internationalen Privatrechts, in: FS für Leo Raape, Hamburg 1948, S. 13 ff.

ders.: Der Griff in die Zukunft, JuS 1968, 162 ff.

Kegel, Gerhard; Schurig, Klaus: Internationales Privatrecht, 8. Auflage, München 2000 (*IPR*).

Knoepfler, Francois: Utilité et dangers d'une clause d'exception en droit international privé, in: Hommage à Raymond Jeanprêtre, Neuchâtel 1982, S. 113 ff.

Koch, Robert: Zur Neuregelung des Internationalen Deliktsrechts: Beschränkung des Günstigkeitsprinzips und Einführung der vertragsakzessorischen Bestimmung des Deliktsstatuts?, VersR 1999, 1453 ff.

Köbler, Gerhard: Juristisches Wörterbuch, 9. Auflage, München 1999 (*Juristisches Wörterbuch*).

Kommentar zum Internationalen Privatrecht: Band I c, Art. 38 nF (Unerlaubte Handlungen); Internationales Sachenrecht, erläutert von v. Hoffmann, Bernd; Stoll, Hans; Berlin 1992 (*IPR-Kommentar-Bearbeiter*).

Kommentar zum schweizerischen Privatrecht, Internationales Privatrecht, hrsg. von: Honsell, Heinrich; Vogt, Nedim Peter; Schnyder, Anton K.; Basel/Frankfurt a. M. 1995, (*IPRG-Bearbeiter*).

Kondring, Jörg: Die internationalprivatrechtliche Behandlung der rei vindicatio bei Sachen auf dem Transport, IPRax 1993, 371 ff.

Koziol, Helmut; Welser, Rudolf: Grundriß des bürgerlichen Rechts, Band 2 (Sachenrecht, Familienrecht, Erbrecht), 10. Auflage, Wien 1996 (*Grundriß des bürgerlichen Rechts*).

Kreuzer, Karl: Berichtigungsklauseln im Internationalen Privatrecht, in: FS für Imre Zajtay, Tübingen 1982, S. 295 ff.

ders.: Die Vollendung der Kodifikation des deutschen Internationalen Privatrechts durch das Gesetz zum Internationalen Privatrecht der außervertraglichen Schuldverhältnisse und Sachen vom 21.5.1999, RabelsZ 2001, 383 ff.

ders.: Gutachtliche Stellungnahme zum Referentenentwurf eines Gesetzes zur Ergänzung des Internationalen Privatrechts, in: Henrich, Dieter (Hrsg.), Vorschläge und Gutachten zur Reform des deutschen Internationalen Sachen- und Immaterialgüterrechts, Tübingen 1991, S. 37 ff. (*Henrich, Vorschläge*)

ders.: Zur Funktion von kollisionrechtlichen Berichtigungsnormen, ZfRV (Österreich) 1992, S. 168 ff.

Kronke, Herbert: Beweisrechtliche Havarie - Internationalsachenrechtliche gute Reise: Venezolanische Schiffspfandrechte vor deutschen Gerichten, IPRax 1992, 303 ff.

Kropholler, Jan: Internationales Privatrecht, 4. Auflage, Tübingen 2001 (*IPR*).

Lagarde, Paul: Le principe de proximité dans le droit international privé contemporain, Recueil des Cours 196 I (1986), Dordrecht/Boston/Lancaster 1987 (*Le principe de proximité*).

Lalive, Pierre A.: The transfer of chattels in the conflict of laws: a comparative study, Oxford 1955 (*The transfer of chattels*).

Larenz, Karl: Entwicklungstendenzen in der heutigen Zivilrechtsdogmatik, JZ 1962, 105 ff.

ders.: Methodenlehre der Rechtswissenschaft, 6. Auflage, Berlin/Heidelberg/New York 1991 (*Methodenlehre*).

ders.: Wegweiser zu richterlicher Rechtsschöpfung, Eine rechtsmethodologische Untersuchung, in: FS für Arthur Nikisch, Tübingen 1958, S. 275 ff.

Lauterbach, Wolfgang (Hrsg.): Vorschläge und Gutachten zur Reform des Internationalen Personen- und Sachenrechts, Tübingen 1972 (*Vorschläge*).

Leenen, Detlef: Typus und Rechtsfindung, Berlin 1971 (*Typus und Rechtsfindung*).

Lehr, Wolfgang: Neuer Vorschlag für eine EU-Richtlinie über Zahlungsverzug und Eigentumsvorbehalt im Handelsverkehr, EWS 1999, 241 ff.

Lewald, Hans: Das deutsche internationale Privatrecht: auf Grundlage der Rechtsprechung, Leipzig 1931, (*IPR*).

Lüderitz, Alexander: Anknüpfung im Parteiinteresse, in: FS für Gerhard Kegel, Frankfurt am Main 1977, S. 31 ff.

ders.: Die Beurteilung beweglicher Sachen im internationalen Privatrecht, in Lauterbach, Wolfgang (Hrsg.), Vorschläge und Gutachten zur Reform des Internationalen Personen- und Sachenrechts, Tübingen 1972, S. 185 ff. (*Lauterbach, Vorschläge*).

ders.: Internationales Privatrecht, 2. Auflage, Köln 1992 (*IPR*).

Magnus, Ulrich: Internationales Privat- und Prozeßrecht, RIW 1981, 201 ff.

Markianos, Demetrios: Die res in transitu im deutschen internationalen Privatrecht, RabelsZ 23 (1958), 21 ff.

Mankowski, Peter: Das Statut der Schiffsgläubigerrechte, TransportR 1990, 213 ff.

Mansel, Heinz-Peter: DeWeerth v. Baldinger - Kollisionsrechtliches zum Erwerb gestohlener Kunstwerke, IPRax 1988, 268 ff.

ders.: Personalstatut, Staatsangehörigkeit und Effektivität, München 1988 (*Personalstatut*).

Martiny, Dieter: Nichtanerkennung deutscher Sicherungsübereignung in Österreich, IPRax 1985, 168 ff.

Meyer-Ladewig, Jens: Verschiedene Rechtsordnungen für Schuldvertrag und Übereignung im internationalen Kaufrecht?, AWD 1963, 261 ff.

Müller, Friedrich: Juristische Methodik, 7. Auflage, Berlin 1997 *(Juristische Methodik)*.

Müller, Klaus: Kollisionsrechtliche Behandlung von Reisegepäck und individuellem Verkehrsmittel auf der Auslandsreise, RIW 1982, S. 461 ff.

ders.: Sachenrecht, 4. Auflage, Köln/Berlin/Bonn/München 1997 (*Sachenrecht*).

Müller-Katzenburg, Astrid: Besitz- und Eigentumssituation bei gestohlenen und sonst abhanden gekommenen Kunstwerken, NJW 1999, 2551 ff.

dies.: Internationale Standards im Kulturgüterverkehr und ihre Bedeutung für das Sach- und Kollisionsrecht, Diss. Berlin 1995 (*Internationale Standards im Kulturgüterverkehr*).

Münchener Kommentar: Kommentar zum Bürgerlichen Gesetzbuch, Band 6, Sachenrecht, §§ 854-1296, 3. Auflage, München 1997 (*MüKo-Bearbeiter*).

ders.: Kommentar zum Bürgerlichen Gesetzbuch, Band 10, Einführungsgesetz zum Bürgerlichen Gesetzbuch, Internationales Privatrecht, 3. Auflage, München 1998 (*MüKo-Bearbeiter*).

Neuhaus, Paul Heinrich: Die Grundbegriffe des Internationalen Privatrechts, 2. Auflage, Tübingen 1976 (*Grundbegriffe*).

Neumann, Hugo: Internationales Privatrecht in Form eines Gesetzesentwurfs nebst Motiven und Materialien. Ein Beitrag zur Kodifikation des Deutschen bürgerlichen Rechts, Berlin 1896 (*Gesetzesentwurf*).

Niboyet, Jean-Pierre: Des conflits de lois relatifs à l'aquisition de la propriété et des droits sur les meubles corporels à titre particulier, Etude de droit international privé, Paris 1912 (*Etude de droit international privé*).

Overbeck, Alfred E. von: Les questions générales du droit international privé à la lumière des codifications et projets récents, Recueil des Cours 176 III (1982), S. 9 ff.

Palandt, Otto: Kommentar zum Bürgerlichen Gesetzbuch, 61. Auflage, München 2002 *(Palandt-Bearbeiter)*.

ders.: Kommentar zum Bürgerlichen Gesetzbuch, 58. Auflage, München 1999 (*Palandt-Bearbeiter*, 58. Auflage).

Pawlowski, Hans-Martin: Methodenlehre für Juristen, Theorie der Norm und des Gesetzes, 3. Auflage, Heidelberg 1999 (*Methodenlehre*).

Pfeiffer, Thomas: Der Stand des Internationalen Sachenrechts nach seiner Kodifikation, IPRax 2000, 270 ff.

ders.: Die Entwicklung des Internationalen Vertrags-, Schuld- und Sachenrechts 1997-1999, NJW 1999, 3674 ff.

Pirrung, Jörg: Internationales Privat- und Verfahrensrecht nach dem Inkrafttreten der Neuregelung des IPR, Bonn 1987 (*Int. Privat- und Verfahrensrecht*).

Privat, Constantin: Der Einfluß der Rechtswahl auf die rechtsgeschäftliche Mobiliarübereignung im internationalen Privatrecht, Bonn 1964 (*Der Einfluß der Rechtswahl*).

Prüssmann Heinz; Rabe, Dieter: Seehandelsrecht: viertes Buch des Handelsgesetzbuches mit Nebenvorschriften und internationalen Übereinkommen, 3. Auflage, München 1992, (*Seehandelsrecht*).

Rabel, Ernst; Raiser, Ludwig: Eine Entscheidung des Deutsch-Englischen Gemischten Schiedsgerichts über den Versendungskauf; RabelsZ 3 (1929), 62 ff.

Raape, Leo: Internationales Privatrecht, 5. Auflage, Berlin/Frankfurt 1961 (*IPR*).

Raupach, Heinz Waldemar Andreas: Res in transitu im deutschen internationalen Privatrecht, Diss. Erlangen 1935 (*Res in transitu*).

Rauscher, Thomas: Internationales Privatrecht, Heidelberg 1999 (*IPR*).

Regel, Alexander: Schiffsgläubigerrechte im deutschen, englischen und kanadischen IPR. Zugleich eine Darstellung des englischen und kanadischen materiellen Rechts des „maritime lien“, Diss. Bonn 1983 (*Schiffsgläubigerrechte*).

Reichelt, Gert: Kulturgüterschutz und Internationales Privatrecht, IPRax 1986, 73 ff.

RGRK (Reichsgerichtsräte-Kommentar): Das Bürgerliche Gesetzbuch mit besonderer Berücksichtigung der Rechtsprechung des Reichsgerichts und des Bundesgerichtshofs, Band VI, Internationales Privatrecht, Teilband 1 und 2, Berlin/New York 1981 (*BGB-RGRK-Bearbeiter, Teilband*).

Roth, Wulf-Henning: Angleichung des IPR durch sekundäres Gemeinschaftsrecht, IPRax 1994, 165 ff.

Rüthers, Bernd: Rechtstheorie (Begriff, Geltung und Anwendung des Rechts), München 1999 (*Rechtstheorie*).

Sailer, Gerhard: Gefahrübergang, Eigentumsübergang, Verfolgungs- und Zurückbehaltungsrecht beim Kauf beweglicher Sachen im Internationalen Privatrecht, Berlin 1966 (*Gefahrübergang*).

Sauer, Wilhelm: Juristische Methodenlehre, Zugleich eine Einleitung in die Methodik der Geisteswissenschaften, Aalen 1970 (*Juristische Methodenlehre*).

v. Savigny, Friedrich Karl: System des heutigen römischen Rechts, Band VIII, Berlin 1849 *(System des heutigen römischen Rechts*).

Schaps, Georg; Abrahams, Hans Jürgen: Das Seerecht in der Bundesrepublik Deutschland: Kommentar und Materialsammlung, Band 1, 4. Auflage, Berlin/New York 1978 (*Seerecht*).

Schilling, Theodor: Besitzlose Mobiliarsicherheiten im nationalen und internationalen Privatrecht: Versuch einer vergleichenden Darstellung unter besonderer Berücksichtigung der Rechte des deutschen und französischen Rechtskreises und des commun I, München 1985 (*Besitzlose Mobiliarsicherheiten*).

Schröder, Jochen: Die Anpassung von Kollisions- und Sachnormen, Berlin 1961 (*Anpassung*).

Schurig, Klaus: Interessenjurisprudenz contra Interessenjurisprudenz im IPR, Anmerkungen zu Flessners Thesen, RabelsZ 59 (1995), 229 ff.

ders.: Kollisionsnorm und Sachrecht: zu Struktur, Standort und Methode des internationalen Privatrechts, Berlin 1981 (*Kollisionsnorm und Sachrecht*).

Schwab, Karl-Heinz; Prütting, Hanns: Sachenrecht, 27. Auflage, München 1997 (*Sachenrecht*).

von der Seipen, Christoph: Akzessorische Anknüpfung und engste Verbindung im Kollisionsrecht der komplexen Vertragsverhältnisse, Heidelberg 1989 (*Akzessorische Anknüpfung*).

Siehr, Kurt: Das Lösungsrecht des gutgläubigen Käufers im Internationalen Privatrecht, ZVglRWiss 83 (1984), 100 ff.

ders.: Der gutgläubige Erwerb beweglicher Sachen, ZVglRWiss 80 (1981), 273 ff.

ders.: Gutgläubiger Erwerb von Kunstwerken in New York - DeWeerth v. Baldinger erneut vor Gericht, IPRax 1993, 339 ff.

ders.: Internationales Privatrecht, Deutsches und europäisches Kollisionsrecht für Studium und Praxis, Heidelberg 2001 (IPR)

ders.: Vereinheitlichung des Mobiliarsachenrechts in Europa, insbesondere im Hinblick auf Kulturgüter, RabelsZ 59 (1995), 454 ff.

Soergel, Hans Theodor: Bürgerliches Gesetzbuch, Band 10, Einführungsgesetz, 12. Auflage, Berlin/Köln 1996 (*Soergel-Bearbeiter*).

Sonnenberger, Hans-Jürgen: „Lex rei sitae" und internationales Transportwesen, AWD 1971, 253 ff.

Sovilla, Kurt: Der Eigentumsübergang an beweglichen körperlichen Gegenständen bei internationalen Käufen, Freiburg 1954 (Eigentumsübergang).

Spickhoff, Andreas: Die Restkodifikation des Internationalen Privatrechts: Außervertragliches Schuld- und Sachenrecht, NJW 1999, 2209 ff.

ders.: Internationale Umwelthaftungsstandards und das neue Internationale Umwelthaftungsrecht, in: Jahrbuch für Umwelt- und Technikrecht, Berlin 2000, S. 385 ff.

Staudinger, Ansgar: Das Gesetz zum Internationalen Privatrecht für außervertragliche Schuldverhältnisse und für Sachen vom 21.5.1999, DB 1999, 1589 ff.

v. Staudinger, Julius: Kommentar zum Bürgerlichen Gesetzbuch mit Einführungsgesetz und Nebengesetzen, EGBGB/IPR, Artt. 13-18 EGBGB, 13. Auflage, Berlin 1996 (*Staudinger-Bearbeiter*).

ders.: Kommentar zum Bürgerlichen Gesetzbuch mit Einführungsgesetz und Nebengesetzen, EGBGB/IPR, Internationales Sachenrecht, 13. Bearbeitung, Berlin 1996 (*Staudinger-Stoll*).

Steinle, Edgar: Konkludente Rechtswahl und objektive Anknüpfung nach altem und neuem deutschen Internationalen Vertragsrecht, ZVglRWiss 93 (1994), 300 ff.

Stoll, Hans: Sachenrechtliche Fragen des Kulturgüterschutzes in Fällen mit Auslandsberührung, in Dolzer/Jayme/Mußgnug, Rechtsfragen des internationalen Kulturgüterschutzes, Heidelberg 1994, S. 53 ff.

ders.: Zur gesetzlichen Regelung des internationalen Sachenrechts in Artt. 43-46 EGBGB, IPRax 2000, 259 ff.

van Venrooy, Gert: Internationales Privatrecht: Der gestohlene PKW, JuS 1980, 363 ff.

Verheul, Johannes Pieter: La reconnaissance en droit international privé des sûretés réelles sans dépossession constituées à l´etranger, in: Netherlands Reports to the Xth international Congress of Comparitive Law (Budapest 1978), Deventer 1987, S. 123 ff. (*La reconnaissance en droit international privé des sûretés réelles*).

Wagner, Rolf: Der Regierungsentwurf eines Gesetzes zum Internationalen Privatrecht für außervertragliche Schuldverhältnisse und für Sachen, IPRax 1998, 429 ff.

Weber, Ralph: Einige Gedanken zur Konkretisierung von Generalklauseln durch Fallgruppen, AcP 192 (1992), S. 516 ff.

Weber, Rolf: Parteiautonomie im Internationalen Sachenrecht? RabelsZ 44 (1980), 510 ff.

Weil, Hilde: Die kollisionsrechtliche Beurteilung von Tatbeständen des Sachenrechts in Beziehung auf „res in transitu", Diss. Berlin 1933 (*Die kollisionsrechtliche Beurteilung*).

Weissflog, Werner: Der Schutz des Erwerbs beweglicher Sachen vom Nichteigentümer im IPR, Zürich 1930 (*Schutz des Erwerbs*).

Wengler, Wilhelm: L'évolution moderne du droit international privé et la prévisibilité du droit applicable, Revue critique de droit international privé 1990, 657 ff.

Werner, Fritz: Zum Verhältnis von gesetzlichen Generalklauseln und Richterrecht, Karlsruhe 1966 (*Gesetzliche Generalklauseln und Richterrecht*).

Westermann, Harm Peter: Sachenrecht, 7. Auflage, Heidelberg 1998 (*Sachenrecht*).

Wolff, Martin: Das Internationale Privatrecht Deutschlands, 3. Auflage, Berlin/Göttingen/Heidelberg 1954 (*IPR*).

Zaphiriou, G.A.: The Transfer of Chattels in Private International Law, London 1956 (*The Transfer of Chattels*).

Zitelmann, Ernst: Internationales Privatrecht, Band I, Leipzig 1897 (*IPR I*).

ders.: Internationales Privatrecht, Band II, Leipzig 1897, (*IPR II*).

Zweigert, Konrad; Drobnig, Ulrich: Das Statut der Schiffsgläubigerrechte, VersR 1971, 581 ff.

ABKÜRZUNGSVERZEICHNIS

a.a.O.	am angegebenen Ort
ABl.	Amtsblatt
ABl.EG	Amtsblatt der Europäischen Gemeinschaften
Abs.	Absatz (Absätze)
AcP	Archiv für civilistische Praxis (Zeitschrift)
a.E.	am Ende
Alt.	Alternative
Anh.	Anhang
Anm.	Anmerkung
Art.	Artikel
AWD	Außenwirtschaftsdienst des Betriebsberaters (Zeitschrift)
BAG	Bundesarbeitsgericht
BayObLG	Bayerisches Oberstes Landesgericht
BB	Der Betriebs-Berater (Zeitschrift)
BGB	Bürgerliches Gesetzbuch
BGBl.	Bundesgesetzblatt
BGH	Bundesgerichtshof
BGHZ	Entscheidungen des Bundesgerichtshofs in Zivilsachen
BTDrucks.	Bundestagsdrucksache
BVerfG	Bundesverfassungsgericht
BVerfGE	Entscheidungen des Bundesverfassungsgerichts
cc	Codigo civil
c.c.	Codice civile
CC	Code civil
d.h.	das heißt
DB	Der Betrieb (Zeitschrift)
ders.	derselbe
dies.	dieselbe
Diss.	Dissertation
DJZ	Deutsche Juristenzeitung (Zeitschrift)
DVBl.	Deutsche Verwaltungsblätter (Zeitschrift)
EG	Europäische Gemeinschaften
EGBGB	Einführungsgesetz zum Bürgerlichen Gesetzbuch
EU	Europäische Union
EuGH	Europäischer Gerichtshof
EuGVÜ	Brüsseler EWG-Übereinkommen über die gerichtliche Zuständigkeit und die Vollstreckung gerichtlicher Entscheidungen in Zivil- und Handelssachen
EWG	Europäische Wirtschaftsgemeinde

EWS	Europäisches Wirtschafts- und Steuerrecht (Zeitschrift)
f., ff.	folgende
Fn.	Fußnote
FS	Festschrift
gem.	gemäß
ggf.	gegebenenfalls
HGB	Handelsgesetzbuch
Hrsg.	Herausgeber
hrsg.	herausgegeben
HS	Halbsatz
i.ü.	im übrigen
IPR	Internationales Privatrecht
IPRax	Praxis des Internationalen Privat- und Verfahrensrechts (Zeitschrift)
IPRspr.	Die deutsche Rechtsprechung auf dem Gebiete des internationalen Privatrechts
i.V.m.	in Verbindung mit
JA	Juristische Arbeitsblätter (Zeitschrift)
JR	Juristische Rundschau (Zeitschrift)
JuS	Juristische Schulung (Zeitschrift)
JZ	Juristenzeitung (Zeitschrift)
LugÜ	Luganer Übereinkommen über die gerichtliche Zuständigkeit und die Vollstreckung gerichtlicher Entscheidungen in Zivil- und Handelssachen
KG	Kammergericht; Kommanditgesellschaft
KultGüRückG	Kulturgüterrückgabegesetz
KultgutSiG	Kulturgutsicherungsgesetz
LG	Landgericht
m.w.N.	mit weiteren Nachweisen
Ned. Jur.	Nederlandse Jurisprudentie (Zeitschrift)
NJW	Neue Juristische Wochenschrift (Zeitschrift)
NJW-RR	NJW-Rechtsprechungsreport Zivilrecht (Zeitschrift)
no.	numéro
Nr.	Nummer
NVwZ	Neue Zeitschrift für Verwaltungsrecht
OGHBrZ	Oberster Gerichtshof der Britischen Besatzungszone
OLG	Oberlandesgericht
OR	Schweizerisches Obligationenrecht
RefE	Referentenentwurf
RG	Reichsgericht
RGZ	Entscheidungen des Reichsgerichts in Zivilsachen
RIW	Recht der internationalen Wirtschaft (Zeitschrift)

Rn.	Randnummer
S.	Seite
SchJbIR	Schweizerisches Jahrbuch für Internationales Recht
Slg.	Sammlung
StAZ	Das Standesamt, Zeitschrift für Standesamtswesen
TranspR	Transportrecht (Zeitschrift)
u.a.	und andere
u.U.	unter Umständen
VersR	Versicherungsrecht (Zeitschrift)
vgl.	vergleiche
z.B.	zum Beispiel
ZfRV	Zeitschrift für Rechtsvergleichung, Internationales Privatrecht und Europarecht (Österreich)
ZGB	Schweizerisches Zivilgesetzbuch
ZIP	Zeitschrift für Wirtschaftsrecht
ZPO	Zivilprozeßordnung
ZVglRWiss	Zeitschrift für vergleichende Rechtswissenschaft

RECHTSPRECHUNGSVERZEICHNIS

Gericht	Urteil v.	Aktenzeichen	Fundstelle
BAG	24.8.1989	2 AZR 2/89	IPRspr. 1989 Nr. 12
BAG	29.10.1992	2 AZR 267/92	IPRspr. 1992 Nr. 69 b
BayObLG	3.1.1934	Reg. I 66/33	IPRspr. 1934 Nr. 24
BGH	4.3.1960	IV ZB 180/59	IPRspr. 1960/61 Nr.128
BGH	6.7.1961	II ZR 161/60	IPRspr. 1960/61 Nr. 53
BGH	20.3.1963	VIII ZR 130/61	BGHZ 39, 173 ff.
BGH	2.2.1966	VIII ZR 153/64	BGHZ 45, 95 ff.
BGH	20.12.1972	IV ZB 20/72	BGHZ 60, 68 ff.
BGH	5.10.1974	VI ZR 253/75	NJW 1977, 496 f.
BGH	9.3.1977	IV ZR 112/76	RIW 1977, 294 f.
BGH	10.3.1978	V ZR 73/76	DVBl. 1979, 226 f.
BGH	20.6.1979	IV ZR 106/78	BGHZ 75, 32 ff.
BGH	30.1.1980	VIII ZR 197/78	WM 1980, 410 f.
BGH	8.4.1987	VIII ZR 211/86	BGHZ 100, 321 ff.
BGH	21.1.1991	II ZR 49/90	IPRspr. 1991 Nr. 1 b
BGH	11.3.1991	II ZR 88/90	NJW 1991, 1415 f.
BGH	28.9.1994	IV ZR 95/93	NJW 1995, 58 f.
BGH	6.3.1995	II ZR 84/94	JZ 1995, 784 f.
BGH	9.5.1996	IX ZR 244/95	NJW 1996, 2233 ff.
BGH	13.6.1996	IX ZR 172/95	NJW 1996, 2569 f.
BGH	25.9.1996	VIII ZR 76/95	NJW 1997, 461 f.
BVerfG	21.5.1974	1 BvL 22/71	BVerfGE 37, 217 ff.
KG	29.9.1987	17 U 429/87	NJW 1988, 341 ff.
LG Hamburg	7.1.1965	4 O 338/62	IPRspr. 1964/65 Nr. 64
OGHBrZ	7.7.1949	I ZS 226/48	OGHZ 2, 226 ff.
OLG Hamburg	25.10.1961	4 V 169/60	AWD 1963, 261 f.
OLG Hamburg	9.1.1975	6 U 49/71	IPRspr. 1975, Nr. 27
OLG Hamburg	3.3.1989	14 U 240/87	IPRspr. 1989 Nr. 38
OLG Hamburg	8.6.1989	6 U 135/88	VersR 1989, 1164 ff.
OLG Hamm	14.8.1985	20 U 18/84	IPRspr. 1985 Nr. 143
OLG Hamm	28.1.1994	29 U 147/92	NJW-RR 1995, 187.
OLG Karlsruhe	3.10.1968	VA 2/68	IPRspr. 1968/69 Nr. 69
OLG Koblenz	29.3.1985	10 U 919/84	VersR 1987, 1088 ff.
OLG Köln	19.4.1963	9 U 137/61	AWD 1965, 94 ff.
OLG München	29.1.1976	1 U 2978/75	IPRspr. 1976 Nr. 29 a
OLG München	10.3.1988	24 U 474/87	NJW-RR 1989, 663 ff.
RG	9.2.1900	Rep. VI a 263/99	RGZ 45, 276
RG	5.2.1913	Rep. I 258/12	RGZ 81, 283 ff.

Einleitung

A. Problemstellung und Ziel der Untersuchung

Das Einführungsgesetz zum BGB enthielt bislang eine lediglich bruchstückhafte Kodifikation des IPR. Allgemeine Kollisionsnormen des Sachenrechts blieben de lege scripta allein auf Sondergebiete beschränkt. Diese Lücke schloß die am 1.6.1999 in Kraft getretene Novelle zum IPR,[1] durch die neben dem Internationalen Sachenrecht auch Kollisionsnormen bezüglich außervertraglicher Schuldverhältnisse Eingang in das BGB fanden.[2]
Am Ende des Sechsten Abschnitts „Sachenrecht" des Ersten Teils des EGBGB ist nun in Art. 46 EGBGB eine sogenannte Ausweichklausel[3] mit der Überschrift „Wesentlich engere Verbindung" verankert. Diese lautet wie folgt:

Besteht mit dem Recht eines Staates eine wesentlich engere Verbindung als mit dem Recht, das nach den Artikeln 43 bis 45 maßgebend wäre, so ist jenes Recht anzuwenden.

Die Vorschrift ist also in Zusammenhang mit den Kollisionsnormen der Artt. 43-45 EGBGB zu sehen. Kodifizierte Kollisionsnormen wie die Regelkollisionsnormen der Artt. 43-45 EGBGB verwirklichen Rechtssicherheit bei der Bestimmung des anwendbaren Sachenrechts und betonen den generalisierenden Aspekt der Gerechtigkeit.[4] Dabei bleibt dem Rechtsanwender jedoch keine Befugnis, den Besonderheiten atypischer Fälle Rechnung zu tragen. Um aus der

---

[1] Die Neukodifikation geht auf die Vorschläge und Gutachten des Deutschen Rates für IPR des Jahres 1972 zurück (*Lauterbach*, Vorschläge, S. 5), welche 1984 in einen Referentenentwurf des Bundesjustizministeriums (abgedruckt bei *Basedow*, NJW 1986, 2971 ff.) mündeten. Nach einer weiteren Stellungnahme des Deutschen Rates 1988 sowie einer daraufhin geänderten Fassung des Referentenentwurfs 1993 (Referentenentwurf eines Gesetzes zur Ergänzung des internationalen Privatrechts vom 1.12.1993, abgedruckt in Staudinger-*Stoll*, Rn. 19 und Soergel-*Lüderitz*, Anh. II Art. 38, Rn. 95) wurde schließlich im Jahre 1998 ein Regierungsentwurf formuliert. Dieser wurde in unveränderter Weise im Juni 1999 als Teil des Gesetzes zum Internationalen Privatrecht für außervertragliche Schuldverhältnisse und Sachen in das EGBGB aufgenommen.

[2] Da die Novelle vor allem richterrechtliche Grundsätze in Gesetzesform gießt, hat der Gesetzgeber von einer Übergangsvorschrift abgesehen. Laut BTDrucks. 14/343, S. 7 können als Übergangsregelung ggf. die Grundsätze des Art. 220 Abs. 1 EGBGB herangezogen werden.

[3] BTDrucks. 14/343, S. 18 f; *Pfeiffer*, IPRax 2000, 270, 275; *Stoll*, IPRax 2000, 259, 269; *v. Hoffmann*, IPR, § 12, Rn. 36 ff.; *Wagner*, IPRax 1998, 429, 437; Zum Begriff „Ausweichklausel" und dessen Entwicklung in der Rechtswissenschaft: *Dubler*, Les clauses d'exception, S. 34 f. Synonym wird auch der Begriff „Ausnahmeklausel" oder „Berichtigungsklausel" gebraucht, *Overbeck*, Recueil des Cours 176 III (1982), S. 9, 187; *Kreuzer*, ZfRV 1992, S. 168, 169.

[4] Zu Ausweichklauseln im IPR: *Kreuzer* in FS Zajtay, S. 295, 314.

starren Kodifikation ein flexibles, geschmeidiges und einzelfallbezogenes Recht zu machen, gibt der Normgeber dem Normanwender die Ermächtigung, in Form von Ausweichklauseln von den Regelkollisionsnormen abzuweichen.[5] Ausweichklauseln im IPR dienen somit der Durchsetzung der Billigkeitsidee im grundsätzlich starren Verweisungsrecht. Je abstrakt-genereller Regelkollisionsnormen gefaßt sind, desto dringender zeigt sich das Bedürfnis nach „billigem" Ausgleich in Form von Ausweichklauseln. Sind sie hingegen konkret-individueller Natur, ist das Bedürfnis nach einer Ausweichklausel geringer.[6]
Das Internationale Sachenrecht war lange Zeit nicht kodifiziert, so daß trotz gewohnheitsrechtlicher Grundregeln Raum für abweichende Anknüpfungen bestand, wenn der Einzelfall dies erforderte. Mit Kodifikation wurden jedoch einige wenige Regelkollisionsnormen in den Artt. 43-45 EGBGB formuliert, die bei strikter Anwendung in atypischen Fällen eine Einzelfallgerechtigkeit nicht hätten gewährleisten können. Dem *Savignyschen* Anknüpfungsprinzip,[7] nach dem ein internationales Rechtsverhältnis jener nationalen Rechtsordnung unterstellt wird, zu der es die „engsten" oder „stärksten" Beziehungen aufweist, hätte nicht Folge geleistet werden können. Aus diesem Grunde wurde Art. 46 EGBGB formuliert, der die gesamten internationalsachenrechtlichen Vorschriften umfaßt.[8]
Eine offen formulierte Ausweichklausel bringt jedoch dahingehend eine Rechtsunsicherheit mit sich, daß in ihr naturgemäß nicht die konkreten Fälle formuliert sein können, in denen sie Anwendung finden soll. Der Rechtsanwender steht deshalb bei jeder Beurteilung eines irgendwie gearteten atypischen Falles vor der Frage, ob (noch) die Regelkollisionsnorm anzuwenden ist oder nicht doch (schon) die Ausweichklausel. Gerade das Sachenrecht verlangt jedoch im Interesse des Verkehrsschutzes nach Klarheit und Rechtssicherheit.[9]
Um der Rechtsunsicherheit Einhalt zu gebieten, ist es geboten, am Normzweck ausgerichtete Unterregeln zu bilden. Dies erfolgt anhand der Bildung von typisierten Fallgruppen, in denen die Ausweichklausel grundsätzlich Anwen-

---

5 Zu Gesetzesnormen allgemein: *Henkel*, Rechtsphilosophie, S. 426.

6 *Kreuzer* in FS für Zajtay, S. 295, 314 f, *ders.*, ZfRV 1992, S. 168, 184.

7 Nach *Savigny* ist bei jedem Rechtsverhältnis dasjenige Rechtsgebiet aufzusuchen, welchem dieses Rechtsverhältnis seiner eigentümlichen Natur nach angehört, *Savigny*, System des heutigen römischen Rechts, S. 24-28, 108; *Carl Ludwig von Bar* hat schon sehr früh richtiggestellt, daß nicht ein Rechtsverhältnis, hier ein sachenrechtliches, Gegenstand einer Kollisionsnorm ist, sondern ein Lebensverhältnis; denn erst das berufene Statut hat zu bestimmen, ob dieses Verhältnis rechtliche Wirkungen entfaltet, *v. Bar*, Int. Privat- und Strafrecht, S. 107 ff.; zur Problematik auch *v. Bar*, IPR I, Rn. 473, 606; *Kegel* in FS Raape, S. 13, 22.

8 Zum „principe du lien le plus étroit" innerhalb von Ausweichklauseln: *Dubler*, Les clauses d'exception, S. 90 sowie *Knoepfler* in Hommage à Jeanprêtre, S. 113, 118.

9 *Junker*, RIW 2000, 241, 245; Palandt-*Heldrich*, Art. 46, Rn. 2; *Geisler*, Die engste Verbindung im IPR, S. 333.

dung findet. Durch typisierte Fallgruppen entstehen Unterregeln, die der Grundregel vorgehen.[10] Aufgrund dieser Informationen ist es für den Rechtsanwender vorhersehbar, wann die Ausweichklausel Anwendung findet. Er muß nicht mehr mit dem Unsicherheitsfaktor einer offen formulierten Klausel rechnen. Damit ist gewährleistet, daß er die Vorschrift so anwendet, wie es andere Rechtsanwender auch getan haben beziehungsweise tun werden. Für Art. 46 EGBGB wurde eine Fallgruppenbildung explizit gefordert, um der Gefahr zu begegnen, daß das feste Fundament der Grundregeln auf Kosten der Rechtssicherheit gelockert wird.[11] Die vorliegende Arbeit hat zum Gegenstand, typische Fallgruppen zu bilden und somit eine Konkretisierung des Begriffs der wesentlich engeren Verbindung herbeizuführen.

B. Status quaestionis

Meist bezieht sich die wissenschaftliche Auseinandersetzung mit atypischen Fällen im Internationalen Sachenrecht aufgrund der erst kürzlich erfolgten Kodifikation auf ein nicht-kodifiziertes Kollisionsrecht. Die hier erfolgende Untersuchung ist deshalb erforderlich, weil schon früher gebildete Ausnahmefälle nicht ohne weiteres in den Anwendungsbereich des Art. 46 EGBGB übertragen werden können. Abgesehen von den Darstellungen in Lehrbüchern neuester Auflage[12] sind explizit zu den Fallgruppen der Vorschrift bisher lediglich zwei Beiträge von *Stoll*[13] und *Pfeiffer*[14] erschienen, die allerdings keinen Anspruch auf Vollständigkeit erheben und sich auf Teilfragen beschränken.[15] Auch eine Dissertation von *Geisler*[16] beschäftigt sich nur am Rande mit dieser Problematik. Es besteht daher das Bedürfnis nach Klärung der Frage, wie der Begriff der wesentlich engeren Verbindung in Art. 46 EGBGB zu verstehen ist.

---

[10] *Kreuzer* in FS Zajtay, S. 295, 319.

[11] *Stoll*, IPRax 2000, 259, 269.

[12] *Kegel/Schurig*, IPR, § 19; *v. Hoffmann*, IPR, § 12; *Kropholler*, IPR, § 54 VI; *Siehr*, IPR, § 38 III.

[13] *Stoll*, IPRax 2000, 259 ff.

[14] *Pfeiffer*, IPRax 2000, 270 ff.

[15] So ausdrücklich *Stoll*, IPRax 2000, 259, 269.

[16] *Geisler*, Die engste Verbindung im IPR, S. 323, 332 ff.

C. Methode und Aufbau der Arbeit

„Auslegen ist ein vermittelndes Tun, durch das sich der Auslegende den Sinn eines Textes, der ihm problematisch geworden ist, zum Verständnis bringt.“[17] Die Auslegung von Kollisionsnormen erfolgt grundsätzlich nach der gleichen Methodik wie diejenige sonstiger Rechtsnormen.[18]

Die internationalsachenrechtliche Ausweichklausel des Art. 46 EGBGB ist ausschließlich vom deutschen Gesetzgeber geschaffen worden. Sie wurde als Teil des „Gesetzes zum Internationalen Privatrecht für außervertragliche Schuldverhältnisse und für Sachen“ zum 1. Juni 1999 in Kraft gesetzt. Daher kann die Norm wie andere nationale Rechtsnormen ausgelegt werden.[19] Um die Bildung typischer Fallgruppen zu erreichen, ist zunächst eine „abstrakte“[20] Untersuchung des Begriffs der wesentlich engeren Verbindung nötig (Erstes Kapitel). Dies bedeutet eine unabhängig von konkreten Fallgestaltungen orientierte Erforschung der denkbaren Umstände, die zu einer solchen Verbindung führen können. Beispielsweise muß die Frage gestellt werden, ob die Staatsangehörigkeit der am sachenrechtlichen Vorgang Beteiligten Einfluß auf die Anknüpfung und damit auf das Eingreifen der Ausweichklausel haben kann. Dabei wird die Untersuchung in objektive Umstände (Erstes Kapitel A) und subjektive Umstände (Erstes Kapitel B) aufgeteilt, die unter den Verbindungsbegriff subsumierbar sind.[21]

Objektive Umstände sollen dabei solche sein, die sich durch die am sachenrechtlichen Vorgang Beteiligten zwar beeinflussen lassen, aber anhand von Tatsachen durch den Richter bestimmbar sind. Subjektive Umstände sind solche, die sich lediglich im Willen der Beteiligten manifestieren. Die getrennte Untersuchung bietet sich an, da die Relevanz des subjektiven Parteiwillens im Internationalen Sachenrecht von jeher umstritten ist. Aus dieser Erkenntnis heraus soll bestimmt werden, ob der Begriff eher räumlich oder eher zu einer Anknüpfung an einen abweichenden Zeitpunkt führt, also zeitlich zu verstehen ist.

Eine Fallgruppenbildung ohne die Information nach den denkbaren Umständen, die zu einer wesentlich engeren Verbindung führen können, ist nicht denkbar. Erst wenn festgestellt ist, welche Einzelumstände die wesentlich engere Verbindung konkretisieren, kann der Versuch unternommen werden, Fallgruppen zu

---

[17] *Larenz*, Methodenlehre, S. 312.

[18] *Pirrung*, Int. Privat- und Verfahrensrecht, S. 109.

[19] Würde die Ausweichklausel auf einem internationalen Übereinkommen beruhen, müßte bei ihrer Auslegung auf ein solches Rücksicht genommen werden, *v. Hoffmann*, IPR, § 1 Rn. 76 ff.; für das Schuldrecht ist dies in Art. 36 EGBGB ausdrücklich angeordnet.

[20] Die Begriffe „abstrakt“ und „konkret“ werden hier im Sinne von „allgemein“ und „individuell“ benutzt: Dies ist einer von mehreren Bedeutungsinhalten, *Engisch*, Idee der Konkretisierung, S. 1 ff.

[21] Diese Unterscheidung nimmt auch *Dubler* vor: Les clauses d´exception, S. 93 ff.

bilden (Zweites Kapitel). Nur auf diese Weise kann der durch die Ausweichklausel geschaffenen Rechtsunsicherheit abgeholfen und dem Rechtsanwender eine Hilfestellung gegeben werden.

Erstes Kapitel: Abstrakte Untersuchung des Begriffs der wesentlich engeren Verbindung

A. Subsumierbare objektive Kriterien

I. Auslegung des Wortlautes

Der Beginn jeder Auslegung ist die Entschlüsselung des Wortsinns.[22] Im Wortlaut des Art. 46 EGBGB ist auf der Tatbestandsseite der Begriff der wesentlich engeren Verbindung zu klären. Die Rechtsfolge ist unmißverständlich: Ist diese wesentlich engere Verbindung zu einer anderen als einer nach den Artt. 43-45 EGBGB anwendbaren Rechtsordnung gegeben, so ist das Recht des Staates anwendbar, zu dem diese Verbindung besteht.

1. Allgemeines Wortverständnis

Will man sich unvoreingenommen dem in Frage stehenden Begriff nähern, muß das allgemeine Wortverständnis geklärt werden. Dies liegt nahe, da der Gesetzgeber sich der allgemeinen Sprache bedient, um vom Bürger verstanden zu werden. Es ist anzunehmen, daß derjenige, der etwas zu sagen hat, die Worte in dem Sinne gebraucht, in dem sie gemeinhin verstanden werden.[23]

Verbindung ist im allgemeinen die Vereinigung mehrerer Elemente zu einer Einheit.[24] Ein solches Wortverständnis geht hier fehl. Es ist undenkbar, daß ein Lebenssachverhalt, für den die anwendbare Rechtsordnung untersucht werden soll, sich mit dem Recht eines Staates zu einem Ganzen verbindet. Hilfreich könnte die Suche nach Synonymen sein. So zeigen synonyme Begriffe wie „Beziehung, Verknüpfung, Bund, Gemeinsamkeit und Kontakt"[25], daß es bei einer Verbindung nicht notwendig zu einer Vereinigung der sich berührenden Gegenstände kommen muß. Entscheidend ist danach ein Näheverhältnis zwischen den sich verbindenden Gegenständen. Übertragen auf die Vorschrift bedeutet dies ein solches Verhältnis zwischen dem zu beurteilenden Lebenssachverhalt[26] und dem Recht eines Staates.

Weiterhin muß diese Verbindung *enger* sein als nach der nach den Artt. 43-45 EGBGB maßgeblichen Rechtsordnung. Eng bedeutet „schmal, knapp, dicht" im Sinne von „nicht geräumig".[27] Das Näheverhältnis muß folglich in irgendeiner Art besonders ausgeprägt sein, wobei diese Dichte die Beziehung des

---

[22] *Fikentscher*, Methoden des Rechts, S. 361; *Larenz*, Methodenlehre, S. 320; *Müller*, Juristische Methode, Rn 352.

[23] *Larenz*, a.a.O.

[24] *Köbler*, Juristisches Wörterbuch und *Creifelds*, Rechtswörterbuch: Verbindung.

[25] *Duden*, Die sinn- und sachverwandten Wörter: Verbindung.

[26] Vgl. *Savignysches* Anknüpfungsprinzip, Einleitung A.

[27] *Duden*, Die sinn- und sachverwandten Wörter: eng.

Lebenssachverhaltes zu der nach den Artt. 43-45 EGBGB anwendbaren Rechtsordnung noch übertreffen muß.
Schließlich muß diese engere Verbindung wesentlich sein. *Wesentlich* bedeutet „wichtig, bedeutungsvoll, folgenschwer, essentiell, signifikant, maßgeblich“.[28] Der Komparativ von „eng“ wird durch Hinzufügen des Wortes „wesentlich“ also noch verstärkt. Nur wenn das Näheverhältnis des zu beurteilenden Lebenssachverhaltes im Vergleich zu den nach den Artt. 43-45 EGBGB maßgeblichen Verbindungen besonders gewichtig ist, schlägt die im Regelfall bestehende Vermutung um, und das Recht der in Art. 46 EGBGB umschriebenen Verbindung findet Anwendung.

2. Juristisches Wortverständnis

Der Gesetzgeber bedient sich über das allgemeine Wortverständnis hinaus auch einer juristischen Kunstsprache, durch die er umständliche Umschreibungen vermeiden kann. Auch diese Sprache lehnt sich an die allgemeine Sprache an, um ein Mindestmaß an Verständlichkeit zu gewährleisten.[29]
Das Wort *Verbindung* ist als juristischer Fachterminus doppelt belegt. Gerade im Sachenrecht ist Verbindung die Vereinigung einer beweglichen Sache mit einem Grundstück oder einer anderen Sache dergestalt, daß sie wesentlicher Bestandteil des Grundstücks oder einer einheitlichen Sache wird, §§ 946 f. BGB. Die Verbindung hat zur Folge, daß sich das Eigentum am Grundstück auch auf die bewegliche Sache erstreckt oder daß die bisherigen Eigentümer mehrerer beweglicher Sachen entweder Miteigentümer oder, wenn eine der mehreren beweglichen Sachen als die Hauptsache anzusehen ist, ihr Eigentümer das Alleineigentum erwirbt.
Im Verfahrensrecht ist eine Verbindung mehrerer Prozesse möglich. Das Gericht kann dies nach § 147 ZPO anordnen, wenn die mehreren Klagebegehren im rechtlichen Zusammenhang stehen oder in einer Klage hätten geltend gemacht werden können.
Die juristischen Fachtermini bringen über die Bedeutung des Begriffs *Verbindung* in Art. 46 EGBGB keinen Aufschluß. Bei der Verbindung im Prozeßrecht geht es ausschließlich um die Verbindung von Prozessen - die Kollisionsvorschrift des Art. 46 EGBGB fragt jedoch nach der anwendbaren Rechtsordnung. Auch der sachenrechtliche Begriff der Verbindung bringt keinen Hinweis. Zwar geht es hier um eine Vorschrift des Internationalen Sachenrechts, bestimmt wird aber nur die anwendbare Rechtsordnung und keine materiell sachenrechtliche Frage. Demgemäß sind auch die zu verbindenden Gegenstände unterschiedlich: Während es sich bei den §§ 946 f. BGB um bewegliche und unbewegliche

---

[28] A.a.O.: wesentlich.

[29] *Rüthers*, Rechtstheorie, Rn. 740; *Larenz*, Methodenlehre, S. 320; *Sauer*, Juristische Methodenlehre, S. 295.

Sachen handelt, geht es im Kollisionsrecht um die Verbindung eines Lebenssachverhalts zu einer Rechtsordnung. Auch ist der sachenrechtliche Verbindungsbegriff eher im Sinne einer Verschmelzung oder Vereinigung der verknüpften Sachen zu verstehen.[30] Das kann der Begriff in Art. 46 EGBGB aber gerade nicht sein.[31]

3. Konsequenz

Beschränkt man sich bei der Auslegung auf den reinen Wortlaut, läßt sich aus dem allgemeinen Verständnis die Erkenntnis gewinnen, daß es sich für das Eingreifen der Ausweichklausel um ein besonders gewichtiges Näheverhältnis des zu beurteilenden Lebenssachverhaltes zu der dann ausnahmsweise maßgeblichen Rechtsordnung handeln muß. Dies muß der nach den Artt. 43-45 EGBGB maßgeblichen Verbindung eindeutig überwiegen.

Keine Schlußfolgerung ist jedoch hinsichtlich der genauen Umstände möglich, die zu einer solchen Verbindung führen sollen. Dahingehend ist der Wortlaut völlig offen. Um diese Umstände zu ermitteln, müssen andere Methoden herangezogen werden.

II. Systematische Auslegung

Welche Bedeutungsvarianten einem Begriff zukommen können, bestimmt sich regelmäßig nach dem Kontext, in dem er gebraucht wird. Ein Gesetz besteht meist aus unvollständigen, erklärenden, einschränkenden oder verweisenden Rechtssätzen, die sich erst in ihrer Gesamtheit zu einer vollständigen Regelung zusammenschließen. So erschließt sich der Sinn eines einzelnen Begriffes erst, wenn man ihn als Teil eines Regelungskomplexes versteht.[32] Darüber hinaus spielt der Bedeutungszusammenhang insofern eine Rolle, als daß zwischen einzelnen gesetzlichen Bestimmungen eine sachliche Übereinstimmung angenommen werden kann. Von den nach dem Wortsinn möglichen Auslegungsvarianten muß daher diejenige maßgeblich sein, die eine sachliche Übereinkunft möglich macht.[33]

Für die hier auszulegende Vorschrift bedeutet dies folgendes:

---

[30] Die §§ 946 und 947 BGB sprechen von einer Verbindung dergestalt, daß die verbundenen Sachen wesentliche Bestandteile einer einheitlichen Sache werden. Nach § 93 BGB sind wesentliche Bestandteile solche, die nicht getrennt werden können, ohne daß der eine oder andere zerstört oder in seinem Wesen verändert wird. Es handelt sich also eher um eine Verschmelzung beziehungsweise Vereinigung.

[31] Siehe oben 1.

[32] *Larenz*, Methodenlehre, S. 324 f.; *Rüthers*, Rechtstheorie, Rn. 744.

[33] *Larenz*, a.a.O., S. 325.

1. Der Regelungskomplex der Artt. 43-46 EGBGB

Betrachtet man ausschließlich das vom Gesetzgeber neu kodifizierte Internationale Sachenrecht in den Artt. 43-46 EGBGB, läßt sich erkennen, auf welchen Vergleichspunkt sich die wesentlich engere Verbindung bezieht. Die in den Artt. 43-45 EGBGB maßgeblichen Anknüpfungsmomente müssen für das Eingreifen der Ausweichklausel für den Sachverhalt eine geringere Verbindung darstellen als andere Anknüpfungsmomente, die zu dem Recht eines anderen Staates führen. Dies gilt zunächst für die in Art. 43 Abs. 1 EGBGB kodifizierte und in den Abs. 2 und 3 konkretisierte lex rei sitae. Die Verbindung muß also enger sein als zu dem Recht, in der die zu beurteilende Sache belegen ist.
Entsprechendes gilt für die Grundstücksimmissionen in Art. 44 EGBGB. Dort muß die engere Verbindung zu einem vom Regelfall des Art. 40 Abs. 1 EGBGB abweichenden Recht führen. Bezüglich Art. 45 Abs. 1 EGBGB muß die engere Verbindung zu einem anderen Recht als dem des Herkunftsstaates des Verkehrsmittels führen; bezüglich Art. 45 Abs. 2 EGBGB ist es ein anderes Recht als das des Forderungsstatuts.
Fraglich ist, ob diese Information des Bezugspunktes auf den Inhalt der engeren Verbindung schließen läßt. Sicher ist feststellbar, daß die Anknüpfungsmomente in den Regelanknüpfungen nicht Inhalt einer engeren Verbindung sein können. Diese *wären* maßgeblich, wenn die Ausweichklausel nicht eingreifen würde. Insofern läßt sich durch die negative Vorauswahl die Zahl der möglichen Anknüpfungsmomente begrenzen.
Anders sieht es mit einer positiven Aussage über den Inhalt der engeren Verbindung aus. Eine Ausweichklausel muß ihrer Natur nach tatbestandsmäßig offen bleiben. Eine genaue Umschreibung der zu erfassenden Tatbestände ist nicht möglich.[34] So verhält es sich auch mit Art. 46 EGBGB. Es findet sich im Regelungskomplex des Internationalen Sachenrechts keine positive Aussage über die Kriterien, die zu einer wesentlich engeren Verbindung führen.

2. Das Einführungsgesetz zum Bürgerlichen Gesetzbuch insgesamt

Bringt das kodifizierte Sachenrecht nicht mehr als eine negative Begrenzung des Begriffs der engeren Verbindung, kann das gesamte autonome Kollisionsrecht miteinbezogen werden. Wie oben dargelegt, verdient diejenige Auslegung den Vorzug, die die Wahrung der sachlichen Übereinstimmung mit einer anderen Bestimmung ermöglicht. Dies muß vor allem dann gelten, wenn es sich um denselben Begriff innerhalb ein und desselben Gesetzes handelt. Ein solcher Begriff muß grundsätzlich in verschiedenen Vorschriften das gleiche bedeuten.[35]

---

[34] *Kreuzer* in FS Zajtay, S. 295, 322.
[35] *Larenz*, Methodenlehre, S. 325.

Hier liegt der Fall so, daß der Begriff der Verbindung für sich unzweideutig ist. Er ist jedoch ausfüllungsbedürftig, will man die Ausweichklausel anwenden. Es muß geklärt werden, welche Kriterien zu einer wesentlich engeren Verbindung führen können.
Aber auch wenn man die auf die engere Verbindung abstellenden Kollisionsnormen des EGBGB heranzieht, läßt sich kein Ergebnis erzielen. Der Begriff ist auch dort tatbestandsmäßig offen. Daraus ergibt sich, daß sich unter systematischen Gesichtspunkten aus dem Gesetz als solchem keine Kriterien - außer der schon oben gefundenen negativen Begrenzung - herleiten lassen.

III. Historische Auslegung

Eine weitere Form der Entschlüsselung eines Gesetzestextes, ist die der historischen Auslegung. Läßt der Wortsinn und die Systematik immer noch verschiedene Deutungsmöglichkeiten offen oder ist wie hier aufgrund dieser beiden Methoden keine nennenswerte Deutung möglich, liegt die Frage nahe, welche Deutung der Absicht des Gesetzgebers am besten entspricht. Die Regelungsabsicht des Gesetzgebers und die von ihm erkennbar getroffenen Wertentscheidungen bleiben für den Richter verbindliche Richtschnur, „auch wenn er das Gesetz im Wege teleologischer Auslegung oder Rechtsfortbildung neuen, vom Gesetzgeber nicht vorausgesehenen Umständen anpaßt oder es ergänzt".[36]
Seitens des Gesetzgebers wurde die Ausweichklausel folgendermaßen begründet: Der Zuschnitt des nun geregelten Internationalen Sachenrechts und die grundsätzliche Strenge des Sachenrechts machten es in Fällen erforderlich, in denen die Regelanknüpfungen ausnahmsweise zur Anwendung extrem sachferner Rechtsordnungen führten, eine Ausweichklausel eingreifen zu lassen.[37] Auch diese Begründung trägt nicht zur Konkretisierung des Art. 46 EGBGB bei.
Eine Tendenz läßt sich der historischen Auslegung aber immerhin entnehmen: Im Referentenentwurf von 1993[38] forderte die damals noch in Art. 43 Abs. 4 untergebrachte Ausweichklausel eine *offensichtlich* wesentlich engere Verbindung. Diese neben der angeordneten Wesentlichkeit nochmalige Verschärfung der Anwendung wurde dann in der tatsächlich in Kraft getretenen Fassung gestrichen. Dies läßt auf den Willen des Gesetzgebers schließen, die restriktive Anwendung der Ausweichklausel etwas gemäßigter als ursprünglich vorgesehen zu handhaben.

---

36 A.a.O., S. 328.
37 BTDrucks. 14/343, S. 18 f.
38 Referentenentwurf eines Gesetzes zur Ergänzung des internationalen Privatrechts (außervertragliche Schuldverhältnisse und Sachen) vom 1.12.1993, Text abgedruckt in Staudinger-*Stoll*, Rn. 19.

IV. Teleologische Auslegung

Da die bisher erörterten Auslegungskriterien noch keine zweifelsfreie Antwort zu geben vermochten, muß schließlich die teleologische Auslegung herangezogen werden. Dabei handelt es sich zum einen um „Strukturen des geregelten Sachbereichs, tatsächliche Gegebenheiten, an denen auch der Gesetzgeber nichts ändern kann, die er vernünftigerweise bei jeder Regelung mit berücksichtigt".[39] Zum anderen handelt es sich um hinter einer Regelung stehende rechtsethische Prinzipien, in denen der Sinnbezug einer solchen auf die Rechtsidee aussprechbar wird.[40]

Maßgebliches Motiv für eine Ausweichklausel ist die undifferenzierte Allgemeinheit einer Regelkollisionsnorm.[41] Nicht allen Fallgestaltungen kann durch Sonderanknüpfungen Rechnung getragen werden. Dies liegt besonders nahe, wenn eine Kollisionsnorm sehr weite Gebiete abdecken muß. Dies betrifft auch die Situsregel, die nur Ausdruck einer durchschnittlichen Interessenbewertung ist, die sich aber bei besonderen Sachlagen als unrichtig erweisen kann.[42] Die Situsregel versagt, wenn sie Lebenssachverhalte erfaßt, für die der Lageort nicht die Rechtsordnung beruft, zu der der konkrete Sachverhalt die engsten Verbindungen hat.[43] Die Regelkollisionsnorm verfehlt dann den Gesetzeszweck, die Rechtsordnung als anwendbar zu bezeichnen, zu der die engste Verbindung besteht. Jede Norm steht aber unter dem Vorbehalt der Normzweckerfüllung.[44] Die Ausnahmeklausel dient in diesem Fall als Notbehelf und schließt eine verdeckte Lücke.[45] Die Ausweichklausel ist somit eine teleologische Reduktion, was in diesem Fall ein Hinzufügen der fehlenden, inhaltlich vom Normzweck bestimmten Einschränkung bedeutet.[46]

Dieser hinter der Ausweichklausel stehende Gesetzeszweck gibt jedoch wiederum keine Auskunft, wie der Begriff der engeren Verbindung konkret zu verstehen ist. Eine Ausweich-Generalklausel muß entsprechend ihrer Natur offen

---

39 *Larenz*, Methodenlehre, S. 333.

40 A.a.O.; kritisch dazu: *Rüthers*, Rechtstheorie, Rn. 810 ff.

41 *Kreuzer* in Henrich, Vorschläge, S. 34, 159.

42 Staudinger-*Stoll*, Rn. 66; *Kreuzer* in FS Zajtay, S. 295, 309.

43 *Kreuzer*, ZfRV 1992, S. 168, 184; *ders.* in Henrich, Vorschläge, S. 38, 159.

44 *Kreuzer* in FS Zajtay, S. 295, 317.

45 A.a.O.; *ders.* in Henrich, Vorschläge, S. 38, 159; *ders.*, ZfRV 1992, S. 168, 184 f.

46 *Kreuzer* in FS Zajtay, S. 295, 317; *ders.*, ZfRV 1992, S. 168, 185; *Flessner*, Interessenjurisprudenz, S. 93; Gegen das Verständnis von Ausweichklauseln als teleologische Reduktion wendet sich *Geisler*, Die engste Verbindung im IPR, S. 95 ff.: Teleologische Reduktionen beschränkten sich immer auf klar umrissene Fallkonstellationen, Ausweichklauseln hingegen seien unscharf gefaßt und regelten gerade nicht nur bestimmte Fallgruppen. Außerdem bestünde bei einem Verständnis als teleologische Reduktion die Gefahr, bei einer offensichtlich engeren Verbindung von einer Regelanküpfung abzuweichen, auch wenn keine Ausweichnorm geregelt sei. Sämtliche Verweisungnormen seien dann bloße Vermutungen.

bleiben.[47] Auch mit Hilfe der teleologischen Auslegung ist daher eine Konkretisierung aus dem Gesetz heraus nicht möglich.

V. Heranziehung der Anknüpfungskriterien aus anderen Normen

1. Die Möglichkeit der Heranziehung

Wenn aus dem Kontext des Gesetzes als solchem der Begriff der wesentlich engeren Verbindung nicht geklärt werden kann, stellt sich die Frage, ob nicht die Konkretisierungen, die die Rechtsprechung und Lehre in ähnlichen Normen vorgenommen hat, auf Art. 46 EGBGB übertragbar sind. Ähnliche Vorschriften sind solche Kollisionsnormen, die ebenfalls auf die engere Verbindung als Anknüpfungskriterium abstellen. Die Übertragbarkeit folgt schon aus dem oben genannten Grundsatz, daß gleiche Begriffe innerhalb eines Gesetzes gleich ausgelegt werden müssen. Auch ging die Begründung zur Neuregelung des IPR im Jahre 1986 von einer grundsätzlichen Übertragbarkeit der Kriterien aus, die zu einer engeren Verbindung führen.[48]
Zunächst muß aber untersucht werden, welche Normen für einen solchen Vergleich in Betracht kommen. Es könnte sein, daß nicht alle auf die engere Verbindung abstellenden Vorschriften herangezogen werden können beziehungsweise auch andere Normen dafür tauglich sind.

2. Engere und engste Verbindung im Regelwerk des EGBGB

Im EGBGB wird der Begriff der „engen Verbindung" in zwei fast identischen Varianten benutzt: In den Vorschriften der Artt. 4 Abs. 3 Satz 2, 5 Abs. 1 Satz 1, 14 Abs. 1 Nr. 3 und 28 Abs. 1 Satz 1 EGBGB ist vom maßgeblichen Recht der *engsten* Verbindung die Rede. Die Vorschriften der Artt. 28 Abs. 1 Satz 2, Abs. 5, 30 Abs. 2 a.E. und 41 EGBGB sprechen hingegen vom Recht der *engeren* Verbindung. Dies ist auch in Art. 46 EGBGB der Fall. Zu untersuchen ist zunächst, warum der Gesetzgeber unterschiedliche Begriffe gewählt hat.
Fehlt in dem Staat, dessen Recht räumlich gespalten ist, eine die maßgebliche Teilrechtsordnung bestimmende Regelung, so ist nach Art. 4 Abs. 3 Satz 2 EGBGB die Teilrechtsordnung anzuwenden, mit welcher der Sachverhalt am engsten verbunden ist. Bei Bestimmung des Pesonalstatuts in Art. 5 Abs. 1 EGBGB ist bei Mehrstaatern das Recht des Staates entscheidend, mit denen die Person am engsten verbunden ist. Bezüglich der allgemeinen Ehewirkungen ist hilfsweise das Recht des Staates maßgeblich, mit dem die Ehegatten

---

[47] *Kreuzer* in FS Zajtay, S. 295, 322.

[48] BTDrucks. 10/504, S. 41: Dort wird ausgeführt, daß sich bei der Konkretisierung des Grundsatzes der engsten Verbindung für die einzelnen Sachbereiche des IPR durchaus unterschiedliche Regeln entwickeln können. Daraus folgt die grundsätzliche Einheitlichkeit des Begriffs der engsten Verbindung.

auf andere Weise gemeinsam am engsten verbunden sind, Art. 14 Abs. 1 Nr. 3 EGBGB. In Art. 28 Abs. 1 Satz 1 EGBGB ist mangels Rechtswahl der Vertragsparteien das Recht des Staates entscheidend, mit dem der Vertrag die engsten Verbindungen aufweist.
In allen vier Fällen handelt es sich um Regelanknüpfungen, auch wenn diese teilweise subsidiär eingreifen.[49] Nach ihnen richtet sich regelmäßig das anwendbare Recht, sei es in manchem Fall auch nur, wenn andere Anknüpfungspunkte nicht eingreifen. Das kann daran liegen, daß sie nicht vorliegen[50] oder nicht ermittelbar sind.[51] In Art. 5 Abs. 1 Satz 1 EGBGB wird gar von vornherein ausnahmslos an die engste Verbindung angeknüpft. In allen Fällen, in denen der Superlativ *die engste Verbindung* verwendet wird, handelt es sich also um primäre Verweisungen beziehungsweise um die Anwendung der teilweise subsidiären Regelkollisionsnorm, nicht um deren „exzeptionellen Außerachtlassung".[52]
Dies ist der Unterschied zu den Vorschriften, die den Komparativ *engere Verbindung* als maßgebendes Moment anordnen. So greift Art. 28 Abs. 5 EGBGB nur ein, wenn das Anknüpfungsmoment der Regelkollisionsnormen in den Abs. 2-4 vorliegt, aber ausnahmsweise die Umstände des Einzelfalles doch zu dem Recht eines anderen Staates führen.[53] Entsprechendes gilt für Art. 30 Abs. 2 a.E. sowie für Art. 41 EGBGB. Der Unterschied ist also im Gegensatz zu den Vorschriften, die auf die „engste Verbindung" abstellen, daß hier bei Eingreifen der Norm das Anknüpfungsmoment der Regelkollisionsnorm erfüllt ist. *Ausnahmsweise* gilt dann aber etwas anderes - das Recht der *engeren* Verbindung. Dies ist auch für für Art. 46 EGBGB zutreffend. So würde sich beispielsweise eine sachenrechtliche Fragestellung nach der lex rei sitae beurteilen lassen, ausnahmsweise wird dies aber aufgrund der Ausweichklausel nicht getan.
Die herrschende Meinung spricht daher von einer „sekundären" Funktion der engen Verbindung bei Ausweichklauseln, die den Begriff der „engeren Verbindung" verwenden.[54] Dies wurde aber von *Hepting*[55] für den Fall des Art. 28 Abs. 5 EGBGB bestritten:

---

49 *Pirrung*, Int. Privat- und Verfahrensrecht, S. 109.
50 So beispielsweise Nr. 1 und 2 des Art. 14 Abs. 1 EGBGB der sog. „Kegelschen Leiter".
51 Dies ist z.B. der Fall, wenn eine Partei eine Rechtswahl i.S.v. Art. 27 EGBGB behauptet, dies aber nicht beweisen kann und der Richter deshalb zur Bestimmung des anwendbaren Rechts auf Art. 28 EGBGB zurückgreift.
52 *Kreuzer* in FS Zajtay, S. 295, 303.
53 *v. Hoffmann*, IPR, § 10, Rn. 44.
54 MüKo-*Martiny*, § 28, Rn. 93; *Schwander* in FS Moser, S. 87.
55 *Hepting* in FS Lorenz, S. 393, 408.

a.) Der Fall des Art. 28 Abs. 5

Die engste Verbindung ist das „primäre" Anknüpfungsmerkmal. Dies gilt auch für die Vermutungen der Absätze 2 bis 4 des Artikels 28 EGBGB. Sie konkretisieren lediglich die Generalklausel des Abs. 1, ohne daß dadurch der engsten Verbindung ihre Funktion als Anknüpfungsmerkmal verlorenginge. Wird in den Fällen des Abs. 5 nicht an die vermutete, sondern an die wirkliche engste Verbindung angeknüpft, wird auch hier wieder ihre primäre Funktion relevant. Denn daß eine Vermutung dann nicht gilt, „beruht nicht auf einer eigenständigen Rechtsfolgeanordnung durch Abs. 5, sondern ist Folge der jeder echten Vermutung immanenten Widerleglichkeit".[56] Die „engste Verbindung" ist und bleibt damit primär.[57]
Die herrschende Meinung hingegen gibt Abs. 5 EGBGB einen eigenen kollisionsrechtlichen Gehalt und sieht in ihm eine Ausweichklausel.[58] Die Vermutungen der Abs. 2-4 und Abs. 5 seien zwei unterschiedliche Stufen der Anknüpfung.[59] Mit dieser Argumentation werden jedoch die Vermutungsgrundlagen der Abs. 2-4 behandelt, als seien sie unmittelbare Anknüpfungsmomente; verkannt wird, daß es sich lediglich um Schwerpunktindizien bei der Konkretisierung des Abs. 1 handelt. Beriefe Art. 28 EGBGB als Vertragsstatut schlechthin das Recht der charakteristischen Leistung, das Recht des Lageorts des Grundstücks oder das der Hauptniederlassung des Beförderers, wäre es erforderlich, eine Ausweichklausel zu normieren, um die Starrheit der Regelanknüpfung auszugleichen.[60] Dann könnte man auch von unterschiedlichen Stufen der Anknüpfung sprechen.[61]

b.) Die verbleibenden Ausweichklauseln

Beispiel einer solchen Regelungstechnik im Gesetz ist Art. 30 Abs. 2 EGBGB. Hier wird unmittelbar an ein einziges Moment und nicht an den Schwerpunkt angeknüpft; ausnahmsweise gilt bei einer engeren Verbindung etwas anderes.[62]

---

56 A.a.O.

57 Ähnlich: *v. Bar*, IPR II, Rn. 488, der für die objektive Anknüpfung des Vertrages stets eine Gesamtabwägung sämtlicher Umstände des konkreten Einzelfalles fordert.

58 *v. Hoffmann*, IPR, § 10, Rdn. 44; Soergel-*v. Hoffmann*, Art. 28, Rn. 18; Erman-*Hohloch*, Art. 28, Rn. 17, *Steinle*, ZVglRWiss 93 (1994), S. 300, 319.

59 MüKo-*Martiny*, Art. 28, Rn. 8; *Ferid*, IPR, Rn. 6-54.

60 *Hepting* in FS Lorenz, S. 393, 408.

61 Anders sieht dies *Geisler*, Die engste Verbindung im IPR, S. 93: Insoweit der Gesetzgeber keine verbindliche Konkretisierung der engsten Verbindung vornimmt, sondern dem Rechtsanwender mit Hilfe des Art. 28 Abs. 5 EGBGB die Möglichkeit einer Abweichung im Einzelfalle gewährt, enthalte Art. 28 Abs. 5 EGBGB einen eigenständigen Verweisungsbefehl.

62 Art. 30 Abs. 2 a.E. EGBGB wird von Rechtsprechung und Literatur als Ausweichklausel angesehen: BAG IPRspr. 1989 Nr. 72 = IPRax 1991, 407, 409; BAG IPRspr. 1992 Nr. 69 b

Ebenso verhält sich dies bei Art. 41 EGBGB[63] und bei dem zu untersuchenden Fall des Art. 46 EGBGB. Auf durch den Gesetzgeber angeordnete Regelanknüpfungen an ein Anknüpfungsmoment (z.B. die Belegenheit der Sache in Art. 43 EGBGB) folgt der Ausnahmefall der engeren Verbindung. Dieses Moment greift sekundär ein. Somit gibt es im EGBGB nur drei Ausweichklauseln: Art. 30 Abs. 2 a.E., Art. 41 und Art. 46. Diese sollen im folgenden als echte Ausweichklauseln bezeichnet werden.
Daraus könnte folgen, daß für die Konkretisierung der wesentlich engeren Verbindung in Art. 46 EGBGB nur diese Vorschriften herangezogen werden können. Systematisch sind sie identisch.

c.) Konsequenz für Art. 46 EGBGB

Fraglich ist aber, ob für die Konkretisierung der wesentlich engeren Verbindung die Systematik überhaupt entscheidend ist. Die Schwerpunktanknüpfung an die „engste Verbindung" ist eine Generalklausel,[64] die das autonome Kollisionsrecht an vier Stellen verwendet.[65] Diese Generalklauseln stellen abstrakt auf die engste Verbindung des zu beurteilenden Lebenssachverhalts zu einer sich daraus ergebenden Rechtsordnung ab. Es wird damit pauschal dem seit *Savigny* geltenden obersten Prinzip des IPR gefolgt, immer das dem konkreten Lebenssachverhalt nächste Recht anzuwenden.[66]
Zu untersuchen ist, ob dies für die echten Ausweichklauseln ebenso gilt. Der Gesetzgeber hat sie normiert, um atypische Fälle zu erfassen. Regelmäßig wird an ein Kriterium angeknüpft, das der Gesetzgeber als die engste Verbindung erachtet. Erfordern es jedoch die Umstände des Einzelfalls, soll die Ausweichklausel zum Tragen kommen. Dies geschieht im Fall einer engeren Verbindung als die der Regelanknüpfung. Damit geschieht aber nichts anderes, als dem obersten Gebot des IPR Folge zu leisten und die Herrschaft des fallnächsten Rechts anzuordnen. Somit wird lediglich das zunächst gefundene Ergebnis mit Hilfe des offenen Begriffs der *engeren Verbindung* zurechtgerückt. Auf diese

---

= IPRax 1994, 123, 127; Palandt-*Heldrich*, Art. 30, Rn. 8; Soergel-*v. Hoffmann*, Art. 30, Rn. 45; *Geisler*, Die engste Verbindung im IPR, S. 89 f. m.w.N.

[63] Vereinzelt wird vertreten, die Regelungstechnik des Art. 41 Abs. 2 EGBGB lege den Schluß nahe, daß es sich bei Art. 41 EGBGB gerade nicht um eine Ausweichklausel handle, *Koch*, VersR 1999, S. 1453, 1457. Durch Abs. 1 der Vorschrift kommt jedoch eindeutig zum Ausdruck, daß bei Vorliegen einer wesentlich engeren Verbindung eine Verdrängung der Regelanknüpfung stattfinden soll. Art. 41 EGBGB wird daher von der ganz herrschenden Meinung als Ausweichklausel angesehen, so etwa Palandt-*Heldrich*, Art. 41, Rn. 1, *Wagner*, IPRax 1998, S. 429, 434; *Geisler*, Die engste Verbindung im IPR, S. 91; *Huber*, JA 2000, S. 67, 69.

[64] *Hepting* in FS Lorenz, S. 393, 399.

[65] Siehe oben A V 2.

[66] Siehe A I 1.

Weise haben die Ausweichklauseln die gleiche Funktion wie die Generalklauseln, die auf die engste Verbindung abstellen: Sie verhelfen dem Lebenssachverhalt zu seiner Beurteilung nach dem ihm nächsten Recht. Somit müssen die Kriterien, die zu einer engeren oder engsten Verbindung führen, die gleichen sein. Nichts anderes gilt für den Sonderfall des Art. 28 Abs. 5 EGBGB. Daher kommen alle Klauseln des EGBGB, die auf eine „enge Verbindung" abstellen, zur Konkretisierung des Art. 46 EGBGB in Betracht.

3. Die Konkretisierung der „engen Verbindung"

Nachdem geklärt ist, ob die von Lehre und Rechtsprechung gefundenen Kriterien zu anderen Normen herangezogen werden können und um welche Normen es sich dabei handelt, muß die aus diesen Informationen resultierende Methode beleuchtet werden.
Zur Konkretisierung offener Regelungen lassen sich allgemeine Regeln anwenden. Grundsätzlich bedeutet die Ermittlung der „engen Verbindung" die Auswahl des Rechts, welches von mehreren Rechten tatsächlich das Schwerpunktrecht ist.

a.) Konkretisierung durch Formalisierung oder durch Gesamtabwägung

Dabei sind zwei Vorgehensweisen denkbar:[67] Das Recht der „engen Verbindung" läßt sich einerseits formalisiert festlegen. Dies bedeutet, daß auf einen Umstand abgestellt wird, ohne näher geprüft zu haben, ob er im Einzelfall ein geeigneter Faktor zur Bestimmung der „Näherbeziehung" des Sachverhalts zu einer bestimmten Rechtsordnung ist. Die andere Möglichkeit ist, eine Gesamtabwägung aller Umstände vorzunehmen, die geeignet sind, eine tatsächlich engste Beziehung des Sachverhalts zu einer Rechtsordnung zu begründen.
Der Vorteil der einen Lösung ist der Nachteil der anderen und umgekehrt. Eine Formalisierung der Anknüpfungskriterien führt zu Rechtssicherheit, was jedoch auf Kosten der Einzelfallgerechtigkeit geht. Keine formalisierte Anknüpfung ist in der Lage, alle in der Praxis auftretenden Fälle gerecht der jeweils nächsten Rechtsordnung zu unterstellen.[68] Die Gesamtabwägung hingegen ist der Einzelfallgerechtigkeit verpflichtet, läuft jedoch Gefahr, die Rechtssicherheit zu vernachlässigen.[69]
Fraglich ist aber, ob für den hier zu untersuchenden Fall überhaupt die Möglichkeit besteht, aus diesen beiden Methoden zu wählen. Wie bereits festgestellt,[70] handelt es sich bei Art. 46 EGBGB um eine echte Ausweichklausel,

---

[67] *Mansel*, Personalstatut, S. 178.
[68] A.a.O., S. 188.
[69] A.a.O., S. 178.
[70] Siehe oben 2 b.

d.h., eine vom Gesetz bestimmte und im konkreten Fall auch eingreifende Regelanknüpfung wird auf sekundärer Ebene durch die Ausnahmevorschrift ausgehebelt. Dies bedeutet, daß der Gesetzgeber mit den Regelanknüpfungen bereits bestimmt hat, welche Anknüpfungskriterien er als die engsten im Regelfall eingreifen lassen will. Die Formalisierung findet also schon auf Gesetzesebene statt. Anders verhält es sich mit den Generalklauseln, die auf die engste Verbindung abstellen, beziehungsweise mit dem Sonderfall des Art. 28 Abs. 5 EGBGB, der auf die engere Verbindung abstellt. Dort handelt es sich um primäre Anknüpfungen, für die der Gesetzgeber keine typisierten Anknüpfungskriterien angeordnet hat.[71] Es bleibt grundsätzlich möglich, zur Konkretisierung auf einen einzelnen Umstand abzustellen. Einzelne Umstände bei echten Ausweichklauseln können hingegen nicht zum Recht der engeren Verbindung führen. Da schon einzelne Umstände immer bei Eingreifen der Ausweichklausel erfüllt sind und das Gesetz die Regelanknüpfung an sie vornimmt, kann ein anderer einzelner Umstand nicht zum Eingreifen der Ausweichklausel genügen. Folglich kann eine echte Ausweichklausel wie Art. 46 EGBGB nur durch eine Gesamtschau der Umstände konkretisiert werden. Die Konkretisierung verlangt somit eine umfassende und wertende Gesamtbetrachtung und erfolgt zunächst wie bei jeder Generalklausel in zwei Stufen.

b.) Zwei Stufen der Gesamtabwägung

Zuerst sind alle tatsächlichen Umstände festzustellen, die geeignet sind, einen Bezug zu irgendeiner Rechtsordnung zu begründen. Als Generalklausel ist die engste Verbindung ein „offener Tatbestand", bei dem jede vermeintlich marginale Tatsache, die eine kollisionsrechtliche Indizwirkung hat, berücksichtigt werden kann und soll.[72]
Im zweiten darauffolgenden Schritt sind diese Merkmale zu gewichten und gegeneinander abzuwägen. Durch Bildung eines Schwerpunktes ist festzustellen, zu welchem Staat die engste Verbindung besteht. Beim ersten Schritt dieser Methode handelt es sich um die Feststellung von beweisbedürftigen Tatsachen. Dagegen enthält der zweite Prüfungsschritt die Wertung, welche Verbindung die engste ist. Es geht dabei um eine Rechtsfrage, die dem Beweis entzogen ist.[73]
Der Begriff der „engeren Verbindung" ist ein sogenannter „normativer Realtypus". Dies bedeutet, daß er eine bestimmte Rechtsfolge auslöst, ohne die tatbestandlichen Voraussetzungen abstrakt zu definieren. Anstatt dessen defi-

---

[71] Für den Fall der subsidiären Relevanz der engsten Verbindung liegen die Voraussetzungen der zunächst einschlägigen Anknüpfungskriterien nicht vor; Die Absätze 2-4 des Art. 28 EGBGB sind nur Vermutungen, s.o.

[72] *Hepting* in FS Lorenz, S. 393, 400.

[73] *Dörner*, StAZ 1990, S. 2 f.; *Hepting*, S. 393, 400.

niert er sie lediglich mittels der verschiedenen Erscheinungsformen der typischen Sachverhaltskonstellationen, die von dem Typus erfaßt werden sollen. Somit ist ein normativer Realtypus ein offener Tatbestand mit konkreter Rechtsfolge.[74]

Beim normativen Realtypus wird zwischen dem empirischen und dem normativen Element unterschieden. Das empirische Element umreißt das aus der Erfahrung gewonnene typische Erscheinungsbild des Sachverhalts, auf den der Typus abzielt. Die Kriterien, mit denen der Begriff der wesentlich engeren Verbindung ausgefüllt wird, sind bloße Indizien, die in Rechtsprechung und Literatur verwendet werden. Sie beruhen auf der Lebenserfahrung und sind somit empirisch gewonnene Erscheinungen.[75] Das normative Element ist durch den Gesetzeszweck bestimmt. Wenn die gefundenen Erscheinungen kritisch untersucht und teilweise abgelehnt werden, vollzieht sich diese normative Komponente. Die empirischen Merkmale werden dahingehend überprüft, ob sie normativ, also durch die dem Typus zugrundliegende ratio, gerechtfertigt sind.[76]

Demnach müßten im folgenden die bis dato von Lehre und Rechtsprechung herangezogenen Indizien, die für Ausnahmefälle im Internationalen Sachenrecht herangezogen wurden, untersucht werden. Dies wären die empirisch gewonnenen Erscheinungen.

Bisher war das Internationale Sachenrecht nicht kodifiziert. Abweichungen vom Grundsatz der lex rei sitae waren ebenso wie der Grundsatz selbst Richterrecht. Bei der Neuschaffung der Artt. 43-46 EGBGB handelt es sich zwar um die Kodifikation[77] dieses richterrechtlichen Sachenrechts. Dennoch wurden durch die neuen gesetzlichen Regeln teilweise alte Grundsätze gebrochen beziehungsweise abgeändert.[78] Weil sich die Ausnahmeklausel auf alle Vorschriften des Internationalen Sachenrechts bezieht, erscheint auch diese wiederum in einem neuen Licht. Zudem wurde die Klausel geschaffen, weil dies der *Zuschnitt des gesamten Abschnitts* und die grundsätzliche Strenge des Sachenrechts für Fälle, in denen die *gesetzlich fixierte Anknüpfung* ausnahmsweise zur Anwendung sachferner Rechtsordnungen führen würde, erforderlich mache.[79] Eine Ausweichklausel mußte also gerade wegen der gesetzlichen Fixierung des Internationalen Sachenrechts geschaffen werden. Es ergibt sich folglich eine neue Situation, weswegen nicht einfach die alte Rechtsprechung und Literatur

---

[74] *Mansel*, Personalstatut, S. 200.

[75] *Larenz*, Methodenlehre, S. 220 f.

[76] *Mansel*, Personalstatut, S. 200.

[77] BTDrucks. 14/343, S. 15 ff.

[78] So galt beispielsweise vor der Kodifikation für Grundstücksimmissionen die Ubiquitätsregel. Durch den Verweis des Art. 44 EGBGB auf Art. 40 Abs. 1 EGBGB gilt die Modifikation durch das Bestimmungsrecht des Internationalen Deliktsrechts, Art. 40 Abs. 1 S. 2 EGBGB.

[79] BTDrucks. 14/343, S. 18 f.

zur Ausfüllung des Begriffs der wesentlich engeren Verbindung herangezogen werden kann.
Vielmehr müssen alle denkbaren Kriterien untersucht werden, die auch in den anderen Normen des EGBGB Einfluß finden, die auf eine „enge Verbindung“ abstellen.[80] Entscheidend ist dabei die Frage, ob die gefundenen Kriterien auf eine international*sachen*rechtliche Ausweichklausel übertragbar sind.

c.) Dritte Stufe bei echten Ausweichklauseln

Nun muß jedoch noch der Besonderheit von echten Ausweichklauseln Rechnung getragen werden. Das zweistufige System der Ermittlung von Anknüpfungskriterien kann nur bei Generalklauseln, die auf die engste Verbindung abstellen, zum Erfolg führen. Bei echten Ausweichklauseln, für die die engere Verbindung maßgeblich ist, muß in einem dritten Schritt sichergestellt werden, daß das im zweiten Schritt gefundene Schwerpunktrecht auch das ist, mit dem der Sachverhalt *wesentlich enger* verbunden ist. Schließlich muß in diesem Fall die Regelanknüpfung ausgehebelt werden.

4. Die Methodik der Wertung

Bei der dreistufigen Auslegung von Ausweichklauseln kommt der zweiten Stufe, der Gesamtabwägung, große Bedeutung zu. Sie entscheidet letztlich darüber, welches Kriterium relevant sein kann und welches nicht. Wie diese Wertung abstrakt zu erfolgen hat, ist Gegenstand der folgenden Untersuchung.

a.) Einfluß des jeweiligen Rechtsbereichs auf die Wertung

Beim Heranziehen von Kriterien, die in anderen auf das Recht der engsten/engeren Verbindung abstellenden Kollisionsnormen Eingang finden, ist folgendes zu beachten: Grundsätzlich handelt es sich bei der engeren/engsten Verbindung um einen Begriff, der in den einzelnen Normen identisch auszulegen ist.[81] Bei der Konkretisierung des Grundsatzes der engsten Verbindung können sich für die einzelnen Sachbereiche des Internationalen Privatrechts jedoch durchaus andere Regeln entwickeln.[82] So kommt es für die objektiv feststellbaren Umstände und deren Gewichtung entscheidend auf den in Frage stehenden Rechtsbereich an, so daß im Sachenrecht andere Aspekte als im Personen-, Familien-, Unterhalts- oder Vertragsrecht bedeutsam sind.[83] Die Übernahme der Präzisierungskriterien, die im Rahmen einer Norm entwickelt

---

[80] Siehe oben 2 c.
[81] Siehe oben 2 c.
[82] BTDrucks. 10/504, S. 41.
[83] MüKo-*Sonnenberger*, Einl. IPR, Rn. 677; Zum Personen- und Familienrecht: *Dörner*, StAZ 1990, 1 ff.

wurden, in das Verständnis des Begriffs in einer anderen Norm ist nur nach sorgfältiger Prüfung der Vergleichbarkeit der Interessenlagen empfehlenswert.[84]

b.) Wertung nach Anknüpfungsmaximen

Dieser Gedanke kann auch auf die Normgebung übertragen werden. Jede Normgebung seitens des Gesetzgebers setzt eine sorgfältige Analyse des zu regelnden Sachverhalts sowie der in Betracht kommenden Bewertungsfaktoren voraus. Besonders die Interessen der unmittelbar Betroffenen und der Allgemeinheit sind zu berücksichtigen. Sich widersprechende Werte sind gegeneinander abzuwägen. Bei der Schaffung von Kollisionsnormen sind die in Ausgleich zu bringenden Interessen kollisionsrechtlicher Natur.[85] Diese speziell für das IPR geltenden Wertmaßstäbe können als Maximen der Anknüpfung bezeichnet werden.[86] Das Ergebnis der analysierenden Interessenabwägung ist die Rechtsnorm. Kollisionsrechtliche Maximen sind die „Natur der Sache", die Interessen der Beteiligten, Voraussehbarkeit und Durchsetzbarkeit der Entscheidung, innerer und äußerer Entscheidungseinklang, Sachzusammenhang, Rechtsanwendungsgleichheit, Effektivität des Rechtsschutzes sowie die Ökonomie des Rechtsfindungsinteresses für Parteien und Gericht.[87]
„Bei der Anwendung der Berichtigungsklausel handelt es sich um Normanwendung, die realiter Normsetzung darstellt."[88] Ausgangspunkt der Konkretisierung ist mithin nach Analyse der betroffenen Interessen die Ermittlung der Maximen, die den Gesetzgeber zur Wahl einer im konkreten Fall als unzureichend angesehenen Regelanknüpfung veranlaßt hat. Im folgenden sind diejenigen Maximen herauszufinden, die unter den Umständen des konkret zu entscheidenden Falles für eine Abweichung von der Regelanknüpfung sprechen. Sind die Anknüpfungsmaximen, auf denen die Regelanknüpfung basiert, identisch mit denen, aufgrund derer der Rechtsanwender Anlaß zu einer abweichenden Anknüpfung hat, ist der Weg für das Eingreifen der Ausweichklausel frei. Stimmen hingegen die Anknüpfungsmaximen von Gesetzgeber und Gesetzanwender nicht überein, muß der Gesetzgebungsgang daraufhin überprüft werden, ob die Maximen des Normanwenders in vergleichbaren Fällen verworfen wurden. Die negative Entscheidung ist zu respektieren.[89] Gleiches gilt, wenn eine Abweichung gegen den objektiven Gesetzeszweck spricht.[90]

---

84 MüKo-*Sonnenberger*, a.a.O.
85 *Kreuzer* in FS Zajtay, S. 295, 323.
86 *Neuhaus*, Grundbegriffe des IPR, S. 160 ff.
87 A.a.O., S. 161 ff.; *Kreuzer* in FS Zajtay, S. 295, 323.
88 *Kreuzer* in FS Zajtay, S. 295, 323; Mit einem Beispiel: *Dubler*, Les clauses d'exception, S. 194.
89 *Kreuzer*, a.a.O.
90 A.a.O., S. 295, 324.

5. Konsequenz für die Untersuchung

Nach theoretischer Klärung der Auslegungsmethode von Ausweichklauseln muß diese nun praktisch umgesetzt werden. In diesem Kapitel soll zunächst für jedes einzelne Kriterium die Relevanz innerhalb der Ausweichklausel erörtert werden. Dabei ergibt sich das Problem, daß die gefundene dreistufige Methodik letztlich auf eine Gesamtabwägung im Einzelfall abstellt und einzelne Kriterien als solche gar nicht untersucht werden. Es soll dennoch versucht werden, die jeweiligen Wertungen auch hinsichtlich einer Einzelbetrachtung zu nutzen.
Weiterhin ist bei jedem denkbaren zu untersuchenden Kriterium zu berücksichtigen, daß eines allein niemals zu einer engeren Verbindung führen kann, die dann auch noch wesentlich sein muß. Dies ist die Konsequenz aus dem Charakter des Art. 46 EGBGB als echte Generalklausel: Der Gesetzgeber hat sich durch die Regelanknüpfungen in den Artt. 43-45 EGBGB bereits für die Konkretisierung der engsten Verbindung entschieden. Daher kann ein Umstand allein, der „in Konkurrenz" zum regelmäßigen Anknüpfungskriterium tritt, nicht zur engeren Verbindung führen.
Schließlich ist zu beachten, daß alle internationalsachenrechtlichen Konstellationen unter dem Vorbehalt des Eingreifens der Ausweichklausel stehen. Die Vorschrift erfaßt daher alle denkbaren sachenrechtlichen Fälle mit internationalem Bezug. Folglich gibt es in einigen Konstellationen Umstände, die zu einer wesentlich engeren Verbindung führen könnten, während diese Umstände in anderen Konstellationen überhaupt nicht existieren. So gibt es nicht in jedem sachenrechtlichen Sachverhalt zwei oder mehr Parteien, sondern es muß lediglich die Zuordnung einer Sache zu einer Person beurteilt werden, beispielsweise beim Fund. Folglich kann beispielsweise die Staatsangehörigkeit der Parteien von vornherein nur in einem Teil der Fälle jemals relevant werden.

6. Kriterien für die Abweichung von der lex rei sitae

Für die Untersuchung von Ausnahmekriterien, die zu einer von der lex rei sitae abweichenden Anknüpfung führen, müssen zunächst die Gründe des Gesetzgebers für die Regelanknüpfung erörtert werden. Anschließend empfiehlt es sich, die denkbaren Kriterien, die zu einer Abweichung von der Regelanknüpfung führen, in Gruppen einzuteilen. Entsprechend der Frage, *wie* der Sachverhalt mit einem anderen Staat verbunden sein muß, um mit ihm enger als mit dem Belegenheitsstaat verbunden zu sein, bietet sich eine Einteilung in vier Gruppen an. Zunächst ist an all die Kriterien zu denken, die die Personen der am sachenrechtlichen Vorgang Beteiligten betreffen. Weiterhin sind Kriterien zu untersuchen, die sich durch Handlungen der Betroffenen definieren, beziehungsweise solchen, die der Sache unmittelbar anhaften. Die Untersuchung betrifft dabei nur die örtlich flexiblen Komponenten, aus denen sich ein sachenrechtlicher Vorgang zusammensetzt.

Als Ergebnis der Prüfung der möglichen Anknüpfungskriterien wird festzustellen sein, ob es sich bei der wesentlich engeren Verbindung um eine räumliche handeln muß oder ob diese auch zeitlich zu verstehen sein kann.

a.) Gründe für die Regelanknüpfung an die lex rei sitae

Nach dem Grundsatz der lex rei sitae werden sachenrechtliche Fragen an den Lageort der Sache angeknüpft.[91] Dabei kommt es im Rahmen der jeweils berufenen Rechtsordnung auf den Lageort zum Zeitpunkt des Eintritts der in Frage stehenden Rechtsfolge an.[92] Diese von der Lehre und Rechtsprechung vertretene und vom *BGH* als gewohnheitsrechtlich[93] anerkannte Grundregel wurde nun in Art. 43 Abs. 1 EGBGB zu geschriebenem Recht.
Als Grund für die Situsregel mag zunächst das Verkehrsinteresse dienen: Der Rechtsverkehr eines Staates muß nur mit solchen dinglichen Rechten und Belastungen einer Sache rechnen, die den Rechtsteilnehmern dieses Staates bekannt sind.[94] Zudem ist die Belegenheit einer Sache leicht zu ermitteln. Daher erfuhren frühere Ansichten Ablehnung, die nicht an die physische Präsenz, sondern an die juristische Einbettung in einen bestimmten Rechtsbereich[95] beziehungsweise an die Verknüpfung der Sache mit einer höheren Einheit anknüpfen wollten.[96] Weiterhin ist die Grundregel der lex rei sitae nahezu weltweit anerkannt.[97] Ihre Anwendung auch in Deutschland führt somit zum internationalen Entscheidungseinklang. Dies wiederum führt zur Vermeidung von Gerichtsentscheidungen, die im Ausland nicht durchsetzbar sind,[98] beziehungsweise zur Anerkennung inländischer Gerichtsentscheidungen im Ausland.[99]
Im Liegenschaftsrecht kommt hinzu, daß häufig eine ausschließliche internationale Zuständigkeit der Gerichte des Belegenheitsstaats besteht.[100] Somit ermöglicht die Anknüpfung an die Belegenheit des Grundstücks einen Gleichlauf zwischen internationaler Zuständigkeit und anwendbarem Recht. Schließlich spricht noch eine ganz einfache Überlegung für die lex rei sitae: Störungen der

---

[91] *v. Hoffmann*, IPR, § 12, Rn. 7; *Wagner*, IPRax 1998, S. 434 f; *Kegel/Schurig*, IPR, § 19 I.
[92] *BGH* NJW 1995, 58, 59; *v. Hoffmann*, IPR, § 12, Rn. 7.
[93] *BGH* NJW 1996, 2233, 2234; Die lex rei sitae wurde von *Wolff* bereits 1954 als Gewohnheitsrecht bezeichnet, IPR, S. 172.
[94] MüKo-*Kreuzer*, Nach Art. 38 Anh. I, Rn. 14, Staudinger-*Stoll*, Rn. 126.
[95] *Niboyet*, Etude de droit international privé, S. 68 ff.
[96] *Habicht* in FS Heinitz, S. 463 ff.
[97] So auch die neueren IPR-Gesetze Italiens, Österreichs, Liechtensteins, Rumäniens, Ungarns, der Türkei und der Schweiz. Ausnahmen bestehen z.B. in einigen Staaten der USA, dazu Staudinger-*Stoll*, Rn. 52-54.
[98] *Kegel/Schurig*, IPR, § 2 II.
[99] *BGH* NJW 1997, 461, 462.
[100] So z.B. Art. 16 Nr. 1. a) EuGVÜ beziehungsweise LugÜ oder § 24 ZPO.

Sachherrschaft an einer Sache können von beliebigen Personen ausgehen. Die Störungen haben ihren Schwerpunkt immer am Belegenheitsort und können auch nur dort von den Rechtsschutzorganen abgewehrt werden. Es ist naheliegend, daß diese Organe dabei ohne Rücksicht auf die Herkunft der streitenden Parteien ihr eigenes Recht anwenden.[101]
Zusammenfassend ergibt sich, daß die Gründe für die Schaffung der lex rei sitae das Verkehrsinteresse, die Einfachheit der Handhabung, der internationale Entscheidungseinklang und der Gleichlauf zwischen internationaler Zuständigkeit und anwendbarem Recht sind.

b.) Personale Kriterien

Untersucht werden sollen zunächst personale Kriterien, d.h. Kriterien, die sich über die Beziehung zu einem am sachenrechtlichen Vorgang Beteiligten definieren.

aa) Recht des gewöhnlichen Aufenthalts

(1) Die Bedeutung des Begriffs in den herangezogenen Normen

Das Recht des gewöhnlichen Aufenthalts wird in Art. 5 Abs. 1 EGBGB zur Konkretisierung des Begriffs der engsten Verbindung verwandt.[102] Das Kriterium wird sogar als Regelbeispiel von der Norm explizit genannt, Art. 5 Abs. 1 a.E. EGBGB. In Art. 14 Abs. 1 Nr. 3 EGBGB liegt der Fall so, daß unter anderem „auf den Verlauf der ehelichen Lebensgemeinschaft“[103] abgestellt wird. Sollte damit nicht der gemeinsame gewöhnliche Aufenthalt der Ehegatten gemeint sein, liegt dies daran, daß bereits nach der zweiten Stufe der „Kegelschen Leiter“ in Art. 14 Abs. 1 Nr. 2 EGBGB das Recht des Staates, in dem beide Ehegatten ihren gewöhnlichen Aufenthalt haben oder während der Ehe zuletzt hatten, wenn einer von ihnen dort noch seinen gewöhnlichen Aufenthalt hat, maßgeblich ist. Auch wenn das Kriterium nicht unbedingt zur Ausfüllung der Generalklausel herangezogen wird, ist es für die Bestimmung des Ehewirkungsstatuts um so wichtiger: Das Kriterium bestimmt schon das maßgebliche Recht, ohne daß die Generalklausel überhaupt eingreifen müßte.
Die Abs. 1 und 5 des Art. 28 EGBGB geben wie alle Generalklauseln keine Auskunft über ihre inhaltliche Ausfüllung. Jedoch knüpft die Vermutung des

---

[101] *Beitzke* in FS Smend, S. 17 f.; Für Grundstücke: Staudinger-*Stoll*, Rn. 124.

[102] *Mansel*, Personalstatut, S. 266 ff.; *Kegel/Schurig*, IPR, § 13 II Nr. 5; auch vor Schaffung des Art. 5 durch das IPRG von 1986 war das wichtigste Effektivitätsmerkmal in Rechtsprechung, Gutachtenpraxis und Literatur der gewöhnliche Aufenthalt des Mehrstaaters in einem seiner Heimatstaaten: BVerfGE 37, 217, 243 f.; BGHZ 60, 82; *Neumann*, IPR, S. 67; *Zitelmann*, IPR I, S. 176; *Neuhaus*, Grundbegriffe, S. 213.

[103] BT-Drucks. 10/ 504 S. 9; MüKo-*Siehr*, Art. 14, Rn. 36.

Abs. 2 an den gewöhnlichen Aufenthalt desjenigen an, der die vertragscharakteristische Leistung erbringt. Der Gesetzgeber erachtet damit im Internationalen Vertragsrecht mittelbar den gewöhnlichen Aufenthalt als die typisch engste Verbindung. Auch in der General- beziehungsweise in der Ausweichklausel der Abs. 1 und 5 kann der gewöhnliche Aufenthalt der Parteien relevant werden, beispielsweise wenn die charakteristische Leistung wie bei einem Tauschvertrag nicht bestimmbar ist.[104] Wie es der Gesetzgeber mittelbar in Abs. 2 zeigt, ist ein gemeinsamer gewöhnlicher Aufenthalt der Vertragsparteien starkes Indiz für die maßgebliche engste Verbindung.
Für Art. 30 Abs. 2 a.E. EGBGB gelten die Ausführungen zu Art. 28 EGBGB.[105] Bezüglich der Ausweichklausel des Art. 41 EGBGB liegt der Fall ähnlich dem des Art. 5 Abs. 1 EGBGB: Für die meisten außervertragliche Schuldverhältnisse betreffende Regelkollisionsnormen wird zur Ausfüllung des Begriffs der wesentlich engeren Verbindung ausdrücklich der gemeinsame gewöhnliche Aufenthalt als Regelbeispiel genannt.
Zu untersuchen ist, ob das Anknüpfungskriterium des gewöhnlichen Aufenthalts auch innerhalb des Art. 46 EGBGB Bedeutung erlangen kann. Wie Lehre, Rechtsprechung und teilweise der Gesetzgeber zu anderen Vorschriften gezeigt haben, wird es fast in jeder Norm, die auf die engere/engste Verbindung abstellen, relevant.

(2) Gründe für die große Bedeutung

Fraglich ist dabei zunächst, warum das Anknüpfungskriterium des gewöhnlichen Aufenthalts so große Bedeutung hat. Als gewöhnlicher Aufenthalt wird der Ort bezeichnet, in dem der Schwerpunkt der Bindungen der betreffenden Person, ihr Daseinsmittelpunkt oder der tatsächliche Mittelpunkt der Lebensführung liegt.[106] Er ist mehr als bloßes faktisches Verweilen an einem Ort und setzt deshalb ein Mindestmaß an sozialer Integration im Aufenthaltsstaat voraus.[107] Soziale Integration und längeres Verweilen am selben Ort führen in der Regel zu innerer Verbundenheit mit dem Aufenthaltsstaat.[108] Für die Beteiligten ist es deshalb interessengerecht, daß auf sie betreffende rechtliche Vorgänge das Recht des Staates angewendet wird, mit dem sie sich am engsten verbunden fühlen. Im Zweifel haben sie auch nicht mit einem anderen Recht gerechnet.

---

[104] MüKo-*Martiny*, Art. 28, Rn. 7; *Geisler*, Die engste Verbindung im IPR, S. 189.
[105] MüKo-*Martiny*, Art 30, Rn. 44.
[106] Staudinger-*v. Bar/Mankowski*, Anh I Art. 18, Rn. 142.
[107] *Henrich*, IPRax 1981, S. 126.
[108] *Mansel*, Personalstatut, S. 267.

(3) Die Verbindung zwischen Systembegriff und Staat

Weiterhin ist bedeutsam, was die einzelnen Normen überhaupt regeln. Natürlich geht es jeweils um die Bestimmung des anwendbaren Rechts innerhalb eines bestimmten Anknüpfungsgegenstandes bei internationalen Sachverhaltsgestaltungen. Doch schon der Systembegriff gibt Auskunft darüber, zwischen welchen „Gegenständen" die im IPR maßgebliche engste Verbindung bestehen muß. So muß innerhalb des Art. 5 Abs. 1 EGBGB die Verbindung zwischen einer Person und einem Staat geklärt werden. Bei Art. 14 EGBGB geht es um die Verbindung eines Eheverhältnisses zu einem Staat, während Artt. 28, 30 und 41 EGBGB ein vertragliches beziehungsweise ein gesetzliches Schuldverhältnis und dessen Beziehung zu einem Staat regeln. Im Internationalen Sachenrecht ist die Verbindung einer Sache zu einem Staat ausschlaggebend. Art. 43 Abs. 1 EGBGB verwendet dabei den Anknüpfungsgegenstand „Rechte an einer Sache". Dies ist, wie in jeder autonomen Kollisionsnorm, ein materiellrechtlich geprägter Systembegriff.[109] Das zu bestimmende „Recht an einer Sache" nimmt daher unmittelbar Bezug auf das in den §§ 854 ff. BGB geregelte Sachenrecht. Daher sind die Besonderheiten des Sachenrechts bei der Auslegung des Internationalen Sachenrechts zu berücksichtigen. An der Wechselwirkung zwischen dem Kollisionsrecht und dem materiellen und prozessualen Sachrecht hat sich trotz der heute weithin anerkannten autonomen international-privatrechtlichen Qualifikationsmethode nichts geändert.[110]

(4) Das Wesen des Sachenrechts als Systembegriff

Das Sachenrecht enthält Normen, die vor allem die Beziehung von Personen und Sachen regeln. Somit geht es um dingliche Rechte. Diese wirken gegenüber jedermann und sind daher durch die absolute Herrschaftsmacht des Berechtigten gekennzeichnet.[111] Folglich stehen sie im deutlichen Gegensatz zu den sogenannten relativen Rechten, wie sie grundsätzlich im Schuldrecht bestehen. Diese regeln die Befugnisse einer Person gegenüber einer anderen. Ausdruck der Absolutheit im Sachenrecht ist die Möglichkeit, bei Eingriffen in die Rechtsposition Ansprüche gegen jedermann geltend zu machen, wobei es sich insbesondere um den Herausgabeanspruch, den Schadensersatz-, Beseitigungs- sowie Unterlassungsanspruch handelt.[112]
Der Gesetzgeber hat die einzelnen dinglichen Rechte ausgestaltet und sie auf die im Gesetz normierten Typen beschränkt. Man spricht daher vom Typen-

---

[109] *v. Hoffmann*, IPR, § 4, Rn. 4.
[110] *Pfeiffer*, IPRax 2000, 270, 272; *v. Bar*, IPR I, Rn. 600.
[111] *Westermann*, Sachenrecht, S. 1.
[112] *Baur/Stürner*, Sachenrecht, S. 29 f.; *Schwab/Prütting*, Sachenrecht, Rn. 15.

zwang oder auch vom numerus clausus des Sachenrechts; Vertragsfreiheit wie im Bereich des Schuldrechts besteht nicht.[113]
Prinzipien des Sachenrechts sind der Bestimmtheitsgrundsatz, der Trennungsgrundsatz beziehungsweise das Abstraktionsprinzip und das Publizitätsprinzip.[114] Der Bestimmtheitsgrundsatz handelt nach dem Prinzip, daß alle dinglichen Rechte nur an einzelnen Sachen bestehen. Alle Rechtsgeschäfte, die auf Änderung einer dinglichen Rechtsposition gerichtet sind, müssen sich daher auf bestimmte individualisierte Sachen beziehen. Trennungs- und Abstraktionsprinzip meint die Trennung beziehungsweise Unabhängigkeit des Verpflichtungs- vom Verfügungsgeschäft.
Das Publizitätsprinzip dürfte den größten Einfluß auf die Ausgestaltung des Internationalen Sachenrechts haben. Der absolute Charakter der dinglichen Rechte erfordert die Offenkundigkeit der dinglichen Rechtslage und ihrer Veränderung für jedermann. Schuldrechtliche Beziehungen, die nur die beiden Partner berühren, müssen hingegen nicht nach außen in Erscheinung treten, da sie weder Wirkung für Dritte entfalten, noch Belange Dritter berührt werden, so daß diese einen Anspruch auf Kenntnisnahme haben müßten. Anders die dinglichen Rechte: Da sie jedermann respektieren muß, müssen sie auch für dritte Personen erkennbar sein.[115]
Nichts anderes erfüllt die lex rei sitae auf internationaler Ebene. Da dingliche Rechte von jedermann respektiert werden müssen, muß für die Personen im Umfeld dieser Sache klar sein, nach welchem Recht sich die Rechte an dieser Sache bestimmen. Das *Verkehrsinteresse* spricht also für die lex rei sitae.[116] Dies gilt um so mehr, als daß der numerus clausus des Sachenrechts in den Rechtsordnungen verschiedener Länder von dem anderer Länder abweicht beziehungsweise abweichen kann.

(5) Vereinbarkeit des Kriteriums des gewöhnlichen Aufenthalts mit dem Wesen des Sachenrechts

Fraglich ist, ob der gewöhnliche Aufenthalt der am sachenrechtlichen Vorgang Beteiligten mit dem Wesen des Sachenrechts vereinbar ist, ob also das Kriterium für eine Abweichung von der lex rei sitae geeignet ist. Es empfiehlt sich eine Unterscheidung zwischen Vorgängen vorzunehmen, an der nur eine Person beteiligt ist und solchen, an der zwei Personen beteiligt sind. Schließlich kann es nur im letzteren Fall zu einem gemeinsamen gewöhnlichen Aufenthalt

---

113 *Westermann*, S. 24; *Schwab/Prütting*, Sachenrecht, Rn. 17.
114 *Schwab/Prütting*, Sachenrecht, Rn. 20 ff.; Manche Autoren zählen auch die Absolutheit zu den Prinzipien des Sachenrechts: *Baur/Stürner*, Sachenrecht, S. 29.
115 *Westermann*, Sachenrecht, S. 18; *Schwab/Prütting*, Sachenrecht, Rn. 31; *Müller*, Sachenrecht, S. 18.
116 Siehe oben a.

kommen, was die Wirkung des Kriteriums verstärken könnte. Wenn hier von Tatbeständen die Rede ist, die nur eine oder zwei Personen betreffen, so bedeutet dies, daß das dingliche Recht nur einem zusteht oder von einen auf den anderen übergeht. Dingliche Rechte betreffen ansonsten gerade jedermann, genau darin liegt ja ihre Absolutheit.[117]

(a) Sachenrechtliche Tatbestände, die nur eine Partei betreffen

Auch innerhalb dieses Bereichs muß unterschieden werden. So kann es einmal lediglich um die Beurteilung eines sachenrechtlichen *Zustandes* gehen. „Rechte an einer Sache unterliegen dem Recht des Staates, in dem sich die Sache befindet.“[118] Es geht hier beispielsweise nur um die Frage, wer Eigentümer einer bestimmten Sache ist. Bleibt man bei diesem Beispiel, so ist die Frage, ob das Recht des Staates, in dem der potentielle Eigentümer seinen gewöhnlichen Aufenthalt hat, abweichend von der lex rei sitae das Eigentumsrecht ausfüllen kann. Dies ist aus zwei Gründen nicht vorstellbar: Zunächst gibt es kaum andere Kriterien, die das Recht dieses Staates stützen könnten. Lediglich die Staatsangehörigkeit des Eigentümers könnte, falls sie die des Staates des gewöhnlichen Aufenthaltes ist, ein weiteres Indiz für die Abweichung sein. Dies kann aber wegen der Entscheidung des Gesetzgebers für die lex rei sitae als die engste Verbindung niemals genügen.[119] Weiterhin ist dies der klassische Fall, warum im Internationalen Sachenrecht grundsätzlich an das Belegenheitsrecht angeknüpft wird. Der Rechtsverkehr, in dem sich die Sache befindet, muß die Rechte an ihr respektieren. Damit dies möglich ist, muß er sich im dortigen Rechtsraum auf die gewohnte Rechtsordnung verlassen können. Nichts anderes sagt Art. 43 Abs. 1 EGBGB. Welchen gewöhnlichen Aufenthalt der Eigentümer hat, ist für den Rechtsverkehr nicht erkennbar.
Zum anderen kann es bei der Beteiligung nur einer Person um die *Änderung* einer dinglichen Rechtsposition gehen. Hier sind an die gesetzlichen Erwerbstatbestände wie Ersitzung, Verbindung, Vermischung, Verarbeitung, Erwerb von Erzeugnissen, Aneignung und Fund zu denken. Jedoch handelt es sich nur bei der Aneignung um einen Fall der Einzelbeteiligung einer Person. Bei allen anderen Fällen ist eine andere Person dahingehend beteiligt, daß sie durch den gesetzlichen Erwerb der handelnden Person ihr Eigentum verliert. Fraglich bleibt an dieser Stelle also, ob der gewöhnliche Aufenthalt des Aneignenden geeignet ist, dieses Recht zur Anwendung zu bringen. Dazu gilt das soeben Ausgeführte: Bis auf die Staatsangehörigkeit ist kein anderes von der lex rei sitae abweichendes Kriterium denkbar; außerdem geht es um den Schutz des Rechtsverkehrs.

---

[117] Siehe oben (4).
[118] Art. 43 Abs. 1 EGBGB.
[119] Siehe oben 3 a.

Bei Sachverhalten, die nur eine Person betreffen, ist das Kriterium des gewöhnlichen Aufenthalts dieser Person also ungeeignet.

(b) Sachenrechtliche Tatbestände, die zwei Parteien betreffen

Anders könnte das Ergebnis in Fällen ausfallen, in denen zwei Parteien am sachenrechtlichen Vorgang beteiligt sind. Untersucht werden sollen zuerst die Fälle des gesetzlichen Erwerbs mit Ausnahme der Aneignung, die schon oben genannt wurden.
Hier käme der Fall in Betracht, daß der gesetzlich Erwerbende und der das Eigentum Verlierende ihren gewöhnlichen Aufenthalt im selben Staate haben. Der Verlierende könnte u. U. ein Interesse daran haben, daß sich der Erwerbstatbestand und aus ihm resultierende Ausgleichsansprüche sich nach einem ihm bekannten Recht richten. Auch für den gesetzlich Erwerbenden wäre es eventuell bequem, sein gewohntes Recht angewendet zu wissen. Dagegen spricht jedoch die Tatsache, daß sich bei den gesetzlichen Erwerbstatbeständen die Betroffenen überhaupt nicht kennen. Weder der Erwerbende noch der das Eigentum Verlierende können davon ausgehen, daß die Anwendung „seines" Rechts auch im Interesse des anderen liegen würde. Es kann also typischerweise zu keiner aus einer gemeinsamen Interessenlage resultierenden rechtlichen Enklave im Belegenheitsstaat kommen.
Anders könnte der Fall liegen, wenn ein dingliches Recht von einer auf die andere Partei übergeht und die Parteien dabei zusammenwirken.[120] Hier kennen sich die Parteien, und eine Anwendung des für sie gewohnten Rechts erscheint begrüßenswert. Wie die obige Charakterisierung des gewöhnlichen Aufenthalts gezeigt hat, erlangt dieses Kriterium deshalb so große Bedeutung, weil die vom Rechtsvorgang betroffene Person sich mit diesem Staat identifiziert und deshalb mit diesem Staat am engsten verbunden ist. So ist dieses Kriterium zu Recht Regelbeispiel zur Bestimmung der effektiven Staatsangehörigkeit beziehungsweise Kriterium für das auf vertragliche Schuldverhältnisse anwendbare Recht. Im ersten Fall geht es nur um die Verbindung zwischen Person und Staat; Interessen Dritter sind nicht betroffen. Im zweiten Fall wird das Vertragsrecht bestimmt; auch dort sind keine Interessen Dritter im Spiel. Genau dies ist aber im Sachenrecht der Fall.[121]

(c) Ergebnis

Daraus folgt, daß das Recht des gemeinsamen gewöhnlichen Aufenthalts der am sachenrechtlichen Geschäft Beteiligten nur dann Kriterium sein kann, wenn

---

[120] Hierbei ist besonders an den Fall der rechtsgeschäftlichen Übertragung des Eigentums zu denken.
[121] Siehe oben (4).

Drittinteressen nicht bestehen. In diesem Fall ist der gemeinsame Aufenthalt aber ein starkes Kriterium, da die Parteien ohne Rücksichtnahme auf Dritte ein Interesse an der Anwendung „ihres" Rechts haben.[122] Das Recht des gemeinsamen gewöhnlichen Aufenthalts findet somit, wenn auch nur eingeschränkt, Eingang in den Begriff der wesentlich engeren Verbindung in Art. 46 EGBGB.

bb) Hauptverwaltung einer Körperschaft als Äquivalent zum gewöhnlichen Aufenthalt

Fraglich ist, wie man das Anknüpfungskriterium „gewöhnlicher Aufenthalt" bestimmt, wenn es sich bei der Person um eine Gesellschaft, einen Verein oder eine juristische Person handelt. Ein gewöhnlicher Aufenthalt ist bei diesen Körperschaften nicht denkbar. Als Ersatz kommt der Sitz einer Gesellschaft in Betracht. Dieser entspricht jedoch eher dem Wohnsitz einer natürlichen Person. Der Gesetzgeber hat sich in Art. 28 Abs. 1 S. 1, 2 und Art. 41 Abs. 2 Nr. 2 S. 2 EGBGB dafür entschlossen, als Ersatz für den gewöhnlichen Aufenthalt einer Person das Recht des Staates anzuwenden, in dem sich die Hauptverwaltung der Körperschaft befindet. Ist eine Niederlassung beteiligt, tritt diese an die Stelle der Hauptverwaltung. Somit ist nicht der gesetzlich oder satzungsmäßig festgelegte Sitz entscheidend, sondern die tatsächliche Verwaltung.[123]
Es empfiehlt sich, den Willen des Gesetzgebers auch in Art. 46 EGBGB zu beachten. Nur der Ort der Hauptverwaltung beziehungsweise der der beteiligten Niederlassung kann bei Körperschaften ähnlich überzeugend wie der gewöhnliche Aufenthalt Auskunft darüber geben, mit welchem Staat die beteiligte Körperschaft am engsten verbunden ist. Zu den bei diesem Kriterium zu beachtenden Besonderheiten aufgrund der Anwendung im Internationalen Sachenrecht gelten die Ausführungen zum gewöhnlichen Aufenthalt entsprechend.

cc) Staatsangehörigkeit

Ein weiteres personales Kriterium ist die Staatsangehörigkeit der am sachenrechtlichen Vorgang Beteiligten.

(1) Die Bedeutung des Kriteriums in den herangezogenen Normen

In Art. 5 EGBGB kommt dieses Kriterium naturgemäß nicht in Betracht. Schließlich soll von mehreren Staatsangehörigkeiten der zu beurteilenden Person die effektive, also die maßgebliche, herausgefunden werden. Auch kann die Staatsangehörigkeit bei der Bestimmung der maßgeblichen Teilrechtsordnung in Art. 4 Abs. 3 S. 2 EGBGB nicht weiterhelfen, denn die Staatsangehö-

[122] So auch Kreuzer in Henrich, Vorschläge, S. 161, in ähnlichem Zusammenhang.
[123] Soergel-*v. Hoffmann*, Art. 28, Rn. 62; MüKo-*Martiny*, Art. 28, Rn. 42.

rigkeit sagt nichts über die zu bestimmende Teilrechtsordnung aus. Dafür kann die Teilstaatsangehörigkeit eine Rolle spielen, wenn das Anknüpfungssubjekt zu keiner Zeit dort seinen gewöhnlichen Aufenthalt hatte.[124]
In den anderen Normen, die auf die engste/engere Verbindung abstellen, kommt nach Rechtsprechung und Literatur der Staatsangehörigkeit eine Indizwirkung zu. Dies gilt sowohl für Art. 14 Abs. 1 Nr. 3,[125] Art. 28 Abs. 1 und 5,[126] Art. 30 Abs. 2 a.E.[127] als auch für Art. 41[128] EGBGB.

(2) Die Staatsangehörigkeit als Anknüpfung für persönliche Angelegenheiten

Im deutschen Kollisionsrecht ist die Staatsangehörigkeit das häufigste Anknüpfungsmoment in Regelkollisionsnormen. Diese regeln in allen Fällen Rechtsfragen, die die persönlichen Rechtsverhältnisse einer natürlichen Person betreffen.[129] Wird eine Person in ihren persönlichen Angelegenheiten betroffen, möchte sie nach einer ihr vertrauten Rechtsordnung beurteilt werden. Bezüglich des Personalstatuts hat sich der Gesetzgeber bei der Neuregelung des IPR 1986 gegen das Aufenthaltsprinzip und für die Beibehaltung des Staatsangehörigkeitsprinzips entschieden.[130] Dafür sprechen mehrere Gründe:
Die Staatsangehörigkeit eines Menschen ist Ausdruck einer besonders engen Verbindung mit dem sie verleihenden Staat und seiner Rechtsordnung. Die Anknüpfung in Statussachen und im Namensrecht entspricht daher dem Interes-

---

[124] *BGH* IPRspr. 1960/61 Nr. 128; *OLG Karlsruhe* IPRspr. 1968/69 Nr. 69; MüKo-*Sonnenberger*, Art. 4, Rn. 102.
[125] Die gemeinsame Staatsangehörigkeit kommt nicht in Betracht, da dann schon Art. 14 Abs. 1 Nr. 1 EGBGB eingreifen würde. Berücksichtigung kann aber diejenige Staatsangehörigkeit finden, die beide Ehegatten einmal inne hatten, MüKo-*Siehr*, Art. 14, Rn. 37.
[126] *Ferid*, IPR, Rn. 6-38; MüKo-*Martiny*, Art. 28, Rn. 93; *Geisler*, Die engste Verbindung im IPR, S. 283 f.; anders: *v. Hoffmann*, IPR, § 10, Rn. 60; Soergel-*v. Hoffmann*, Art. 28, Rn. 103 f.: Die Staatsangehörigkeit der Vertragsparteien weise keinen Bezug zum Leistungsaustausch auf und müsse daher im Rahmen des Abs. 5 unberücksichtigt bleiben. Bezüglich Abs. 1, bei dem keine Regelanknüpfung verdrängt werden müsse, können auch „subjektive“ Kriterien wie die Staatsangehörigkeit herangezogen werden.
[127] *v. Hoffmann*, IPR, § 10, Rn. 81 a; *Geisler*, Die engste Verbindung im IPR, S. 319 f.
[128] Die Ausweichklausel des Art. 41 EGBGB ist Art. 28 Abs. 5 nachgebildet, *v. Hoffmann*, IPR, § 11, Rn. 39.
[129] Rechts- und Geschäftsfähigkeit, Art. 7 EGBGB; Todeserklärung, Art. 9 EGBGB; Namensgebung, Art. 10 EGBGB; Voraussetzungen der Eheschließung, Art. 13 Abs. 1 EGBGB; allgemeine Ehewirkungen, Art. 14 Abs. 1 Nr. 1 EGBGB; Ehescheidung, Art. 17 Abs. 1 EGBGB; Kindschaftsverhältnis, Art. 19 Abs. 1 S. 2, 3, Art. 20, 22, 23 S. 1 EGBGB; Vormundschaft, Betreuung und Pflegschaft, Art. 24 EGBGB; gesetzliche Erbfolge, Art. 25 Abs. 1 EGBGB.
[130] Mit der Neufassung der Artt. 19-21 EGBGB hat jedoch später die Anknüpfung an den gewöhnlichen Aufenthalt für das Kindschaftsrecht stark an Bedeutung gewonnen.

se der betroffenen Person.[131] Weiterhin ist es im Interesse von Personen, die häufig aus beruflichen oder privaten Gründen ihren Wohnsitz oder gewöhnlichen Aufenthalt wechseln, ihre persönlichen und familiären Angelegenheiten nicht dauernd wechselnden Rechten unterstellt zu wissen. Da die Staatsangehörigkeit nicht so leicht wie der Aufenthalt gewechselt werden kann, tritt auch ein Statutenwechsel wesentlich seltener ein - das Kontinuitätsinteresse spricht folglich für die Staatsangehörigkeit.[132] Weil sich eine Staatsangehörigkeit nur sehr schwer erwerben oder verlieren läßt, gibt es bei einer Anknüpfen an sie auch geringere Manipulationsmöglichkeiten als bei einem Abstellen auf den Aufenthalt.[133]

Darüber hinaus ist sie leicht festzustellen[134] und fördert den internationalen Entscheidungseinklang, da die Heimatstaaten der sich in Deutschland aufhaltenden großen Ausländergruppen ebenfalls dem Staatsangehörigkeitsprinzip folgen.[135] Schließlich werden keine Verkehrsinteressen beeinträchtigt, da diese bei rein persönlichen Angelegenheiten kaum eine Rolle spielen.[136]

(3) Vereinbarkeit des Kriteriums mit dem Wesen des Sachenrechts

Fraglich ist, welche Auswirkungen diese Überlegungen zur Staatsangehörigkeit auf die Relevanz dieses Kriteriums innerhalb des Begriffs der wesentlich engeren Verbindung in Art. 46 EGBGB haben.

Auch hier trifft die Überlegung zu, daß die Staatsangehörigkeit nur sachenrechtliche Vorgänge beeinflussen kann, die zwei Parteien betreffen. Nur in diesem Fall kann es eine *gemeinsame* Staatsangehörigkeit geben. Auch können bei Einpersonen-Sachverhalten kaum andere Kriterien hinzutreten, die ebenfalls das von der lex rei sitae abweichende Recht der Staatsangehörigkeit stützen könnten. Die Überlegungen zum gewöhnlichen Aufenthalt gelten entsprechend.[137]

(a) Außerachtlassung der Drittinteressen

Wie die Argumentation zugunsten der Staatsangehörigkeit als Anknüpfungspunkt zeigt, ist sie zumindest in Deutschland das ideale Kriterium, um das anwendbare Recht bei persönlichen Rechtsverhältnissen zu bestimmen. Trotzdem findet es Eingang in die Begriffsbestimmung der engeren/engsten Verbin-

---

[131] BTDrucks. 10/504, S. 30 f.
[132] *Jayme* in FS Müller-Freienfels, S. 341, 360 ff.; *Lüderitz* in FS Kegel, S. 31, 38 ff.
[133] *Neuhaus*, Grundbegriffe des IPR, S. 223; BTDrucks. 10/504, S. 31.
[134] BTDrucks. 10/504, S. 31.
[135] *Rauscher*, IPR, S. 45; BTDrucks. 10/504, S. 31.
[136] *v. Hoffmann*, IPR, § 5, Rn. 17.
[137] Siehe oben aa (5).

dung bei vertraglichen und außervertraglichen Schuldverhältnissen.[138] Die Staatsangehörigkeit beschreibt das Verhältnis einer Person zu einem Staat. Die Interessen Dritter werden dabei nicht berücksichtigt. Das ist der Hauptgrund, weshalb die Staatsangehörigkeit bei der Bestimmung persönlicher Rechtsverhältnisse geeignet ist. Im Regelfall ist es für die soziale Umwelt im Wohnsitzstaat angenehmer, wenn der hier wohnhafte Ausländer dem inländischen Recht untersteht. Da aber bei persönlichen Rechtsverhältnissen kaum Drittinteressen berührt sind, kann hierfür die fremde Rechtsordnung Anwendung finden. Auch bei vertraglichen und außervertraglichen Schuldverhältnissen sind regelmäßig keine Drittinteressen betroffen, deshalb kann auch hier die Staatsangehörigkeit der Beteiligten Indiz für eine enge Verbindung sein.
Das Wesen des Sachenrechts ist hingegen gerade von den Interessen Dritter gekennzeichnet. Da die Rechte an einer Sache von jedermann zu achten sind, muß für den Rechtsverkehr erkennbar sein, welches nationale Recht und welche Rechte an einer Sache bestehen.[139] Ist also die Staatsangehörigkeit der Betroffenen im Bereich der persönlichen Beziehungen und ansatzweise noch im Bereich von relativen Schuldverhältnissen geeignetes Anknüpfungsmoment, kann dies, so scheint es, für das Sachenrecht nicht gelten.

(b) Kein Unterschied zum gewöhnlichen Aufenthalt

Es drängt sich aber die Frage auf, warum die Staatsangehörigkeit kein geeignetes Kriterium sein soll, der gewöhnliche Aufenthalt hingegen schon. Beide Umstände kennzeichnen die am sachenrechtlichen Vorgang Beteiligten und sind für dritte Personen nicht erkennbar.
Der Unterschied könnte zum einen sein, daß sich die betreffende Person gefühlsmäßig eher dem Recht ihres gewöhnlichen Aufenthalts verbunden fühlt als mit dem Recht des Staates, dessen Staatsangehörigkeit sie besitzt. Es könnte somit eher in ihrem Interesse liegen, bei Geschäftstätigkeit mit einer anderen Person mit gleichem Aufenthaltsstaat dieses Recht anzuwenden.[140]
Diese Aussage ist jedoch keineswegs zwingend. So mögen sich Flüchtlinge, Asylbewerber und oft auch Gastarbeiter mit ihrem Aufenthaltsstaat enger verbunden fühlen als mit ihrem Herkunftsstaat. Rückkehrwillige Ausländer werden sich hingegen eher mit ihrem Herkunftsstaat verbunden fühlen und eine rechtliche Behandlung der sie betreffenden Vorgänge nach diesem Recht wünschen. Aus Praktikabilitätserwägungen sollte man sich für ein Kriterium

[138] Art. 28 Abs. 1 und 5, Art. 41 Abs. 1 EGBGB.
[139] Siehe oben a.
[140] Wenn hier von Interesse die Rede ist, sind nicht die unter B zu behandelnden subjektiven Umstände gemeint. Das Interesse der Parteien dient nur mittelbar über den objektiven Umstand des gewöhnlichen Aufenthalts oder der Staatsangehörigkeit zur Begründung der Relevanz dieser Kriterien.

entscheiden, daß *im allgemeinen* die stärkere Bindung an einen Staat beschreibt.[141] Vor diesem Hintergrund neigt sich die Waagschale deutlich zugunsten des Heimatstaates. Diejenigen, die sich nur vorübergehend im Ausland niederlassen, werden sicherlich bei rechtlichen Vorgängen mit Landsleuten lieber ihr Heimatrecht angewendet wissen wollen. Aber auch Auswanderer für immer, die sich nicht völlig dem neuen Staat verschreiben, indem sie dessen Staatsangehörigkeit annehmen, werden im allgemeinen lieber ihr Heimatrecht anwenden wollen. Die meisten gehen nämlich erst als Erwachsene ins Ausland, nachdem sie in der Kindheit im Heimatstaat geprägt worden sind. Eine Assimilation im neuen Staat gelingt fast immer erst in der zweiten Generation.[142] Für diese Generation besteht aber durch das neue Staatsbürgerschaftsrecht[143] eine relativ leichte Möglichkeit der Einbürgerung. Staatsbürgerschaft und gewöhnlicher Aufenthalt fallen dann zusammen. Somit liegt es im allgemeinen nicht im Interesse der vom sachenrechtlichen Vorgang Betroffenen, aufgrund engerer Verbundenheit zum Staat des gewöhnlichen Aufenthalts dieses Recht für maßgeblich zu erachten. Eher erscheint umgekehrt die gemeinsame Staatsangehörigkeit geeigneter und entspricht eher dem Parteiinteresse.
Ein weiterer Grund, weshalb die Staatsangehörigkeit als ausfüllendes Kriterium ungeeignet ist, könnte aber die Entscheidung des Gesetzgebers sein, daß er in allen persönlichen Rechtsfragen ohne Drittinteressen das Anknüpfungsmoment der Staatsangehörigkeit als angemessen erachtet. Der gewöhnliche Aufenthalt, der schon in sich die Interessen Dritter berücksichtigt,[144] ist in diesen Fällen nur ausnahmsweise primäres Anknüpfungsmoment.[145] Daraus könnte der Wille des Gesetzgebers gefolgert werden, daß die Staatsangehörigkeit gerade im Sachenrecht ungeeignet ist.
Dies kann aber nicht überzeugen. In der hier diskutierten Fallgruppe der Abweichung von der lex rei sitae liegt der Fall immer so, daß die die Ausweichklausel ausfüllenden Kriterien gerade von dem Recht wegführen, das die Drittinteressen in erheblichem Maße beachtet: das Recht der Belegenheit der Sache. Es läßt sich nun nicht argumentieren, die Staatsangehörigkeit tauge nicht zur Abweichung, weil sie die Drittinteressen nicht berücksichtige - dies erfüllt kein Kriterium, das zur Abweichung von der Belegenheit führen soll. Auch der

---

[141] So führte der *BGH* 1977 aus: „Welche innere Einstellung der Betroffene zu seinem Staat hat, welche inneren Beweggründe seinem Auslands-Aufenthalt im Einzelfall zugrundeliegen, müssen bei der kollisionsrechtlichen Beurteilung...außer Betracht bleiben; eine Differenzierung nach solchen subjektiven Kriterien wäre für die Rechtssicherheit nicht tragbar, die nach einfach zu handhabenden, klaren objektiven Merkmalen verlangt." (*BGH* NJW 1977, 496, 497).

[142] *Kegel/Schurig*, IPR, § 13 II 3.

[143] Änderung des Reichs- und Staatsangehörigenrechts, BTDrucks. 14/533, S. 2 ff.

[144] Für die soziale Umwelt im Wohnsitzstaat ist es angenehmer, wenn der hier wohnhafte Ausländer dem inländischen Recht untersteht.

[145] Artt. 19-21, 26 Abs. 1 Nr. 3.

gewöhnliche Aufenthalt der Parteien, für den als Anknüpfungskriterium die Berücksichtigung des sozialen Umfelds des Betroffenen sprechen, kann in der hier diskutierten Situation gerade nicht diesen Vorteil fruchtbar machen. Der Staat des gemeinsamen gewöhnlichen Aufenthalts ist gerade der, der die Interessen Dritter am Lageort nicht beachtet. Insofern kann für die Staatsangehörigkeit nichts anderes gelten als für den gewöhnlichen Aufenthalt.

(c) Ergebnis

Sind Drittinteressen nicht gefährdet, ist die gemeinsame Staatsangehörigkeit der am sachenrechtlichen Vorgang Beteiligten geeignet, den Begriff der wesentlich engeren Verbindung in Art. 46 EGBGB auszufüllen. Die Staatsangehörigkeit kennzeichnet mehr als der gemeinsame gewöhnliche Aufenthalt die gefühlsmäßige Verbundenheit der Beteiligten mit diesem Land. Das Kriterium ist deshalb für die Parteien interessengerecht.

dd) Wohnsitz

(1) Keine Bedeutung im autonomen Kollisionsrecht

Der letzte im Rahmen der personalen Kriterien in Betracht kommende Umstand ist der Wohnsitz der Beteiligten. Seit der IPR-Reform von 1986 hat im deutschen IPR der Wohnsitz keine Bedeutung als Anknüpfungspunkt. In älteren völkerrechtlichen Verträgen ist der Wohnsitz hingegen verbreitet.[146] Daraus ergibt sich auch die im EGBGB bestehende Ausnahme des Art. 26 Abs. 1 Nr. 3, der als einzige Vorschrift auf den Wohnsitz abstellt. Er basiert auf der Übernahme des Haager Testamentsformabkommens.[147] Da eine Vielzahl ausländischer Rechtsordnungen ein dem Wohnsitz entsprechendes Anknüpfungsmoment - insbesondere das „domicil(e)“ im Common Law - verwenden, wird diese Anknüpfung im Rahmen des deutschen IPR allenfalls bei Rück- und Weiterverweisungen bedeutsam.

Dieser Entscheidung des deutschen Gesetzgebers entspricht auch die zu den auf die engere/engste Verbindung abstellenden Kollisionsnormen existierende Rechtsprechung und Literatur. An keiner Stelle wird zur Konkretisierung der engen Verbindung der Wohnsitz der betroffenen Parteien herangezogen. Offenbar hält man das Recht des gewöhnlichen Aufenthalts oder der Staatsangehörigkeit für aussagekräftiger, wenn es darum geht, zu welchem Staat sich eine Person hingezogen fühlt.

---

[146] Z.B. Art. 12 der Genfer Flüchtlingskonvention, BGBl. 1953 II, 960, oder Art. 12 des New Yorker Staatenlosen-Übereinkommens, BGBl. 1976 II, 474.

[147] Haager Übereinkommen über das auf die Form letztwilliger Verfügungen anzuwendende Recht vom 5.10.1961, BGBl. 1965 II, 1145.

Wegen der Einheit der Rechtsordnung kann auch im Rahmen des Art. 46 EGBGB, der ausschließlich auf der Gesetzgebung des deutschen Gesetzgebers beruht, der Wohnsitz der Beteiligten kein ausfüllungsfähiges Indiz für die engere Verbindung sein. Der Wohnsitz kann, muß aber keine Aussage über die Verbundenheit der Betroffenen mit diesem Staat treffen. Eine Aussage wird nur getroffen, wenn der Wohnsitzstaat mit dem des gewöhnlichen Aufenthalts beziehungsweise des Herkunftsstaats übereinstimmt. Eine Relevanz dieses Kriteriums liegt mangels Aussage über die Verbundenheit auch nicht unbedingt im Interesse der Parteien. Dieser Wille des Gesetzgebers ist zu respektieren.

(2) Ergebnis

Der Wohnsitz der am sachenrechtlichen Vorgang beteiligten Parteien ist kein taugliches Kriterium, um den Begriff der wesentlich engeren Verbindung zu konkretisieren.

c.) Handlungen der Beteiligten

Nachdem die Relevanz der personalen Kriterien geklärt ist, müssen diejenigen untersucht werden, die sich durch Handlungen der Beteiligten bestimmen lassen. Die Frage lautet, ob der Sachverhalt auch dadurch zu einem anderen Recht als dem der Belegenheit der Sache wesentlich enger verbunden sein kann. Es muß sich also um den Rechtsraum eines Staates handeln, in dem die Sache nicht belegen ist.

aa) Ort der dinglichen Einigung

Nur wenn der Sachverhalt die Übertragung des Eigentums an einer Sache zum Gegenstand hat, kann der Ort der dinglichen Einigung bedeutsam sein. Wenn hier von Einigung die Rede ist, bezieht sich das auch auf das Einigsein über den Eigentumsübergang in anderen Rechtsordnungen, die kein Abstraktionsprinzip kennen.

(1) Abweichung von der lex rei sitae denkbar

Der Fall stellt sich hier so dar, daß sich die Vertragsparteien an einem bestimmten Ort über den Eigentumsübergang an einer Sache einig sind, diese Sache sich aber nicht in diesem Staat befindet. Dabei ist schon fraglich, ob es überhaupt zu einer Abweichung kommen kann. Schließlich ist bei der Anwendung der lex rei sitae grundsätzlich der Lageort im Zeitpunkt des Eintritts der in Frage stehenden Rechtsfolge entscheidend. Die hier in Frage stehende Rechtsfolge - der Eigentumsübergang - tritt aber bei Zugrundelegung deutschen Rechts erst mit

der Übergabe ein. Die Übergabe findet aber immer im Staat der Belegenheit statt. Somit findet die lex rei sitae Anwendung.[148]
Dies ist jedoch nicht zwingend. So kann die Übergabe nach deutschem Recht durch die Abtretung des Herausgabeanspruchs nach § 931 BGB oder die Vereinbarung eines Besitzkonstituts nach § 930 BGB ersetzt werden. Die Rechtsfolge tritt dann schon mit der Einigung und der Abtretung beziehungsweise mit der Vereinbarung des Besitzkonstituts ein. In Rechtsordnungen ohne Abstraktionsprinzip findet der Eigentumsübergang ohnehin schon mit dem Vertragsschluß statt. Die Untersuchung der Frage hat somit durchaus praktische Bedeutung.

(2) Die Handhabung der „Einigung" in anderen Ausweichklauseln

Zieht man die anderen Ausweichklauseln des EGBGB heran, kann dort die dingliche Einigung kein Kriterium sein, da sie andere Systembegriffe als das Sachenrecht behandeln. Es kann aber auf ähnliche Gesichtspunkte zurückgegriffen werden, die auch den Ort der Einigung der am rechtlichen Vorgang Beteiligten zum Gegenstand haben. So hieß es im Regierungsentwurf zu Art. 14 Abs. 1 Nr. 3 EGBGB, daß besonders der Ort der Eheschließung zur Bestimmung der engsten Verbindung im Rahmen des Ehewirkungsstatuts heranzuziehen sei.[149] Auch wenn der Ort der Eheschließung manchmal zufällig ist und deshalb nur schwaches Indiz sein sollte, ist der Ort des „Einigseins" zur Konkretisierung der engsten Verbindung geeignet.[150] In Art. 28 Abs. 1 beziehungsweise Abs. 5 EGBGB wird der Ort des Vertragsschlusses ebenfalls als Kriterium zur Konkretisierung der engeren/engsten Verbindung angesehen. Da dieser Ort mit dem Leistungsaustausch nichts zu tun hat, leicht beeinflußbar und häufig rein zufällig ist, soll ihm aber nur schwache Indizwirkung zukommen.[151] Für Art. 30 Abs. 2 HS 2 EGBGB gilt Entsprechendes.[152] Auch in der Ausweichklausel für außervertragliche Schuldverhältnisse in Art. 41 EGBGB kann der Ort des Einigseins zumindest mittelbar Bedeutung erlangen: Nach Abs. 2 der Vorschrift kann sich eine wesentlich engere Verbindung insbesondere aus einer besonderen rechtlichen oder tatsächlichen Beziehung zwischen den

---

[148] Für den Fall des Versendungskaufs trifft Art. 43 Abs. 3 EGBGB eine Sondervorschrift.
[149] BT-Drucks. 10/504 S. 9.
[150] MüKo-*Siehr*, Art. 14, Rn. 37; *Geisler*, Die engste Verbindung im IPR, S. 150 ff. m.w.N.
[151] *OLG München* NJW-RR 1989, 663 = IPRax 1990, 320; MüKo-*Martiny*, Art. 28, Rn. 80; *Geisler*, Die engste Verbindung im IPR, S. 284; *v. Hoffmann*, § 10, Rn. 60, 64: Nach *Hoffmann* hat der Ort des Vertragsschlusses nur im Rahmen des Abs. 1 Bedeutung, da bei Abs. 5 eine bereits vorhandene Regelanknüpfung verdrängt werden soll, während bei Abs. 1 Satz 1 „mangels Anknüpfungsalternative notfalls auch schwächere Indizien den Ausschlag geben müssen".
[152] MüKo-*Martiny*, Art. 30, Rn. 44; *Ferid*, IPR, Rn. 6-35, 1; *Geisler*, Die engste Verbindung im IPR, S. 320.

Beteiligten im Zusammenhang mit dem Schuldverhältnis ergeben. Diese beispielsweise an das Vertragsstatut akzessorische Anknüpfung[153] kann auch auf Art. 28 Abs. 1 oder 5 EGBGB beruhen. Damit kann der Ort des Vertragsschlusses auch bei der Bestimmung des auf außervertragliche Schuldverhältnisse anwendbaren Rechts bedeutsam werden. Die beiden übrigen auf die engere/engste Verbindung abstellenden Normen, Artt. 4 Abs. 3 S. 2, 5 Abs. 1 S. 1 EGBGB, können schon mangels denkbaren Vorliegen eines Einigseins den Ort dieses Kriteriums nicht zur Konkretisierung heranziehen.

(3) Konsequenz für die sachenrechtliche Ausweichklausel

Dies bedeutet, daß alle auf die engere/engste Verbindung abstellenden Kollisionsnormen, bei denen aufgrund der Logik ein Einigsein zwischen Parteien möglich ist, den Ort des Einigseins auch zur Konkretisierung heranziehen.
Sind sich zwei Vertragsparteien über den Übergang des Eigentums an einer Sache einig und findet diese Einigung nicht in dem Staat der Belegenheit statt, muß diese Ortsabweichung folglich auch im Rahmen der sachenrechtlichen Ausweichklausel Bedeutung erlangen können. Da die Verkehrsinteressen gewahrt sein müssen und auch der Ort der Einigung allein für die Vertragsparteien ohne weiteres erkennbar und bestimmbar ist, kann der Ort nur ins Gewicht fallen, wenn keine Drittinteressen betroffen sind.
Zur Frage, ob der Einigungsort ein schwaches oder starkes Kriterium ist, ist auf die parallele Diskussion zu den anderen Ausweichklauseln hinzuweisen: Der Ort ist oft rein zufällig und läßt sich beliebig austauschen. Daher wäre es verfehlt zu behaupten, daß der Ort der Einigung den sachenrechtlichen Vorgang prägen würde.

(4) Ergebnis

Es bleibt folglich festzuhalten, daß der Ort der dinglichen Einigung, sollte er einmal von der Belegenheit der Sache abweichen, schwaches Kriterium für die Konkretisierung der engeren Verbindung in Art. 46 EGBGB ist.

bb) Ort der Übergabe

Neben dem Ort der Einigung könnte auch die Übergabe an einem vom Belegenheitsstaat differierenden Ort stattfinden. Auf den ersten Blick scheint dies gar nicht denkbar zu sein, da es bei Anwendung der lex rei sitae auf den Lageort zum Zeitpunkt des Eintritts der in Frage stehenden Rechtsfolge ankommt und die Rechtsfolge - Erwerb des Eigentums - erst mit der Übergabe stattfindet. Auch kommt es in Rechtsordnungen ohne Abstraktionsprinzip für den Eigen-

---

[153] *v. Hoffmann*, IPR, § 11, Rn. 40.

tumsübergang nicht auf die Übergabe an. Eine Untersuchung scheint sich deshalb zu erübrigen.
Es gibt jedoch einen Fall, in dem der Ort der Übergabe von der lex rei sitae abweichen kann: der Fall der *Übereignung kurzer Hand* nach § 929 S. 2 BGB. Dort findet die Rechtsfolge mit der Einigung statt, da die Sache bereits im Besitz des Erwerbers ist. Dem Erwerber kann die Sache in einem anderen Staat als dem Belegenheitsstaat zum Zeitpunkt der Einigung übergeben worden sein. Fraglich ist, ob die Übergabe ein taugliches Kriterium sein kann. Ebenso wie die Einigung ist dieser Ort oft zufällig und leicht austauschbar. Zum Zeitpunkt der Übergabe dachten in den meisten Fällen auch die Parteien noch nicht an eine Veräußerung, so daß sie bei der späteren Einigung kaum dem Staat der Übergabe eine Bedeutung zumessen würden. Man sollte also dem Ort der Übergabe in den seltenen Fällen seiner Abweichung vom Belegenheitsstaat nur sehr geringe Bedeutung zumessen.

cc) Sprache und Währung des dinglichen Vertrages

Ein weiteres auf die Handlung der Beteiligten zurückzuführendes Kriterium ist die Sprache des dinglichen Vertrages. In der Regel wird dieser Vertrag nicht ausdrücklich gesondert vom schuldrechtlichen Geschäft vereinbart, so daß er bezüglich der Formalien dem schuldrechtlichen Vertrag entspricht. In Art. 28 Abs. 1 und 5 EGBGB sagt die Sprache allein, in der Vertragsverhandlungen geführt wurden und ein Vertrag geschlossen worden ist, nichts über den Inhalt und den Umfang der Vertragspflichten aus. Sie gibt nur einen schwachen Hinweis auf das Recht des Landes, in deren Geltungsbereich sie Verkehrssprache ist. Dennoch wird die Verwendung einer bestimmten Sprache seitens der Rechtsprechung unterstützend herangezogen.[154]
Entsprechendes gilt für die im schuldrechtlichen Vertrag vereinbarte Währung. Da diese aus anderen Gründen gewählt wird als die für den Vertrag maßgebliche Rechtsordnung, enthält sie nur einen schwachen Hinweis auf den Staat der jeweiligen Währung.[155] Sie wird jedoch ähnlich der Vertragssprache häufig unterstützend mitberücksichtigt.[156]
Gleiches muß auch für die sachenrechtliche Ausweichklausel gelten. Gegen eine unterstützende Heranziehung zur Bestimmung des Rechts i.V.m. anderen von der Regelanknüpfung abweichenden Kriterien kann nichts eingewendet werden. Eine eigenständige Bedeutung ist aber schon deshalb nicht möglich, weil eine Sprache oder Währung u.U. auf verschiedene Rechtsordnungen

[154] *BGH* RIW 1977, 294; *BGH* NJW 1996, 2569; *OLG Hamm* NJW-RR 1995, 187.
[155] *OLG Hamburg* IPRspr. 1989 Nr. 38; Soergel-*v. Hoffmann*, Art. 28, Rn. 6.
[156] *OLG Hamburg* TranspR 1987, 285; MüKo-Martiny, Art. 28, Rn. 86.

hinweisen kann.[157] Die Indizien sprechen somit nicht zweifelsfrei für eine konkrete Rechtsordnung.

dd) Akzessorietät zum schuldrechtlichen Vertrag

Als weitere Anknüpfungsmöglichkeit kommt das für den schuldrechlichen Vertrag maßgebliche Recht in Betracht. Mittelbar sind dann die Anknüpfungskriterien für den Schuldvertrag auch für das Verfügungsgeschäft entscheidend. Dahingehende Forderungen wurden bei internationalen Verkehrsgeschäften gemacht.[158] Da es sich bei dieser Form der Bestimmung des maßgeblichen Rechts aber oft zumindest mittelbar über Art. 27 EGBGB um eine Parteivereinbarung handelt, empfiehlt sich eine Untersuchung dieses Vorschlags erst bei den subjektiven Kriterien unter B.

d.) Kriterien, die die Sache selbst betreffen

Weiterhin sind Kriterien denkbar, die direkt auf die Sache Bezug nehmen. Sie sind unabhängig von den am sachenrechtlichen Vorgang beteiligten Personen und lassen sich auch nicht durch Handlungen dieser Parteien beeinflussen.

aa) Sachen, die dem KultGüRückG unterfallen

Grundsätzlich gelten die Artt. 43-46 EGBGB für alle Sachen. Sie regeln auch die Ermittlung der anwendbaren Rechtsordnung beim gutgläubigen Erwerb beweglicher Sachen. Mangels Sonderanknüpfung für diese Fälle ist zunächst die Grundregel der lex rei sitae anwendbar, und zwar zum Zeitpunkt, zu dem die Rechtsfolge eintritt. Kommt nun eine Sache in einem Staat abhanden, wird danach in einen anderen Staat verbracht und dort erworben, richten sich die gesamten Tatbestandsmerkmale nach dem Recht des zweiten Staates: Dieses Recht entscheidet, ob das Eigentum erworben wird oder nicht.[159]
Zumindest für sogenannte Kulturgüter bestehen jedoch Sonderregeln, die ihre Grundlage in den §§ 4, 8 KultGüRückG vom 15.10.1998 haben.[160] Diese Vorschriften setzen Art. 12 der EG-Kulturgüterschutzrichtlinie vom 15.3.1993[161] um. Die Vorschriften weichen vom Grundsatz der lex rei sitae ab und knüpfen im Interesse des am Kulturgut Berechtigten nach Rückgabe des Kulturgutes an den Ort des Abhandenkommens an. Damit bestimmt der Staat

---

157 Z.B. „deutsch" als Landessprache in Deutschland, Schweiz und Österreich; z.B. Schweizer Franken in der Schweiz und Liechtenstein.
158 *Sovilla*, Eigentumsübergang, S. 72 f; *Meyer-Ladewig*, AWD 1963, 261 ff.
159 *v. Hoffmann*, IPR, § 12, Rn. 22; *Staudinger-Stoll*, Rn. 300.
160 BGBl. 1998 I, 3162.
161 ABl.EG 1993 Nr. L 74/74 = EWS 1993, 150 ff.

über die Verkehrsfähigkeit derjenigen Kulturgüter, die dem kulturellen Erbe seiner Nation zuzurechnen sind. Folglich wird für den Bereich der Kulturgüter der lex originis, also dem Recht des Herkunftsstaates, gefolgt. Über die EU hinaus ist noch keine ähnliche Regelung in Kraft. Jedoch gibt es Bestrebungen, Kulturgüter durch die Schaffung von Einheitsrecht vor Diebstahl zu schützen. Ein entsprechendes UNIDROIT-Übereinkommen[162] wurde jedoch bisher von der Bundesrepublik Deutschland nicht ratifiziert.
Die Sonderregeln des KultGüRückG beziehen sich allerdings nur auf einen öffentlichrechtlichen Anspruch auf Rückgabe unrechtmäßig aus dem Hoheitsgebiet eines Mitgliedstaates der EU verbrachten Kulturgutes.[163] Die Regelung dient also nicht dem Ausgleich der beteiligten Individualinteressen, sondern der Durchsetzung übergeordneter Staatsinteressen. Die Anwendung dieser Regelung auf die privatrechtliche Beurteilung könnte somit nur mit einer analogen Anwendung der Ausweichklausel begründet werden.[164]
Ob die Klassifikation einer beweglichen Sache als Kulturgut zu einer Abweichung von der lex rei sitae über diesen Weg führen kann, wird Thema im Rahmen der Fallgruppen im zweiten Kapitel[165] sein. Das Kriterium „Kulturgut" ist jedenfalls keines, das schon per se im Rahmen von Art. 46 EGBGB zu einer wesentlich engeren Verbindung führen kann.

bb) Registereintragung einer Sache

Ein weiteres die Sache selbst betreffendes Kriterium ist die Eintragung derselben in ein Register jeglicher Art. Daß eine solche Eintragung zu einer wesentlich engeren Verbindung beitragen kann, folgt zwar nicht aus der Heranziehung der übrigen auf die engste/engere Verbindung abstellenden Kollisionsnormen: Mangels Regelung der Rechte an einer Sache kann dort eine Registereintragung nicht maßgeblich sein. Das Internationale Sachenrecht selbst zeigt jedoch in Art. 45 EGBGB, daß es eine Registereintragung für bestimmte internationale Verkehrsmittel sogar für eine so enge Verbindung hält, daß sie als Regelanknüpfung dient.
Damit kann die Eintragung in ein nationales Register zumindest bezüglich Sachen taugliches Kriterium sein, die nicht von Art. 45 EGBGB erfaßt sind. In Betracht kommt beispielsweise ein Reisebus, der ständig im Ausland eingesetzt wird.

---

[162] UNIDROIT-Übereinkommen vom 24.6.1995 über gestohlene oder rechtswidrig ausgeführte Kulturgüter, abgedruckt in ZVglRWiss 95 (1996), 203 ff.
[163] § 4 Abs. 2 KultGüRückG; *Stoll*, IPRax 2000, 259, 269.
[164] Dagegen richtet sich *Stoll*, IPRax 2000, 259, 269.
[165] Siehe Zweites Kapitel D III 3.

cc) Mitwirkung amtlicher Stellen

Schwierigkeiten bereitet die Behandlung der Mitwirkung amtlicher Stellen am dinglichen Rechtsgeschäft. Im Falle der erforderlichen Mitwirkung einer Behörde, die beispielsweise eine Ein- oder Ausfuhrgenehmigung erteilen muß, kann dieser Punkt unter die die Sache betreffenden Kriterien gefaßt werden. Wirkt am Vertrag jedoch ein Richter oder Notar mit, ist dieser Umstand von den Parteien beeinflußbar und fiele eher unter die Kriterien der Handlungen der Parteien.

Unabhängig von dieser Klassifizierung wird im Rahmen der Bestimmung der engsten Verbindung in Art. 28 EGBGB die Mitwirkung einer amtlichen Stelle als Hinweis auf das Recht angesehen, auf dem die amtliche Eigenschaft dieser Stelle beruht.[166]

Übt eine amtliche Stelle auf den schuldrechtlichen Vertrag ihren Einfluß aus, so betrifft dies mittelbar auch die konkrete Ausgestaltung des dinglichen Geschäfts. Es bietet sich also an, den Einfluß der Mitwirkung amtlicher Stellen einheitlich zu sehen und auch für den sachenrechtlichen Vorgang eine Maßgeblichkeit dieses Kriteriums zuzulassen. Daß dadurch nicht Drittinteressen gefährdet werden dürfen, ergibt sich aus den sachenrechtlichen Besonderheiten.

e.) Zeitliche Abweichung: Das Kriterium der Belegenheit der Sache als Abweichung von der lex rei sitae

Schließlich kann die Belegenheit der Sache selbst Kriterium für eine Abweichung von der lex rei sitae sein. Zur Verdeutlichung dieser paradox klingenden Aussage soll folgendes Beispiel dienen:

Herangezogen werden kann der Fall des Erwerbs vom Nichtberechtigten einer beweglichen Sache,[167] bei der die Sache in einem anderen Staat veräußert wird als in dem, in der die Sache abhanden gekommen ist. Bei allen Kriterien, die zu einer engeren Verbindung als zu dem Recht des jeweiligen Lageorts führen, handelt es sich um räumliche Abweichungen. Die engere Verbindung ist also räumlich zu verstehen. Will man im Falle des gutgläubigen Erwerbs abweichend von der Regelanknüpfung auf das Recht des Staates abstellen, in der die Sache abhanden gekommen ist,[168] ist dies aber nur das Ergebnis der Anknüpfung. Stellt man auf das Recht dieses Staates ab, ist dies zwar auch eine räumlich engere Verbindung zu einem anderen Staat. Gleichzeitig wäre die Verbindung aber auch *zeitlich* enger mit dem Staat des Abhandenkommens verbunden. Dies erklärt sich daraus, daß ebenso wie bei der Regelanknüpfung an den Lageort angeknüpft wird. Das Anknüpfungskriterium verändert sich also nicht,

---

[166] *LG Hamburg* RIW 1977, 747; *OLG Köln* AWD 1965, 94; *Geisler*, Die engste Verbindung im IPR, S. 285.

[167] Gemeint sind alle Sachen bis auf solche, die dem Kulturgüterrückgabegesetz unterfallen.

[168] Siehe oben d aa.

sondern nur der Zeitpunkt, in dem das maßgebliche Recht bestimmt wird. Insofern kann der Begriff der wesentlich engeren Verbindung durchaus auch zeitlich zu verstehen sein.
Die Frage, ob bei einem grenzüberschreitenden gutgläubigen Erwerb die Ausweichklausel Anwendung finden kann, wird im Zweiten Kapitel als eigene Fallgruppe zu klären sein.[169]
Fraglich ist jedoch, ob eine zeitlich zu verstehende engere Verbindung nicht gegen die oben getroffene negative Vorauswahl verstößt.[170] Anhand der systematischen Auslegung konnte eindeutig festgestellt werden, daß die lex rei sitae selbst nicht zu einer wesentlich engeren Verbindung führen kann. Die lex rei sitae ist aber das maßgebliche Kriterium bei der zeitlich engeren Verbindung. Art. 46 EGBGB trifft die Aussage, daß für das Eingreifen der Ausweichklausel eine wesentlich engere Verbindung zum Recht eines anderen Staates als dem der Belegenheit bestehen muß. Die Vorschrift bezieht sich allerdings auf diejenige lex rei sitae, die nach Art. 43 EGBGB maßgeblich ist. Zwar sagt diese Vorschrift nichts über den Zeitpunkt der maßgeblichen Belegenheit aus. Fehlen Regelungen von Einzelfragen, kann jedoch auf die bisherigen Ergebnisse der Rechtsprechung zurückgegriffen werden.[171] Was den Zeitpunkt betrifft, kommt es folglich im Rahmen der jeweils berufenen Rechtsordnung auf den Eintritt des betreffenden Tatbestandes an.[172] Dies bedeutet, daß es sich bei Art. 43 Abs. 1 EGBGB um eine andere lex rei sitae handelt. Das abstrakte Anknüpfungsmoment ist zwar identisch, das letztlich entscheidende Recht aber nicht. Das zeitliche Verständnis der engeren Verbindung verstößt daher nicht gegen die systematische Auslegung.

f.) Ergebnis

Die Untersuchung hat somit folgendes ergeben: Wenn der Begriff der wesentlich engeren Verbindung zur Abweichung von der lex rei sitae dient, ist er einerseits räumlich zu verstehen. Er wird in diesem Fall von Kriterien ausgefüllt, die die Personen der am sachenrechtlichen Vorgang Beteiligten kennzeichnen, die sich durch Handlungen der Beteiligten definieren, und solchen, die der Sache selbst anhaften. All diese Kriterien fließen mit unterschiedlich starker Intensität in den Begriff der engeren Verbindung ein.
Andererseits ist die engere Verbindung auch zeitlich zu verstehen. Ist dies der Fall, ist die lex rei sitae selbst das Anknüpfungskriterium. Das Recht der Belegenheit wird dann in den Staat der Belegenheit mit hineingenommen, der regulär das maßgebliche Recht bestimmen würde. Die lex rei sitae muß dann

---

[169] Siehe Zweites Kapitel D.
[170] Siehe oben II 1.
[171] BTDrucks. 14/343, S. 15.
[172] BGHZ 100, 321, 324; *BGH* NJW 1995, 58, 59.

aber nicht alleiniger Anknüpfungspunkt sein. Vielmehr können die anderen untersuchten Kriterien unterstützend zur Anwendung der von der Regel-lex rei sitae abweichenden lex rei sitae herangezogen werden.

7. Kriterien für die Abweichung von Art. 44 EGBGB

Entgegen des Referentenentwurf eines Gesetzes zur Ergänzung des internationalen Privatrechts vom 1.12.1993[173] erfaßt die zu Gesetz gewordene internationalsachenrechtliche Ausweichklausel nicht nur Art. 43 EGBGB, sondern auch Art. 44 EGBGB. Daher muß untersucht werden, welche Kriterien zu einer Abweichung von diesen Vorschriften führen können.
Bei der Untersuchung sind Fallgruppen zu bilden. So können Kriterien in einer Fallgruppe geeignet sein, in der nächsten aber schon aus rein logischen Gründen nicht relevant sein. Drei Fälle sind denkbar: Beide Grundstücke liegen innerhalb der Grenzen eines Staates, die Grundstücke sind durch eine Staatsgrenze voneinander getrennt, und Kriterien deuten auf das Recht eines dritten Staates und schließlich der Fall, daß die Grundstücke ebenso durch eine Staatsgrenze getrennt sind, Kriterien aber auf das Recht einer dieser Staaten deuten. Zunächst soll jedoch ähnlich der Untersuchung der lex rei sitae erörtert werden, warum sich der Gesetzgeber für die Regelanknüpfung in Art. 44 EGBGB entschieden hat.

a.) Gründe für die Regelanknüpfung

Art. 44 EGBGB ordnet für Ansprüche aus beeinträchtigenden Einwirkungen, die von einem Grundstück ausgehen, die Anwendung von Art. 40 Abs. 1 EGBGB an. Bis zur Schaffung dieser Regelung wurden die sachenrechtlichen Unterlassungsansprüche von der überwiegenden Literatur abweichend von der lex rei sitae dem Deliktsstatut unterstellt.[174] Da bisher im Internationalen Deliktsrecht die Ubiquitätsregel galt, konnte für diese Ansprüche entweder das Recht des Handlungs- oder des Erfolgsortes gewählt werden. Für diesen Standpunkt spreche das Gebot der rechtlichen Gleichbehandlung von innerstaatlichen und grenzüberschreitenden Störungsfällen.[175] Außerdem werde nur das Günstigkeitsprinzip dem wachsenden Schutz vor grenzüberschreitenden Immissionen gerecht.[176] Damit wurde Forderungen eine Absage erteilt, die die Kumulierung der Situs-Rechte der benachbarten Grundstücke befürworten.[177] Ansonsten würde sich das Recht mit dem schwächsten Schutz durchsetzen.

[173] Abgedruckt bei Staudinger-*Stoll*, Rn. 19.
[174] *v. Bar*, IPR II, S. 552; MüKo-*Kreuzer*, Art. 38 Anh. I, Rn. 42.
[175] Staudinger-*Stoll*, Rn. 235.
[176] MüKo-*Kreuzer*, Art. 38 Anh. I, Rn. 42.
[177] *v. Bar*, IPR I, S. 629, *Zitelmann*, IPR II, S. 326 ff.

Darüber hinaus würde die Regelungseinheit eines Belegenheitsortes zerstört werden.[178] Die Rechtsprechung hingegen stellte einheitlich auf das Belegenheitsrecht des beeinträchtigten Grundstücks mit der Begründung ab, das maßgebende Sachstatut werde durch den Lageort des Grundstücks bestimmt, für das Rechtsschutz in Anspruch genommen wird.[179]
Indem der neue Art. 44 EGBGB auf Art. 40 Abs. 1 EGBGB verweist, folgt die Neuregelung der von der Literatur vorgeschlagenen Anknüpfung an das Deliktsstatut. Damit gilt nun die durch das Bestimmungsrecht modifizierte Ubiquitätsregel des neuen Internationalen Deliktsrechts, Art. 40 Abs. 1 S. 2, 3 EGBGB. Eine Übereinstimmung mit der bisherigen Rechtsprechung erfolgt nur, wenn das Erfolgsortrecht seitens des Beeinträchtigten gewählt wird.
Die Anknüpfung sachenrechtlicher Unterlassungsansprüche an das Deliktsstatut vermeidet Schwierigkeiten, die bei unterschiedlicher Anknüpfung von nachbarrechtlichen und deliktischen Ansprüchen entstehen könnten.[180] Bezüglich der übrigen Gründe für die Anknüpfung an das Deliktsstatut kann auf die bisherige Argumentation der Literatur zurückgegriffen werden.

b.) Beide Grundstücke liegen in einem Staat

Die erste zu untersuchende Fallgruppe ist durch die gleiche Belegenheit des beeinträchtigten und des beeinträchtigenden Grundstücks gekennzeichnet.

aa) Personale Kriterien

Wie schon bei der Abweichung von der lex rei sitae sind auch hier personale Kriterien denkbar. Vorschriften des EGBGB, die ebenfalls den Begriff der engeren/engsten Verbindung verwenden, werden seitens Rechtsprechung und Lehre unter anderem mit dem gemeinsamen gewöhnlichen Aufenthalt beziehungsweise mit der gemeinsamen Staatsangehörigkeit der Beteiligten konkretisiert. Der Wohnsitz spielt im deutschen autonomen Kollisionsrecht so gut wie keine Rolle.[181] Dementsprechend ist es auch hier denkbar, daß beispielsweise die Inhaber der jeweiligen Grundstücke in einem anderen Staat als dem der Belegenheit der Grundstücke ihren gewöhnlichen Aufenthalt beziehungsweise dessen Staatsangehörigkeit haben.
Fraglich ist, wie sich hier die sachenrechtlichen Besonderheiten auswirken. Art. 44 EGBGB und die Abweichung davon betreffen dingliche Ansprüche wegen Grundstücksimmissionen, die mit deliktischen und bereicherungsrechtlichen Ansprüchen konkurrieren können. Schon diese Konkurrenz zeigt, daß

[178] MüKo-*Kreuzer*, Art. 38, Anh. I, Rn. 42.
[179] *BGH* DVBl. 1979, 226; *OLG München* IPRspr. 1976 Nr. 29a.
[180] BTDrucks. 14/343, S. 16; *Geisler*, Die engste Verbindung im IPR, S. 336.
[181] Siehe oben 6 b dd.

diese, obwohl dinglichen Ansprüche, ein Verhältnis lediglich zwischen zwei Personen betreffen. Die für das Sachenrecht typischerweise zu berücksichtigenden Drittinteressen können an dieser Stelle vernachlässigt werden. Dies bedeutet: Der gewöhnliche Aufenthalt beziehungsweise die Staatsangehörigkeit der Beteiligten haben bei der Abweichung von Art. 44 EGBGB einen größeren Stellenwert, als dies bei der Abweichung von der lex rei sitae der Fall ist.

bb) Handlungen der Beteiligten

Zu prüfen ist, ob auch Handlungen der Beteiligten eine Rolle spielen können. Die Handlung, die hier nur in Betracht kommt, ist diejenige, die zur Beeinträchtigung des anderen Grundstücks führt. An keiner Stelle kann es zu einem Einigsein, zu einer Art Erfüllung oder ähnlichem kommen, dessen Ort die Beteiligten bestimmen könnten. Der Ort der beeinträchtigenden Handlung liegt jedoch immer in dem Staat, in dem auch die beiden Grundstücke belegen sind. Nur von einem Grundstück heraus kann seitens des Störers gehandelt werden. Die Anknüpfung an den Ort der Handlung einer Partei kann daher niemals zu einer Abweichung des nach Art. 44 maßgeblichen Rechts führen. Im Gegenteil ist der Ort der beeinträchtigenden Handlung sogar das Anknüpfungsmoment der Regelanknüpfung, Artt. 44, 40 Abs. 1 S. 1 EGBGB. Kriterien, die sich über die Handlung der Beteiligten definieren, sind somit in diesem Fall nicht denkbar.

cc) Ergebnis

Dies bedeutet, daß ausschließlich personale Kriterien für die Konkretisierung der engeren Verbindung geeignet sind. Dieses Ergebnis muß jedoch Bedenken hervorrufen. Zum einen ist fraglich, ob lediglich personale Kriterien, die auf das Recht eines abweichenden Staates deuten, für die Abweichung vom Handlungsort ausreichend sind. Zu bedenken ist immerhin, daß beide Grundstücke durch ihre Belegenheit ein sehr starkes Gewicht auf die Rechtsordnung dieses Staates ziehen.
Zum anderen muß dieses Ergebnis Zweifel bezüglich der Systematik der Artt. 43-46 EGBGB hervorrufen. Der hier gefundene einzig in Betracht kommende Fall ist derjenige, daß die am Grundstück Berechtigten ihren gemeinsamen gewöhnlichen Aufenthalt nicht in dem Staat der Belegenheit der beiden Grundstücke haben.[182] Genau dies ist aber der Fall, den auch Art. 40 Abs. 2 EGBGB anordnet. Nun verweist Art. 44 EGBGB aber ausdrücklich nur auf Art. 40 Abs. 1 EGBGB. Die Anwendung des Abs. 2 ist nicht vorgesehen. Würde man

[182] Die gemeinsame Staatsangehörigkeit kann höchstens unterstützend die Verbindung zu dieser Rechtsordnung stärken: Weisen gemeinsamer gewöhnlicher Aufenthalt und gemeinsame Staatsangehörigkeit auf unterschiedliche Rechte, ist eine Abweichung von Art. 44 EGBGB schon deshalb ausgeschlossen, weil ein Kriterium allein niemals zur Abweichung der Regelkollisionsnorm führen kann, siehe oben V 5.

nun über die Ausweichklausel des Art. 46 EGBGB diesen Fall erfassen, stellte man sich eindeutig gegen den Willen des Gesetzgebers, es in diesen Fällen bei Art. 44 EGBGB zu belassen. Hätte er die Anwendung des Rechts des gemeinsamen Aufenthalts gewollt, hätte er in die Verweisung des Art. 44 EGBGB auch Abs. 2 des Art. 40 EGBGB miteinbezogen.
Daraus folgt, daß die Ausweichklausel nicht eingreifen kann, wenn beide Grundstücke in einem Staat liegen. Der Begriff der wesentlich engeren Verbindung ist damit auch nicht mit personalen Kriterien ausfüllbar.

c.) Grundstücke sind durch eine Staatsgrenze getrennt, und es bestehen Verbindungen zu einem dritten Staat

In der zweiten Konstellation liegen die beiden Grundstücke in unterschiedlichen Staaten, wobei Verbindungen zu einem Staat bestehen, der nicht einer der beiden Belegenheitsstaaten ist.

aa) Personale Kriterien und Handlungsort

Bei den personalen Kriterien kann auf die obigen Ausführungen bezüglich der ersten Fallgruppe zurückgegriffen werden: Gemeinsamer gewöhnlicher Aufenthalt und gemeinsame Staatsangehörigkeit sind taugliche, von der Regel abweichende Kriterien.
Auch bezüglich der Umstände, die auf Handlungen der Parteien zurückzuführen sind, gilt ähnliches. Zwar müßte es sich hier um Handlungen drehen, die in einem Drittstaat stattfinden. Da aber nur die störende Handlung in Betracht kommt, findet diese immer im Staat der Belegenheit des beeinträchtigenden Grundstücks statt. Es kommt somit zu keiner Abweichung.

bb) Ergebnis

Auch in diesem Fall steht die fehlende Verweisung in Art. 44 auf Art. 40 Abs. 2 EGBGB der Anwendung der Ausweichklausel entgegen. Hätte der Gesetzgeber die Anwendung des Rechts des Drittstaates gewollt, hätte er dies durch einen Verweis auf Art. 40 Abs. 2 EGBGB sichergestellt. Die Fassung des Falles unter die Ausweichklausel, daß die Parteien mit dem Recht eines Drittstaates am engsten verbunden sind und deshalb auch dieses Recht Anwendung finden müsse, widerspricht eindeutig dem Willen des Gesetzgebers. Daher kann auch in dieser Fallkonstellation die Ausweichklausel nicht eingreifen. Die Konkretisierung der engsten Verbindung durch personale Umstände ist nicht möglich.

d.) Grundstücke sind durch eine Staatsgrenze getrennt, und Kriterien deuten auf das Recht einer dieser Staaten

In der dritten denkbaren Konstellation sind die Grundstücke ebenfalls durch eine Staatsgrenze voneinander getrennt. Denkbare Anknüpfungskriterien deuten jedoch auf das Recht einer dieser Staaten.

aa) Personale Kriterien und Handlungsort

Personale Kriterien können auch hier Eingang in die Konkretisierung der engeren Verbindung führen. Deuten diese auf einen Staat, in dem eines der Grundstücke belegen ist, kann hier auch die beeinträchtigende Handlung berücksichtigt werden. Dies ist aber nur dann der Fall, wenn die Handlung in eben diesem Staat stattfindet. Insofern scheint hier ein Fall gefunden zu sein, in dem die Ausweichklausel relevant sein könnte.

bb) Bedenken

Bedenken bestehen aber von ganz anderer Seite: Das Eingreifen der Ausweichklausel in der vorliegenden Konstellation könnte zur Konsequenz haben, daß das Wahlrecht entfällt. Nach Art. 46 EGBGB findet das Recht des Staates Anwendung, mit dem eine wesentlich engere Verbindung besteht als mit dem, das nach Art. 44 EGBGB maßgeblich ist. Nach Art. 44 EGBGB gilt die durch das Bestimmungsrecht modifizierte Ubiquitätsregel des Art. 40 Abs. 1 EGBGB. Das maßgebliche Recht ist also entweder das des Erfolgsortes oder das des Handlungsortes. Dem Wortlaut zufolge entfällt somit beim Eingreifen der Ausweichklausel das Wahlrecht, und das des Handlungsortes ist das einzig maßgebliche. Sinn der Ausweichklausel ist dann einzig und allein, daß es unwiderruflich beim ohnehin schon der Regel entsprechenden Handlungsort bleibt. Lediglich das Bestimmungsrecht entfällt. Fraglich ist, ob dies vom Gesetzgeber gewollt ist.

Eine solche Lösung widerspräche dem Sinn und Zweck der Regelanknüpfung des Art. 44 EGBGB. Danach soll die Vorschrift gerade der Vereinheitlichung der Anknüpfung von deliktischen und nachbarrechtlichen Ansprüchen dienen.[183] Das Ziel der Parallelisierung ist bei der Auslegung im Auge zu behalten.[184] Da aber auch die Abweichung von dieser Norm die Grenzen ihrer Anwendung festlegt, muß dies auch für die Ausweichklausel gelten. Danach würde die Anwendung der Ausweichklausel auch in dieser Konstellation ausscheiden. Eine Einheit von Delikts- und Realstatut wäre nicht gewährleistet.

---

[183] BTDrucks. 14/343, S. 16.

[184] *Stoll*, IPRax 2000, 259, 265.

cc) Ergebnis: Kein Fehler des Gesetzgebers

Dieses Ergebnis würde bedeuten, daß es keine objektiven Umstände geben kann, die zu einer Anwendung der Ausweichklausel bei Einschlägigkeit des Art. 44 EGBGB berechtigen würden. Abgesehen von den später zu untersuchenden subjektiven Umständen würde dies einen Fehler des Gesetzgebers nahelegen: Trotz ausdrücklicher Anordnung der Abweichungsmöglichkeit würde dies aus den dargestellten Gründen niemals der Fall sein.
Bei der hier untersuchten Fallgruppe muß jedoch folgendes bedacht werden: Eine Abweichung vom Deliktsstatut ist dann nicht zu befürchten, wenn auch bezüglich deliktischer Ansprüche die Ausweichklausel des Art. 41 EGBGB eingreift. Denn dann weisen sowohl das Deliktsstatut als auch das Realstatut auf das Recht des gleichen Staates hin. Somit dient die Ausweichklausel u.U. doch der Parallelisierung von Delikts- und Sachstatut. Weiterhin kann es auch Fälle geben, in denen ausschließlich sachenrechtliche Ansprüche in Betracht kommen. Dann ist ein Konflikt mit dem Deliktsstatut ausgeschlossen.
Deshalb können objektive Umstände zum Eingreifen der Ausweichklausel führen. Es muß sich dabei wie gezeigt um personale Kriterien und den Ort der beeinträchtigenden Handlung handeln. Dabei müssen die Grundstücke in unterschiedlichen Staaten liegen und die Kriterien auf einen dieser Staaten weisen. Der Begriff der engeren Verbindung kann hier daher nur räumlich zu verstehen sein. Ein zeitliches Verständnis ist undenkbar, da die beeinträchtigende Handlung immer von einem Grundstück ausgeht und der Ort des Grundstücks nicht verrückbar ist. Insofern kann weder der Handlungs- noch der Erfolgsort zu einem anderen Zeitpunkt auf einen anderen Staat hinweisen.

8. Kriterien für die Abweichung von Art. 45 Abs. 1 EGBGB

Weiterhin bezieht sich die Ausweichklausel auf Art. 45 Abs. 1 EGBGB. Diese Vorschrift trifft Sonderregeln für internationale Transportmittel. Es ist wieder zu klären, warum sich der Gesetzgeber für eine gesonderte Behandlung dieser Mobilien entschieden hat.

a.) Gründe für die Regelanknüpfung

Für Verkehrsmittel,[185] die im internationalen Wirtschaftsverkehr eingesetzt werden, ist die Anknüpfung an das Belegenheitsrecht ungeeignet, da sie ständig

[185] Verkehrsmittel wird als Synonym für Transportmittel verwendet. Das Gesetz spricht in Art. 45 Abs. 1 EGBGB von Transportmitteln. Vielfach wird, ohne Unterscheidungen vorzunehmen, auch von Verkehrsmitteln gesprochen. Beispiel: *v. Hoffmann*, IPR, § 12, Rn. 41 f. oder BTDrucks. 14/343, S. 17, die von Wasser-, Schienen- und Luftfahrzeugen sprechen, die im internationalen Verkehr eingesetzt werden.

ihren Lageort wechseln. Hinzu kommt, daß dieser oft schwer ermittelbar ist beziehungsweise daß sich die Verkehrsmittel gelegentlich im hoheitsfreien Raum ohne staatliche Rechtsordnung befinden.[186] Aus diesem Grund wurden für Luft-, Wasser- und Schienenfahrzeuge Sonderregeln entwickelt, die vom neuen Art. 45 EGBGB aufgegriffen wurden. Für alle drei Gattungen ist danach der Herkunftsstaat entscheidend, wobei sich dieser in jeder Gattung unterschiedlich definiert:

Bei Luftfahrzeugen ist dies der Staat ihrer Staatszugehörigkeit, Art. 45 Abs. 1 S. 2 Nr. 1 EGBGB. Die Staatszugehörigkeit wird in Art. 17 des Übereinkommens von 1944 über die internationale Zivilluftfahrt[187] definiert. Danach haben Luftfahrzeuge die Staatsangehörigkeit „des Staates, in dem sie eingetragen sind".[188]

Bei Wasserfahrzeugen ist Herkunftsstaat der Staat der Registereintragung, subsidiär der Heimathafen oder der Heimatort, Art. 45 Abs. 1 S. 2 Nr. 2 EGBGB.[189]

Bezüglich Schienenfahrzeugen hat sich der Gesetzgeber für den Staat der Zulassung als maßgebliches Anknüpfungsmoment entschieden. Dabei geht er davon aus, daß jedes Schienenfahrzeug durch das Verwaltungsverfahren eines Staates zugelassen ist.[190] Der Zulassungsort ist meist identisch mit dem der Hauptniederlassung des Eisenbahnunternehmens beziehungsweise des Registrierungsortes, sofern eine solche erfolgt.[191]

b.) Personale Kriterien

Wie bei einer beliebigen Sache können an einem sachenrechtlichen Vorgang an einem Transportmittel die Merkmale der beteiligten Personen für die Abwei-

---

[186] BTDrucks. 14/343, S. 17; Staudinger-*Stoll*, Rn. 373; *Firsching/v. Hoffmann*; IPR, § 12, Rn. 38; MüKo-*Kreuzer*, Nach Art. 38 Anh. I, Rn. 131.

[187] BGBl. 1959 I 57, 223.

[188] Die Anknüpfung entspricht damit auch dem Genfer Übereinkommen über die internationale Anerkennung von Rechten an Luftfahrzeugen und den darauf beruhenden §§ 103-106 des Gesetzes über Rechte an Luftfahrzeugen aus dem Jahre 1959.

[189] Bislang galt für die in einem deutschen Schiffsregister eingetragenen See- und Binnenschiffe die einseitige Kollisionsregel des § 1 Abs. 2 des Gesetzes über Rechte an eingetragenen Schiffen und Schiffsbauwerken. Danach richtete sich Erwerb und Verlust des Eigentums nach deutschem Recht. Diese Vorschrift wurde jedoch von Lehre und Rechtsprechung zu einer allseitigen Kollisionsnorm ausgebaut und auch auf andere beschränkte dingliche Rechte ausgedehnt (*BGH* JZ 1995, 784, 785; *Sonnenberger*, AWD 1971, 253, 254; MüKo-*Kreuzer*, Nach Art. 38 Anh. I, Rn. 138). Somit galt auch schon bislang für Wasserfahrzeuge der Staat der Registereintragung als Anknüpfungsmoment. Konsequenterweise wurde mit Inkrafttreten der IPR-Novelle der nun überflüssig gewordene § 1 Abs. 2 des oben genannten Gesetzes aufgehoben.

[190] *Kreuzer* in Henrich, Vorschläge, S. 37, 133.

[191] BTDrucks. 14/343, S. 17.

chung von der Regelanknüpfung bedeutsam sein. Der Unterschied besteht nur darin, daß die Regelanknüpfung von der lex rei sitae abweicht. Dies führt aber nicht zu einem Unterschied bei der Relevanz anknüpfungserheblicher Tatsachen. Insofern kann auf die obigen Ausführungen zu den personalen Kriterien bei der Abweichung von der lex rei sitae verwiesen werden.[192] Anders als bei der Abweichung von Art. 44 EGBGB[193] sind hier wiederum die Drittinteressen bedeutsam.

c.) Handlungen der Beteiligten

Auch bezüglich der Konkretisierung der engeren Verbindung durch Handlungen der Beteiligten kann nach oben verwiesen werden.[194]

d.) Kriterien, die die Sache selbst betreffen

Unterschiede ergeben sich hingegen bei den Umständen, die der Sache selbst anhaften. Da der Registrierungsort bei Art. 45 EGBGB schon die Regelanknüpfung ist, kann dieser nicht zu einer Abweichung von der Regel führen. Dafür ist aber umgekehrt der Belegenheitsort des Transportmittels geeignet, zu einer Abweichung von der Regel beizutragen. Die vom Registerort differierende Belegenheit kann sogar als relativ starkes Kriterium gewertet werden: Immerhin handelt es sich bei ihr um die nahezu weltweit anerkannte Grundanknüpfung im Internationalen Sachenrecht. Bezüglich der Mitwirkung amtlicher Stellen kann auf oben verwiesen werden.[195]

e.) Ergebnis

Wie bei der Abweichung von der lex rei sitae ist der Begriff der wesentlich engeren Verbindung in erster Linie räumlich zu sehen. Durch personale Kriterien, Handlungen der Beteiligten, die in anderen Staaten als dem der Registereintragung stattfinden, und einen abweichenden Lageort wird die engere Verbindung konkretisiert. Dies kann zu einer engeren Verbindung zu einem anderen Ort als dem der Registereintragung führen, wobei dieser Ort ein vom Staat der Registereintragung abweichender sein muß.
Ob hier der Begriff der engeren Verbindung auch ein zeitlicher sein kann, erscheint fraglich. Eine zeitliche Abweichung würde bedeuten, daß ausnahmsweise auf die Registrierung in einem anderen Staat abgestellt wird: Entweder würde auf den neuen Registerort abgestellt werden, obwohl sich der sachenrechtliche Tatbestand noch unter dem alten Statut realisiert hat, oder es würde

[192] Siehe oben 6 b.
[193] Siehe oben 7 b.
[194] Siehe oben 6 c.
[195] Siehe oben 6 d cc.

auf den alten Registerort abgestellt werden, obwohl sich der Tatbestand erst während der neuen Registereintragung erfüllt hat. Der Gesetzgeber hat sich bewußt für eine Regelanknüpfung entschieden, die kaum wandelbar ist: Für die Registereintragung entschied er sich auch deshalb, weil i.d.R. kein Statutenwechsel stattfindet und daher die Anknüpfungsmaxime der Anknüpfungskontinuität erfüllt wird.[196] Mangels Änderung der Registereintragung in der Praxis können diese theoretischen Fälle jedoch vernachlässigt werden. Ein zeitliches Verständnis der wesentlich engeren Verbindung ist daher im Zusammenhang mit Art. 45 Abs. 1 EGBGB abzulehnen.

9. Kriterien für die Abweichung von Art. 45 Abs. 2 EGBGB

Für die Entstehung und die Rangfolge gesetzlicher Sicherungsrechte an den genannten Verkehrsmitteln trifft Art. 45 Abs. 2 EGBGB eine von Art. 45 Abs. 1 EGBGB abweichende Regelanknüpfung. Danach ist für deren Entstehung das Recht maßgeblich, das auf die zu sichernde Forderung anzuwenden ist, während für die Rangfolge die lex rei sitae gilt. Die Ausweichklausel des Art. 46 EGBGB erfaßt auch diese Vorschrift.

a.) Gründe für die Regelanknüpfung

Praktisch bedeutsam ist die Regelung für Schiffsgläubigerrechte, deren Sachstatut bisher umstritten war: So reichten die Vorschläge von einer gemeinsamen Anwendung der lex rei sitae und dem Statut der gesicherten Forderung[197] über die alleinige Anwendung der lex rei sitae[198] oder des Forderungsstatuts bis hin zur Anwendung des Registerrechts.[199]

Der Gesetzgeber hat sich mit der inzwischen gefestigten Rechtsprechung[200] für die alleinige Maßgeblichkeit des Forderungsstatuts entschieden. Dies soll bis zur bisher gescheiterten Einigung auf internationaler Ebene für Rechtsklarheit und -sicherheit sorgen.[201] Vorteilhaft an dieser Anknüpfung ist, daß es auch bei Flaggen- oder Registerortwechsel nicht zu einem Statutenwechsel kommt. Außerdem wird so die materiellrechtliche Akzessorietät zwischen Sicherungsrecht und Forderung verwirklicht.[202]

---

[196] *Kreuzer* in Henrich, Vorschläge, S. 38, 128, 131.
[197] RGZ 81, 283, 285.
[198] *Raape*, IPR, S. 622 f.; so nun auch das österreichische IPRG, § 33 Abs. 2 i.V.m. § 31 Abs. 1.
[199] *Mankowski*, TransportR 1990, 213 ff.
[200] *OLG Hamburg* VersR 1989, 1164, 1165; *OLG Koblenz* VersR 1987, 1088, 1089.
[201] *Zweigert/Drobnig*, VersR 1971, 581, 590.
[202] *Wagner*, IPRax 1998, 429, 437.

Der Grund, weshalb überhaupt abweichend vom Registerort angeknüpft wird, ist folgender: Die Inhaber gesetzlicher Pfandrechte sind typischerweise Personen, die während der Reise des Transportmittels an einem der vielen berührten Orte aufgrund von Leistungen für das Fahrzeug Rechte an diesem erworben haben. Sie vertrauen in der Regel darauf, solche Rechte aufgrund der Rechtsordnung am Leistungsort zu erwerben.[203] Besser als die lex rei sitae paßt aber noch die Maßgeblichkeit der zu sichernden Forderung. Die Registerfreiheit sowie die Irrelevanz vorhandener Rechte bei gesetzlichen Sicherungsrechten zeigt, wie wenig diese auf Interessen Dritter Rücksicht nehmen; sachenrechtliche Aspekte treten also bei diesen Rechten zurück. Dafür steht die bipolare Interessenbeziehung zwischen den Inhabern dieser Rechte und den Eigentümern der Transportmittel im Vordergrund. Somit deckt sich die kollisionsrechtliche Interessenabwägung mit derjenigen bei der Bestimmung des Statuts der zu sichernden Forderung. Diese übereinstimmende Interessenabwägung rechtfertigt die Anknüpfung der gesetzlichen Sicherungsrechte an das Schuldstatut der zu sichernden Forderung.[204]

b.) Personale Kriterien und Handlungen der Beteiligten

Bezüglich der personalen Kriterien und der Handlungen der Parteien kann auf die Ausführungen zu Art. 45 Abs. 1 EGBGB verwiesen werden. Die gesetzlichen Sicherungsrechte sind nur ein Teilausschnitt der Rechte, die Art. 45 Abs. 1 EGBGB erfaßt. Da sich für sie nur die Regelanknüpfung durch Abs. 2 ändert, gelten hinsichtlich der Abweichung die gleichen Regeln wie für Abs. 1.

c.) Kriterien, die die Sache selbst betreffen

Wie schon bezüglich Art. 45 Abs. 1 EGBGB kann auch hier das Recht der Belegenheit eine große Rolle spielen. Zudem ist die jeweilige Registereintragung des jeweiligen Transportmittels geeignet, den Begriff der wesentlich engeren Verbindung auszufüllen. Dies folgt nicht nur aus der Heranziehung paralleler Vorschriften, die auf die engere/engste Verbindung abstellen,[205] sondern auch aus der Tatsache, daß gerade bei Transportmitteln in der Regel auf den Herkunftsstaat, der sich meist über eine Registereintragung bestimmt, abgestellt wird.

d.) Ergebnis

Der Begriff der engeren Verbindung ist auch hier räumlich zu verstehen. Er wird dabei durch die angesprochenen Kriterien konkretisiert. Fraglich ist, ob der

---

[203] *Drobnig* in Henrich, Vorschläge, S. 13, 15.
[204] A.a.O., S. 13, 24; *Kreuzer* in Henrich, Vorschläge, S. 37, 135.
[205] Siehe oben 1 ff.

Begriff wie bei der Abweichung von der lex rei sitae auch zeitlich verstanden werden kann. Eine zeitliche Abweichung würde voraussetzen, daß sich das Schuldstatut ändern kann, da das Anknüpfungsmoment bei einer zeitlichen Abweichung gleich bleiben muß.[206] In der Regel ist dies nicht möglich. Das auf einen Vertrag anwendbare Recht wird entweder seitens der Beteiligten gewählt oder mangels Rechtswahl durch die einschlägigen Kollisionsnormen bestimmt. Nach Art. 27 Abs. 2 S. 1 EGBGB können die Vertragsparteien jedoch jederzeit vereinbaren, daß der Vertrag einem anderen Recht unterliegen soll als dem, das zuvor auf Grund einer früheren Rechtswahl oder auf Grund der objektiven Anknüpfung maßgebend war. In diesem Fall gibt es ein Schuldstatut vor und eines nach der Rechtswahl. Ein Eingreifen der Ausweichklausel hätte hier die Bedeutungslosigkeit der Rechtswahl hinsichtlich der gesetzlichen Sicherungsrechte zur Konsequenz. Auf Fragen der Parteiautonomie im Internationalen Sachenrecht soll aber erst später eingegangen werden. Eine zeitlich engere Verbindung in Art. 46 EGBGB scheint aber zumindest denkbar zu sein.

VI. Endergebnis

Die Untersuchung zeigt, welche objektiven Kriterien geeignet sind, den Begriff der wesentlich engeren Verbindung auszufüllen. Da dies aufgrund der tatbestandsmäßigen Unbestimmtheit des Art. 46 EGBGB mit den herkömmlichen Auslegungsmethoden nicht möglich war, mußten Literatur und Rechtsprechung zu ähnlichen Normen herangezogen werden. Je nachdem, auf welche Norm sich die Ausweichklausel bezieht, ist die engere Verbindung differenziert zu verstehen. Kann es bei den Artt. 43 und 45 Abs. 2 EGBGB eine räumliche und zeitliche Verbindung sein, ist der Begriff in Bezug auf die Artt. 44 und 45 Abs. 1 EGBGB ausschließlich räumlich zu verstehen.

---

[206] Siehe oben 6 e.

B. Subsumierbare subjektive Kriterien: der Parteiwille

Nachdem geklärt ist, welche objektiven Umstände den Begriff der wesentlich engeren Verbindung konkretisieren, werden die subjektiven Anknüpfungsmomente untersucht. Dabei geht es ausschließlich um den Willen der Parteien, auf einen sachenrechtlichen Vorgang ein bestimmtes Recht anwenden zu wollen. Deshalb ist fraglich, ob man überhaupt von subjektiven Kriterien sprechen kann oder ob es nur das eine Kriterium des subjektiven Parteiwillens gibt.

I. Diskussionsstand vor der Kodifikation des Internationalen Sachenrechts

Vor Klärung dieser Frage wird der bisherige Diskussionsstand zur Relevanz des Parteiwillens im Internationalen Sachenrecht vor der Kodifikation kurz dargestellt. Die herrschende Lehre[207] und der *BGH*[208] lehnten eine Rechtswahl im Bereich des Internationalen Sachenrechts ab. Danach können dingliche Rechtsverhältnisse an beweglichen Sachen immer nur nach Maßgabe des am jeweiligen Lageort geltenden Rechts durch Rechtsgeschäft geändert werden. Hiergegen richteten sich Stimmen, die im Bereich des Fahrnisrechts Parteiautonomie wie bei Schuldverhältnissen forderten.[209]

1. Gründe für die Befürwortung von Parteiautonomie

Zwar wurde der herrschenden Meinung zugestanden, daß es auch bei beweglichen Sachen den Verkehrsinteressen entspreche, alle sachenrechtlichen Vorgänge nach dem Recht des Lageorts zu beurteilen. Jedoch gebe es häufig Konstellationen, in denen Verkehrsinteressen entweder gänzlich fehlten oder in den Hintergrund träten.[210] Dies zeige besonders der Fall eines internationalen Verkehrsgeschäfts, bei dessen Erfüllung eine bewegliche Sache in einen anderen Staat gebracht wird. Hier nahm die herrschende Meinung bei Grenzübertritt einen Statutenwechsel an.[211] Dies sei jedoch eine mechanische Aufspaltung eines von einem einheitlichen Willen getragenen Rechtsakts, was im Einzelfall zu willkürlichen Ergebnissen führe. Eine Parteivereinbarung über das Sachstatut müsse folglich möglich sein.[212]

---

[207] *Kegel/Schurig*, IPR, § 19 I; Soergel-*Lüderitz*, Art. 38 Anh. II, Rn. 3; *v. Hoffmann*, IPR, § 12, Rn. 10.

[208] *BGH* NJW 1997, 461, 462; *BGH* IPRax 1999, 45.

[209] *BayObLG* IPRspr. 1934 Nr. 24; *OLG Hamburg*, AWD 1963, 261, 261 f; *van Venrooy*, JuS 1980, 262, 265 f.; MüKo-*Kreuzer*, Nach Art. 38 Anh. I, Rn. 74; Staudinger-*Stoll*, Rn. 282 ff.; *Einsele*, RabelsZ 60 (1996), S. 441 ff.

[210] Staudinger-*Stoll*, Rn. 282.

[211] *KG* NJW 1988, 341, 342; *Kegel/Schurig*, IPR, § 19 III.

[212] *Drobnig*, RabelsZ 32 (1968), 451, 459 ff.; Staudinger-*Stoll*, Rn. 283.

Auch könne man das starre Festhalten an der Situsregel nicht pauschal mit der typischen Drittwirkung sachenrechtlicher Vorgänge begründen. Teilweise wurde deshalb vorgeschlagen, es müsse genügen, nur solche Normen des Belegenheitsstaates anzuwenden, die tatsächlich dem Schutz Dritter dienen.[213] Mache beispielsweise eine Rechtsordnung die Wirkung eines Eigentumsvorbehalts von einer Registrierung in einem öffentlichen Register abhängig, so diene dies dem Drittschutz. Eine solche Vorschrift müsse folglich angewandt werden, wenn unter Eigentumsvorbehalt aus dem Ausland geliefert werde und die Geltung ausländischen Rechts vereinbart ist, das keine solchen Erfordernisse kennt. Grundsätzlich müsse die maßgebliche Sachenrechtsordnung aber frei wählbar sein.[214] Dafür sprechen auch die zahlreichen Verschränkungen von Schuld- und Sachenrecht im Bereich der dinglichen Rechtsänderung.[215]

Wieder andere lassen zwar bei internationalen Verkehrsgeschäften ebenso eine Parteivereinbarung über das Sachstatut zu. Diese Wahl soll dann aber Dritten nicht entgegengehalten werden dürfen - die Vereinbarung wirkt somit nur inter partes.[216] Diese Lösungsmöglichkeit sieht nun auch Art. 104 Abs. 2 des schweizerischen IPR-Gesetzes vor.

Schließlich wurde vorgeschlagen, eine Vereinbarung über das Sachstatut nur „mittelbar" zu dulden.[217] Bei grenzüberschreitenden Übereignungen solle diese einheitlich schuldvertragsakzessorisch angeknüpft werden. Werde also für das Verpflichtungsgeschäft ein anwendbares Recht bestimmt, so gelte dies gleichzeitig für alle sachenrechtlichen Vorgänge.[218]

2. Die ablehnende herrschende Meinung

Indes hielten die überwiegenden Stimmen in der Literatur sowie die höchstrichterliche Rechtsprechung die Option einer Rechtswahl für unzulässig.[219] Ein Auseinanderfallen von Sachen- und Schuldstatut könne schon dadurch vermieden werden, daß die Parteien eben als Schuldstatut das Sachenstatut wählen müssen. Ein sich hingegen nach dem Schuldstatut richtendes Sachenstatut würde zu einer unbegrenzten Anzahl von möglichen anzuwendenden Rechts-

---

[213] Staudinger-*Stoll*, Rn. 283.

[214] *Weber*, RabelsZ 44 (1980), 510, 526; Staudinger-*Stoll*, Rn. 284.

[215] *Einsele*, RabelsZ 60 (1996), 437 f; *Jayme* in FS Serick, S. 241, 246.

[216] *Hübner*, JuS 1974, 151, 153.

[217] MüKo-*Kreuzer*, Nach Art. 38 Anh. I, Rn. 74.

[218] *Sovilla*, Eigentumsübergang, S. 72 f; *Einsele*, RabelsZ 60 (1996), 417, 435 ff.; MüKo-*Kreuzer*, Nach Art. 38 Anh. I, Rn. 74.

[219] Siehe oben I.

ordnungen führen.[220] Dagegen spreche aber eindeutig das am Lageort zu berücksichtigende Verkehrsinteresse.[221]

II. Formen des Parteiwillens

Immer handelt es sich bei subjektiven Kriterien um den Parteiwillen. Dieser läßt sich aber in verschiedene Kategorien unterteilen; dahingehend könnte man von mehreren subjektiven Kriterien sprechen. So kann der Wille der Parteien ausdrücklich geäußert werden oder stillschweigend vereinbart werden. Darüber hinaus besteht das Begriffspaar mutmaßlicher und wirklicher Parteiwille, welches teilweise deckungsgleich ist. Die stillschweigende Rechtswahl setzt einen tatsächlichen Rechtswahlwillen der Parteien voraus.[222] Dieser muß aus den Umständen des Falles ermittelt werden, wobei Anzahl, Gewicht und Aussagekraft der einzelnen Indizien zu berücksichtigen sind. Jedoch brauchen die Parteien nicht das Bewußtsein zu haben, daß darin eine Rechtswahl liegt.[223] Bei Art. 27 Abs. 1 S. 2 EGBGB wird verlangt, daß sich die stillschweigende Rechtswahl mit hinreichender Sicherheit ergibt.[224] Genau darin besteht der Unterschied zum mutmaßlichen Parteiwillen, bei dem darüber spekuliert wird, welche Rechtswahl die Parteien getroffen hätten, wenn sie das Problem bei Vertragsschluß erkannt hätten, beziehungsweise bei dem die Interessen der Parteien auf objektiver Grundlage abgewogen werden.[225]

Gestritten wurde darüber, ob nur eine ausdrückliche Parteivereinbarung oder auch stillschweigende Vereinbarungen ihre Wirkung entfalten sollen. Auch die Ansicht, daß der mutmaßliche Parteiwille im Internationalen Sachenrecht eine Rolle spiele, wurde vertreten.[226]

Die eine ausschließlich ausdrückliche Rechtswahl fordernde Ansicht bezieht sich auf die im Sachenrecht herrschende Maxime der Klarheit der Rechtsverhältnisse. Diese gebiete es, nur eine klar ausgedrückte Rechtswahl zuzulassen. Auf diese Weise könne das anwendbare Sachenrecht ohne die Unsicherheiten bestimmt werden, die bei der Aufsuchung des stillschweigenden oder sogar mutmaßlichen Parteiwillens entstehen können.[227]

---

[220] Nach Art. 27 Abs. 1 EGBGB ist jede beliebige nationale Rechtsordnung für Schuldverträge durch die Vertragspartner wählbar.

[221] *Kegel/Schurig*, IPR, § 19 I.

[222] *Steinle*, ZVglRWiss 93 (1994), 300, 309; Soergel-*v. Hoffmann*, Art. 27, Rn. 41.

[223] Soergel-*v. Hoffmann*, Art. 27, Rn. 41; MüKo-*Martiny*, Art. 27, Rn. 41.

[224] Bericht *Giuliano/Lagarde*, BTDrucks. 10/503, S. 33, 49 f.; MüKo-*Martiny*, Art. 27, Rn. 42.

[225] *v. Hoffmann*, IPR, § 10, Rn. 32.

[226] Staudinger-*Stoll*, Rn. 292: *Stoll* spricht ausdrücklich von stillschweigender Rechtswahl, meint aber in Wirklichkeit mutmaßlichen Parteiwillen, dazu unten IX 3.

[227] *Drobnig*, RabelsZ 32 (1968), 451, 460 f.; *ders.* in FS Kegel, S. 141, 150.

Diese Begrenzung auf den ausdrücklichen Parteiwillen überzeuge nicht, wurde von den Gegnern behauptet. Ausschlaggebend für die Anerkennung einer Rechtswahl der Parteien sei schließlich die Bevorzugung der Parteiinteressen gegenüber angeblich widersprechenden Verkehrs- und Drittinteressen. Den Parteiinteressen diene aber die stillschweigende Rechtswahl nicht weniger als die ausdrückliche.[228]
Bevor eine Aussage darüber gemacht werden kann, welche konkrete Form des Parteiwillens und welches subjektive Kriterium zulässig sein soll, muß untersucht werden, ob der subjektive Parteiwille überhaupt nach der Kodifikation des Internationalen Sachenrechts eine Rolle spielt.

III. Keine unmittelbare Maßgeblichkeit des Parteiwillens

Das kodifizierte Internationale Sachenrecht sieht ausdrücklich keine Möglichkeit der Rechtswahl vor. Im Gegensatz zu den Kollisionsnormen für außervertragliche Schuldverhältnisse, denen nach Art. 42 EGBGB ausdrücklich eine eventuelle Rechtswahl der Parteien vorgeht, schweigt die Neuregelung des Internationalen Sachenrechts zu einer solchen Möglichkeit. Da beide Regelungskomplexe zur gleichen Zeit in das EGBGB Eingang fanden, muß man aus systematischer Sicht sagen, daß sich der Gesetzgeber bewußt gegen die Zulassung einer Rechtswahl entschieden hat.
Auch eine Untersuchung der Gesetzesmaterialien scheint dieses Ergebnis zu bestätigen. In der Begründung zum Regierungsentwurf werden die oben dargestellten Literaturansichten abgelehnt, da eine Vereinbarung des Sachstatuts der am Geschäft beteiligten Parteien den numerus clausus des Sachenrechts durchbrechen würde und das gewählte Recht für Dritte nicht erkennbar sei.[229]
Eine Ausnahme besteht lediglich mittelbar im Rahmen einer akzessorischen Anknüpfung, namentlich bei der forderungsakzessorischen Anknüpfung der Entstehung gesetzlicher Sicherungsrechte an Transportfahrzeugen, Art. 45 Abs. 2 S. 1 EGBGB. Dort wird das Sachstatut durch die Parteien bestimmt, wenn das Forderungsstatut gem. Art. 27 EGBGB gewählt wird.

IV. Auslegung des Wortlautes

Folglich kommt nur eine mittelbare Bedeutung des Parteiwillens über die Ausweichklausel in Betracht.[230] Die Auslegung des Wortlautes - *wesentlich engere Verbindung* - führt wie schon bei der Untersuchung der objektiven Umstände zu keinem Ergebnis. Es kann jedoch die Aussage getroffen werden,

---

[228] Staudinger-*Stoll*, Rn. 292.
[229] BTDrucks. 14/343, S. 16.
[230] Dies bejaht *Einsele* ohne nähere Begründung, RabelsZ 60 (1996), 437.

daß der Wortlaut des Art. 46 EGBGB jedenfalls nicht gegen die Ausfüllung des Begriffs mit subjektiven Umständen spricht.[231]

V. Systematische Auslegung

Die systematische Auslegung beschäftigt sich mit dem Kontext, in dem der auszulegende Begriff gebraucht wird.[232] Ein erneuter Vergleich zu den Regelungen für außervertragliche Schuldverhältnisse muß in systematischer Hinsicht zur Verneinung der Frage führen, ob der Parteiwille unter Art. 46 EGBGB gefaßt werden kann: Auch dort befindet sich in Art. 41 Abs. 1 EGBGB eine mit Art. 46 EGBGB identische Ausweichklausel. Dennoch ist in Art. 42 EGBGB ausdrücklich die Rechtswahlmöglichkeit geregelt. Daraus ergibt sich der Schluß, daß jedenfalls die Vereinbarung einer anwendbaren Rechtsordnung nicht dazu beitragen kann, zu einer wesentlich engeren Verbindung zu führen. Andernfalls hätte es eines Art. 42 EGBGB nicht bedurft. Die systematische Auslegung spricht somit gegen die Anbindung des subjektiven Parteiwillens an Art. 46 EGBGB.

VI. Historische Auslegung

Trotzdem gibt die Begründung zum Regierungsentwurf Anlaß, an diesem Ergebnis zu zweifeln. So wird das Erfordernis einer Ausweichklausel in Art. 46 EGBGB damit begründet, daß ansonsten „weder die Entwicklung von Sonderanknüpfungen noch die Abweichung von einer Kollisionsnorm im Einzelfall möglich“ wäre, „etwa ausnahmsweise im Hinblick auf den Willen der Parteien (nur) für ihre Beziehungen zueinander“.[233]

In Ausnahmefällen soll also doch über die Ausweichklausel des Art. 46 EGBGB die Zulässigkeit einer Parteivereinbarung über das Sachstatut bestehen. Die Vertreter einer schuldvertragsakzessorischen Anknüpfung der Übereignung bei internationalen Verkehrsgeschäften sehen in „geeigneten Fällen“ ihre Ansicht durch die Existenz einer Ausweichklausel bestätigt.[234]

1. Argumente gegen die Anbindung an die Ausweichklausel

Dagegen könnte die Untersuchung der Entstehungsgeschichte der Ausweichklausel zu einem gegenteiligen Ergebnis führen: So hat die Erste Kommission des Deutschen Rates für Internationales Privatrecht 1988 die Kodifikation einer

---

[231] So auch *Stoll*, IPRax 2000, 259, 264.
[232] *Larenz*, Methodenlehre, S. 324.
[233] BTDrucks. 14/343, S. 19.
[234] MüKo-*Kreuzer*, Nach Art. 38 Anh. I, Rn. 74; *Einsele*, RabelsZ 60 (1996), 437.

Ausweichklausel abgelehnt.[235] Begründet wurde dies vor allem mit der Rechtssicherheit, die ansonsten nicht mehr gewährleistet sei.[236]
Bezüglich des Grundproblems, daß es immer wieder Fälle gebe, die mit den Grundanknüpfungen der Artt. 43-45 EGBGB nicht zufriedenstellend zu lösen seien, wurde darauf hingewiesen, daß dem nur auf zweierlei Weise beizukommen sei: Entweder man schafft eine Ausweichklausel, *oder* man läßt Parteiautonomie auch im Internationalen Sachenrecht zu. Lehne man nämlich die Parteiautonomie in diesem Bereich des IPR ab, könne man auf eine Ausweichklausel kaum verzichten.[237] Man sah also beide Instrumente als Lösung des Dilemmas der Anknüpfung für atypische Fälle an - beide Instrumente aber als *aliud*.
Der nach der genannten Stellungnahme des deutschen Rates geschaffene überarbeitete Referentenentwurf von 1993 sah entgegen dieser Empfehlung eine Ausweichklausel in Art. 43 Abs. 4 RefE. vor. Grundsätzlich hat sich die Entscheidung für eine solche Klausel durch Schaffung des gesetzgewordenen Art. 46 EGBGB nicht geändert. Im Gegensatz zum Referentenentwurf bezieht sie sich heute auf alle Regelanknüpfungen des Internationalen Sachenrechts.
Dies bedeutet aber, daß sich der Gesetzgeber, folgte er der Argumentation des Deutschen Rates für IPR, kategorisch gegen eine Rechtswahlmöglichkeit gestellt hat, da er sich für das *aliud* der Ausweichklausel entschieden hat. Hätte er keine Ausweichklausel geschaffen, wäre danach an ihrer Stelle eine Rechtswahlmöglichkeit normiert.[238]

2. Argumente für die Anbindung an die Ausweichklausel

Die Untersuchung der Entstehungsgeschichte ergibt aber nicht nur eine Ablehnung des Parteiwillens innerhalb des Art. 46 EGBGB. So läßt sich zwar aus der gemeinsamen Stellungnahme der Ersten Kommission des Deutschen Rates für IPR aus dem Jahre 1988 mit obiger *aliud* - Argumentation die Anbindung ablehnen. Die Stellungnahme enthielt jedoch auch Gutachten und Vorschläge, die vom gemeinsamen Konsens abrückten. Zum subjektiven Parteiwillen und seiner eventuellen Aufnahme in eine Kodifikation des Internationalen Sachenrechts hat sich insbesondere *Kreuzer*[239] geäußert. Dieser lehnte eine erga omnes wirkende Parteiwahl ab. Hingegen sprach er sich durchaus für eine nur inter partes wirkende Parteivereinbarung über das Sachstatut aus. Für sie gelten die gegen eine parteiautonome Sachstatutbestimmung mit Drittwirkung geltend gemachten Bedenken der äußeren Entscheidungsdisharmonie nicht, da die im

---

[235] *Henrich*, Vorschläge, S. 1 f.
[236] A.a.O., S. 11.
[237] A.a.O.
[238] Diese würde etwa in der von *Kreuzer* vorgeschlagenen Fassung gesetzlich normiert sein: *Kreuzer* in Henrich, Vorschläge, S. 38, 82.
[239] *Kreuzer* in Henrich, Vorschläge, S. 38, 75 ff.

ausländischen Internationalen Sachenrecht regelmäßig zwingende lex rei sitae nicht berührt werde. Wohl sei sie aber in der Lage, für einen einheitlichen Veräußerungsvorgang inter partes zu sorgen, der die Aufspaltung zwischen Kausal- und Verfügungsgeschäft vermeide.[240] Man könne nun darüber streiten, so *Kreuzer* weiter, ob die inter partes einheitliche Anknüpfung von Verpflichtungs- und Verfügungsgeschäft schon eine besondere Kollisionsnorm rechtfertige. So sei die praktische Bedeutung relativ gering.[241]
Genau diesen Gedanken scheint der Gesetzgeber bei der Schaffung der Ausweichklausel aufgenommen zu haben. In der Begründung zum Regierungsentwurf wird, wie oben ausgeführt, die Schaffung einer Ausweichklausel damit gerechtfertigt, daß ansonsten die Abweichung von einer Kollisionsnorm im Einzelfall nicht möglich sei, „etwa ausnahmsweise im Hinblick auf den Willen der Parteien (nur) für ihre Beziehungen zueinander".[242] Eine besondere Kollisionsnorm wollte der Gesetzgeber einerseits für den inter partes wirkenden Parteiwillen mangels praktischem Bedürfnis nicht schaffen. Andererseits wollte er seine Relevanz auch nicht gänzlich ausschließen und ihn *ausnahmsweise* unter die Ausweichklausel fassen. Da ein Kriterium allein über die Ausweichklausel niemals zu einer wesentlich engeren Verbindung führen kann,[243] bedeutet dies, daß der relativ wirkende Parteiwille mit anderen objektiven Kriterien zusammen zur Anwendung eines von der Regelkollisionsnorm abweichenden Rechts führen kann. Danach kann der subjektiv wirkende Parteiwille, sofern er nur zwischen den Parteien wirkt, den Begriff der engeren Verbindung ausfüllen.

VII. Teleologische Auslegung

Eine Auslegung nach Sinn und Zweck könnte zu einem ähnlichen Ergebnis führen. Im Gegensatz zur Ausweichklausel des Art. 41 EGBGB für außervertragliche Schuldverhältnisse muß bei der Bestimmung einer wesentlich engeren Verbindung in Art. 46 EGBGB berücksichtigt werden, daß im Internationalen Sachenrecht in besonderer Weise auch die Interessen des allgemeinen Rechtsverkehrs zu berücksichtigen sind. Vom Zurückgreifen auf die Ausweichklausel muß daher noch zurückhaltender Gebrauch gemacht werden als dies schon in Art. 41 EGBGB der Fall ist.[244] Zur Anwendung kann Art. 46 EGBGB deshalb nur kommen, wenn die internationalsachenrechtlichen Regelanknüpfungen zur Anwendung „extrem sachferner Rechtsordnungen führen".[245]

---

240 A.a.O., S. 38, 76, 81.

241 *Kreuzer* in Henrich, Vorschläge, S. 38, 81; *Meijers*, Conférence de la Haye de droit international privé, Actes de la 7ième session 1951, procès verbal 7, p. 63; *Gutzwiller*, Die achte Haager Konferenz, SchJbIR XIII (1956), 9, 12.

242 BTDrucks. 14/343, S. 19.

243 Siehe oben A V 5.

244 Palandt-*Heldrich*, Art. 46, Rn. 2.

245 BTDrucks. 14/343, S. 18 f.

Übertragen auf eine Rechtswahlmöglichkeit bedeutet dies zwar noch nicht die generelle Unzulässigkeit. Eine von den Parteien getroffene Vereinbarung über das Sachstatut kann jedoch nur in einer Konstellation Indiz für das Vorliegen einer engeren Verbindung sein: Am Lageort der Sache darf keine Verbindung zu Dritten bestehen. Nur dann ist dem im Sachenrecht zu berücksichtigenden Verkehrsinteresse Genüge getan. Folglich darf eine solche Vereinbarung in diesen Ausnahmefällen nur inter partes wirken.

VIII. Heranziehung anderer Normen

Anders als bei der Untersuchung der objektiven Kriterien geben die vier Auslegungscanones durchaus Auskunft über die Relevanz des subjektiven Parteiwillens bei der Konkretisierung der engeren Verbindung in Art. 46 EGBGB. Problematisch ist jedoch die Tatsache, daß die Auslegungsmethoden teils schon in sich zu widersprüchlichen Ergebnissen führen. Während die historische und die teleologische Auslegung zum Teil für die Relevanz des Parteiwillens inter partes spricht, führen die historische und die systematische Auslegung teilweise zum gegenteiligen Ergebnis. Aus diesem Grunde bietet es sich an, den bei der Untersuchung der objektiven Kriterien gegangenen Weg einzuschlagen und die Art. 46 EGBGB ähnlichen Vorschriften heranzuziehen. Der dieser Methode zugrunde liegende Gedanke ist der, daß gleiche Begriffe im Gesetz aus Gründen der Einheit der Rechtsordnung gleich auszulegen sind. Daher kann das Verständnis der anderen Normen grundsätzlich herangezogen werden.[246]
Zur Bestimmung des Begriffs der engeren Verbindung können die Artt. 4 Abs. 3 S. 2, 5 Abs. 1 S. 1, 14 Abs. 1 Nr. 3, 28 Abs. 1 und 5, 30 Abs. 2 a.E., 41 EGBGB herangezogen werden.[247] Was die Artt. 4 und 5 betrifft, kann der Begriff der engsten Verbindung jedoch von vornherein nicht durch eine Parteivereinbarung über das anwendbare Recht ausgefüllt werden. Die beiden Vorschriften regeln allgemein die anwendbare Teilrechtsordnung beziehungsweise das Personalstatut. In beiden Fällen wird also nicht das anwendbare Recht auf ein Rechtsverhältnis zwischen zwei Personen bestimmt, so daß es nicht zu einer Parteivereinbarung kommen kann.[248]
Bei den restlichen Vorschriften besteht wiederum ein anderes Problem: In allen fünf Fällen gibt es neben der Vorschrift, die auf die engere/engste Verbindung abstellt, ausdrücklich eine Rechtswahlmöglichkeit. Bei Bestimmung des Rechts

---

[246] Siehe oben A 5 V 1.
[247] Siehe oben A V 2 c.
[248] Freilich können auch hier u.U. subjektive Merkmale eine Rolle spielen. So können beispielsweise im Rahmen des Art. 5 Abs. 1 S. 1 EGBGB subjektive Elemente wie Heimatgefühl, Rückkehrabsichten u.a., die aus objektiven Indizien zu ziehenden Schlüsse verstärken, *Mansel*, Personalstatut, S. 211 f.; MüKo-*Sonnenberger*, Art. 5 Rn. 6. Es handelt sich dabei aber nicht um die Bestimmung einer nationalen Rechtsordnung zwischen zwei Parteien, die diese Kraft ihrer Parteiautonomie gewählt haben.

der allgemeinen Ehewirkungen wird dies durch Art. 14 Abs. 2 EGBGB gewährleistet, bei den Anknüpfungen der Artt. 28 Abs. 1 und 5 beziehungsweise Art. 30 Abs. 2 a.E. wird die Rechtswahl ausdrücklich unter Art. 27 EGBGB gefaßt, während neben der Ausweichklausel des Art. 41 EGBGB die Rechtswahlmöglichkeit des Art. 42 EGBGB besteht. In all diesen Fällen *kann* der subjektive Parteiwille also nicht unter den Begriff der engeren/engsten Verbindung fallen, da er gesondert geregelt wird. Zur Frage, ob eine Parteivereinbarung über das Sachstatut Indiz für eine ausnahmsweise engere Verbindung zur gewählten Rechtsordnung ist, gibt es folglich mangels vergleichbarer Situation keine Antwort. Im Gegenteil: Da an keiner Stelle des EGBGB eine auf die engere oder engste Verbindung abstellende Kollisionsnorm existiert, ohne daß auch eine ausdrückliche Rechtswahlmöglichkeit besteht, spricht nur wieder gegen eine Anbindung des Parteiwillens an die Ausweichklausel. Andernfalls hätte der Gesetzgeber die Rechtswahlmöglichkeit im Internationalen Sachenrecht geregelt.[249]

Folglich führt auch die Heranziehung ähnlicher Normen aus dem EGBGB nicht zum Ergebnis. Geliefert wird lediglich ein Argument gegen die Anbindung der Rechtswahlmöglichkeit an Art. 46 EGBGB.

IX. Interessenbewertung

Zu einem Ergebnis könnte man aber kommen, wenn man die bei der Entscheidung über das auf einen sachenrechtlichen Sachverhalt anwendbare Recht auftauchenden Interessen gegeneinander abwägt. Wie dies bei einer echten Ausweichklausel wie Art. 46 EGBGB durchgeführt wird, wurde bereits erläutert.[250] Das Problem, daß sich diese Abwägung an einen konkreten Sachverhalt richtet, wird dadurch relativiert, daß die Relevanz des subjektiven Parteiwillens fast ausschließlich anhand des internationalen Verkehrsgeschäfts diskutiert wird. Die meisten Befürworter der Parteiautonomie in der Wissenschaft wollen die subjektive Sachstatutbestimmung auf diese Fälle beschränken; hier liegt das Hauptanwendungsfeld der Diskussion.[251] Dieser Fall soll deshalb auch beispielshaft für die Abwägung herangezogen werden.

1. Drittwirksame Parteiautonomie

Zunächst soll die Maßgeblichkeit der Vereinbarung über das Sachstatut mit Wirkung erga omnes untersucht werden. Bei internationalen Verkehrsgeschäften wird dieser Lösungsweg vorgeschlagen, um die Problematik des Eigen-

---

[249] Vgl. die parallele Argumentation zur systematischen Auslegung oben unter V.

[250] Das Ergebnis der analysierenden Interessenabwägung ist die Rechtsnorm, siehe oben A V 4 b.

[251] *Weber*, RabelsZ 44 (1980), 510, 517 ff.; *Kreuzer* in Henrich, Vorschläge, S. 38, 75.

tumsübergangs abzuschwächen.[252] Diese besteht, wenn die Erwerbs- und Verlusttatbestände der nach der Situs-Regel sukzessiv anwendbaren Lageorts-Sachenrechte nicht nahtlos ineinandergreifen. Besonders deutlich wird dies am Beispiel eines grenzüberschreitenden Geschäfts zwischen Deutschland und Frankreich bei strikter Anwendung des Lageortsrechts: Liefert ein deutsches Unternehmen eine Sache nach Frankreich und haben die Parteien im Kaufvertrag französisches Recht als Schuldstatut vereinbart, unterliegt die Übereignung dennoch dem deutschen Recht, wenn die Sache vom Käufer in Deutschland abgeholt wird, § 929 BGB. Dagegen vollzieht sich der Eigentumsübergang sogar bei Vereinbarung deutschen Rechts nach französischem Recht, welches keine Übergabe der Sache verlangt, sobald die Sache auf dem Weg nach Frankreich die französische Grenze passiert.[253] Um diese Zufälligkeiten und die bei sukzessiver Anwendung verschiedener Sachenrechtordnungen auftretenden Auslegungs- und Anpassungsprobleme aus dem Weg zu gehen, wird die Parteiautonomie vorgeschlagen.[254]

a.) Anknüpfungsmaxime des äußeren Entscheidungseinklangs

Bisher gibt es weltweit keine Rechtsordnung, die eine drittwirksame Parteivereinbarung über das Sachstatut zulassen würde. Daher wird jeder ausländische Richter ohne Rücksicht auf eine eventuelle Parteivereinbarung der lex rei sitae folgen. Fallen nun das Situs-Recht und das vereinbarte Sachstatut auseinander, wird er die am Lageort geltende Rechtsordnung für maßgeblich halten. Dies wird wiederum jene des Forumstaates sein, da Prozesse schon wegen der Durchsetzbarkeit der Entscheidung am Lageort der Sache geführt werden. Dies bedeutet aber, daß die Schwierigkeiten des ohne Rechtswahl bestehenden Statutenwechsels nicht behoben werden. Vielmehr kann es sogar zu hinkendem Eigentum kommen.[255] Die Parteiautonomie führt somit zu einer äußeren Entscheidungsdisharmonie.

Grund für die Normierung der lex rei sitae als Regelkollisionsnorm ist unter anderem die weltweite Anerkennung dieser Regelung, die folglich zu äußerer Entscheidungsharmonie führt.[256] Nur wenn die Ausweichklausel ebenso im konkreten Fall diese Anknüpfungsmaxime erfüllen würde, wäre der Weg für das Eingreifen der Ausweichklausel frei.[257] Wie gezeigt, ist jedoch das Gegenteil der Fall.

---

[252] A.a.O., S. 510, 518; Staudinger-*Stoll*, Rn. 284.

[253] *KG* NJW 1988, 341, 342; *v. Bar*, IPR II, S. 551.

[254] Staudinger-*Stoll*, Rn. 284; *Weber*, RabelsZ 44 (1980), 510, 529.

[255] *Kreuzer* in Henrich, Vorschläge, S. 38, 76.

[256] Siehe oben A V 6 a.

[257] Siehe oben A V 4 b.

b.) Anknüpfungsmaxime der Rechtssicherheit und Vorhersehbarkeit

Zusätzlich spricht eine weitere Anknüpfungsmaxime gegen die Anbindung des Parteiwillens mit Drittwirkung an die Ausweichklausel: Angesichts der Tatsache, daß die Maßgeblichkeit einer Parteivereinbarung über das Sachstatut auf Deutschland beschränkt bliebe, wäre die Rechtssicherheit und Vorhersehbarkeit des Inhalts von Gerichtsentscheidungen nicht gewährleistet. Eine mittelbare Maßgeblichkeit einer solchen Vereinbarung über die Ausweichklausel würde bei den Parteien die Vorstellung wecken, daß für den sie betreffenden sachenrechtlichen Vorgang ohne Rücksicht auf den Lageort der Sache ausschließlich das von ihnen bestimmte Recht entscheidend ist.[258] Diese Vorstellung der Parteien würde aber nicht der Realität entsprechen, da nur der deutsche Richter das Indiz der Parteivereinbarung innerhalb der Ausweichklausel berücksichtigen würde. Kommt der Fall hingegen im Ausland vor Gericht, wird der Parteiautonomie keine Beachtung geschenkt.
Da die lex rei sitae auch der Rechtssicherheit und Vorhersehbarkeit nicht nur für die Parteien, sondern besonders auch für die am rechtlichen Vorgang potentiell Beteiligten[259] dient, wäre durch Anwendung der Ausweichklausel eine weitere Anknüpfungsmaxime nicht erfüllt.

c.) Ergebnis

Für die Privatautonomie bei internationalen Verkehrsgeschäften spricht die Ökonomie des Rechtsfindungsinteresses für die Parteien und für das Gericht. Die Übereignungsproblematik in grenzüberschreitenden Konstellationen könnte durch die Zulässigkeit einer drittwirksamen Sachstatutenwahl sowohl im Hinblick auf die einheitliche Anknüpfung von Sach- und Schuldstatut als auch in Bezug auf die Koordination divergierender nationaler Übereignungsregeln gelöst werden. Die Rechtsfindung würde wesentlich vereinfacht werden. Da die Situsregel aber weltweit nicht auf die drittwirksame Parteiautonomie Rücksicht nimmt, stehen der internationale Entscheidungseinklang und die Rechtssicherheit beziehungsweise Vorhersehbarkeit der Entscheidung unüberbrückbar entgegen. Bei der Anwendung der Ausweichklausel handelt es sich um Normanwendung, die realiter Normsetzung darstellt.[260] Aufgrund der Interessenabwägung kann daher niemals eine Parteivereinbarung mit Drittwirkung zur Konkretisierung der engeren Verbindung beitragen.

---

[258] *Kreuzer* in Henrich, Vorschläge, S. 38, 77.
[259] *Kegel/Schurig*, IPR, § 2 II 2.: Die potentiell Beteiligten sind Träger der Verkehrsinteressen.
[260] *Kreuzer* in FS Zajtay, S. 295, 323.

2. Parteiautonomie mit Wirkung inter partes

Dieses Ergebnis bedeutet nicht, daß eine Vereinbarung über das Sachstatut überhaupt keine Wirkung entfalten kann. Die oben gegen eine Parteiautonomie mit Drittwirkung aufgezeigten Argumente gelten nicht notwendig auch gegen eine Parteiautonomie, die nur zwischen den Parteien wirkt.

a.) Anknüpfungsmaxime des äußeren Entscheidungseinklangs

Fraglich ist, ob die Berücksichtigung einer solchen bilateralen Vereinbarung gegen die internationale Entscheidungsharmonie sprechen könnte. Da die Vereinbarung nur zwischen den Parteien wirkt, wird die im ausländischen Internationalen Sachenrecht maßgebliche Situs-Regel in der Regel nicht berührt. Im Verhältnis zu Dritten bleibt es bei der Anwendung der Situsregel, die ihre Rechtfertigung gerade aus der Berücksichtigung der Drittinteressen zieht. Da der deutsche Richter bei Rechtsstreitigkeiten einer Partei mit einem Dritten genau wie seine ausländischen Amtskollegen die Situsregel anwenden wird, kann es hier nicht zu hinkendem Eigentum kommen. Problematisch ist der Fall, wenn die Vertragsparteien selbst vor Gericht stehen: Der ausländische Richter wendet die Situsregel an, während der deutsche die relativ wirkende Absprache über das Sachstatut berücksichtigt. In diesem Fall könnte es zu hinkendem Eigentum kommen.
Indes muß berücksichtigt werden, daß der subjektive Parteiwille allein niemals zur Anwendung dieses Rechts führen wird - dies ist die Konsequenz aus der Tatsache, daß die Parteiautonomie nur über die Ausweichklausel relevant werden kann. Eine Entscheidung für das von der Regelkollisionsnorm abweichende Recht trifft der Richter immer nur nach einer Gesamtabwägung der Umstände. So gesehen ist aber jede Ausweichklausel eine Gefahr für den internationalen Entscheidungseinklang, solange eine solche Regelung nicht in jedem Staat vorhanden ist. Die Gefahr hinkenden Eigentums wegen Berücksichtigung der Parteiautonomie mit Wirkung inter partes ist daher zu vernachlässigen. Die äußere Entscheidungsharmonie ist somit gewährleistet.

b.) Anknüpfungsmaxime der Rechtssicherheit und Vorhersehbarkeit

Eine Berücksichtigung der relativen Parteiautonomie könnte aber der Rechtssicherheit zuwiderlaufen. Im Verhältnis zu Dritten bleibt es bei der Anwendung des Situsrechts, hier ist das anwendbare Recht für die potentiell Beteiligten vorhersehbar. Aber auch für die Parteien selbst ist das anwendbare Recht voraussehbar: Wenn sie wissen, daß innerhalb der Ausweichklausel ihr Wille nur im Verhältnis zueinander berücksichtigt wird, werden sie auch vor einer falschen Einschätzung der kollisionsrechtlichen Lage in anderen Ländern bewahrt. Bedenken mangelnder Rechtssicherheit bestehen daher nicht.

c.) Ergebnis

Die Berücksichtigung der Parteiautonomie mit Wirkung inter partes kann zwar nicht die Koordinierungsschwierigkeiten abweichender, sukzessiv anwendbarer Lageortsrechte erga omnes beseitigen. Dafür ist sie in der Lage, dazu beizutragen, den in Kausal- und Verfügungsgeschäft aufgespaltenen einheitlichen Veräußerungsvorgang inter partes zu einem einheitlichen Recht zu verhelfen. Die Parteiautonomie schafft hier immerhin eine gewisse Vereinfachung der Rechtsanwendung, ohne gegen schwerwiegende Anknüpfungsmaximen zu verstoßen. Ihre Berücksichtigung ist daher kollisionsrechtlich interessengerecht. Die Ausfüllung des Begriffs der wesentlich engeren Verbindung in Art. 46 EGBGB mit dem inter partes wirkenden Parteiwillen liegt folglich im Sinn und Zweck der Ausweichklausel.

3. Ausdrückliche, stillschweigende und mutmaßliche Rechtswahl

Nachdem geklärt ist, *daß* der Parteiwille eine Rolle spielen kann, ist zu untersuchen, *wie* dieser konkret beschaffen sein muß. So gingen bisher die Meinungen von ausdrücklich über stillschweigend bis mutmaßlich auseinander.[261]
Auf jeden Fall kann die Aussage getroffen werden, daß eine zwischen den Parteien ausdrückliche Bestimmung des Sachstatuts als stärkste Form der Parteiautonomie die Wirkungen in der oben beschriebenen Form erfüllt. Gegen die Zulassung auch einer stillschweigenden Wahl des Sachstatuts wurde die Problematik der unzureichenden Klarheit der Rechtsverhältnisse, die besonders im Sachenrecht gelte, hervorgehoben.[262] Dagegen spreche aber, so die Gegenmeinung, daß für die Anerkennung der Parteiautonomie letztlich die Bevorzugung der Parteiinteressen gegenüber angeblich widersprechender Verkehrsinteressen ausschlaggebend sei. Dieser Bevorzugung diene die stillschweigende Rechtswahl aber in gleichem Maße.[263]
Dieser Argumentation kann gefolgt werden. Will man schon die Interessen der Parteien hervorheben, so muß auch der stillschweigende Parteiwille miteinbezogen werden. Beide Formen sind Ausdruck des tatsächlichen Willens der Parteien; es besteht daher kein Grund, den gleichen Willen nur wegen der äußeren Form der Kundgabe unterschiedlich zu behandeln.
Fraglich ist, ob auch der mutmaßliche Parteiwille Bedeutung erlangen kann. *Stoll* befürwortete zwar stillschweigende Rechtswahl, meinte aber in Wirklichkeit sogar die Maßgeblichkeit mutmaßlicher Parteiwahl: Im Zweifel entspreche es den Parteiinteressen, wenn das Statut des schuldrechtlichen Geschäfts auch die Übereignung der Sache beherrsche. Sei die Ware bereits bezahlt worden oder die Zahlung sichergestellt, wolle der Verkäufer die Ware möglichst bald

---

[261] Siehe oben II.
[262] *Drobnig*, RabelsZ 32 (1968), 451, 460 f.; *ders.* in FS Kegel, S. 141, 150.
[263] Staudinger-*Stoll*, Rn. 292.

loswerden. Dies spreche für den Willen der Parteien, das Recht anwenden zu wollen, das den Eigentumsübergang am ehesten eintreten läßt.[264] Diese Auffassungen sprechen sich für die Anerkennung des mutmaßlichen Parteiwillen aus, bei dem darüber spekuliert wird, welche Vereinbarung die Parteien getroffen hätten, wenn sie das Problem bei Vertragsschluß erkannt hätten.[265]

Stoll ist zuzustimmen, wenn er im Zweifel vom Willen der Parteien ausgeht, das Recht des Kausalgeschäftes auch für die sachenrechtlichen Fragestellungen anwenden zu wollen. Nur dieses Recht vermeidet die Komplikationen, die entstehen, wenn sich Sach- und Schuldstatut unterscheiden.[266] Diese Vereinheitlichung dient als Vereinfachung dem Rechtsfindungsinteresse der Parteien und dem Gericht. Auch muß berücksichtigt werden, daß juristische Laien wohl kaum den Unterschied zwischen der Festlegung des Schuld- und des Sachstatuts kennen. Wenn sie ihr Geschäft einer bestimmten nationalen Rechtsordnung unterstellen, dann gehen sie davon aus, daß der gesamte Sachverhalt dieser gewählten Rechtsordnung untersteht. Im nationalen Recht bedient man sich auch der Konstruktion, daß der schuldrechtliche Vertrag gleichzeitig konkludent die dingliche Einigung enthalte. Dies muß auch bezüglich der Vereinbarung über das Sachstatut gelten.[267]

Abzulehen ist hingegen die Auffassung, der Parteiwille gehe im Zweifel zugunsten des Rechts, welches den Eigentumserwerb am ehesten eingreifen läßt, wenn die Kaufpreiszahlung gesichert sei. Auch wenn die Sache bereits bezahlt wurde, kann es im Interesse des Verkäufers liegen, noch möglichst lange Eigentümer zu bleiben. So kann er beispielsweise noch nach Zahlung wirksam an einen Dritten veräußern, auch wenn er sich gegenüber dem Käufer schadensersatzpflichtig macht.

Die Maßgeblichkeit des mutmaßlichen Parteiwillens wurde teilweise selbst von Vertretern der Rechtswahlmöglichkeit kategorisch abgelehnt. Noch mehr als beim stillschweigenden Parteiwillen fehle es an der erforderlichen Publizität und damit an der für sachenrechtliche Veränderungen notwendigen Klarheit.[268]

Die Bedenken mögen berechtigt erscheinen, jedoch stellt sich das Problem der Maßgeblichkeit hier anders da. Der Parteiwille kann immer nur mittelbar über die Ausweichklausel bedeutsam werden, d.h., er kann niemals einziges Kriterium für die Abweichung von der Regelanknüpfung sein. Steht eine Vereinbarung über das Sachstatut in Frage, gibt es also immer andere Indizien, die ebenfalls

---

[264] A.a.O.; Der Vorschlag, das Recht anzuwenden, das am ehesten den Eigentumsübergang ermöglicht, entspricht der von *Lüderitz* begründeten lex validationis, *Lüderitz* in Lauterbach, Vorschläge, S. 197 ff., 211. Freilich wollte dieser dieses Recht nicht über den Parteiwillen anwenden.

[265] So jetzt auch *Stoll* in IPRax 2000, 259, 264.

[266] Siehe dazu IX 1.

[267] Auch *Kreuzer* hält die schuldvertragsakzessorische Anknüpfung über Art. 46 EGBGB für möglich, *Kreuzer*, RabelsZ 2001, 383, 456.

[268] *Drobnig* in FS Kegel, S. 141, 150 f.

auf das Recht des eventuell gewählten Staates deuten. Damit hat der Rechtsanwender immer Kriterien zur Verfügung, anhand derer er den Parteiwillen ermitteln kann. Dadurch wird jede Vereinbarung zur stillschweigenden, weil keine Spekulationen mehr erforderlich sind, sondern anhand der Umstände des Falles der tatsächliche Rechtswahlwille der Parteien ermittelt werden kann. Somit stellt sich die Frage gar nicht, ob im Rahmen der Ausweichklausel auch der mutmaßliche Parteiwille Bedeutung erlangen kann.
Ein solches Verständnis deckt sich auch mit der Ausgestaltung der Rechtswahl im Schuldrecht. Art. 27 Abs. 1 Satz 2 EGBGB verlangt, daß sich die stillschweigende Rechtswahl mit hinreichender Sicherheit ergibt.[269] Wenn dies schon im Schuldrecht gefordert wird, muß die Sicherheit der Ermittelbarkeit erst recht im Sachenrecht gelten. Dies ist durch die mittelbare Bedeutung des Parteiwillens über Art. 46 EGBGB gewährleistet.

4. Wählbare Rechtsordnungen

Schließlich bleibt die Frage zu klären, *welche* Rechtsordnungen, sei es nun ausdrücklich oder stillschweigend, gewählt werden können. Auch hier gingen die Meinungen auseinander. Wollten die einen die Rechtswahl auf das Schuldstatut begrenzen,[270] hielten andere auch das Recht des Absende- oder Bestimmungsstaates für wählbar.[271] Schließlich wurde eine völlig freie Wählbarkeit des Sachstatuts gefordert.[272]
Der Vorteil der Parteivereinbarung über das Sachstatut, den in Kausal- und Verfügungsgeschäft aufgespaltenen einheitlichen Veräußerungsvorgang zu vereinheitlichen, ist einerseits nur bei Begrenzung der Wahl zugunsten des Schuldstatuts denkbar. Die Bedenken, die sich gegen eine freie Rechtswahl richten, sind andererseits bei der Maßgeblichkeit einer nur relativ wirkenden Parteiwahl nicht stichhaltig: Für Dritte bleibt es bei der Anwendung der lex rei sitae, weswegen es nicht zu einer unüberschaubaren Anwendung von fremden Rechtsordnungen kommen kann.
Hinsichtlich der Frage, welche Rechtsordnung gewählt werden darf, kann eine Parallele zur Diskussion um die Form der Vereinbarung (stillschweigend / mutmaßlich) gezogen werden. Da die Parteiautonomie niemals einziges Kriterium zur Bestimmung des Rechts der engsten Verbindung sein wird, kommt es entscheidend auf die anderen Kriterien an. Diese werden bei einem internationalen Verkehrsgeschäft aber immer entweder auf das Recht des Schuldstatuts, auf das des Absende- oder Bestimmungsstaates deuten. Mit diesen Ländern hat der Sachverhalt immer Verbindungen. Da die Ausweichklausel im Sachenrecht

---

[269] Siehe oben II.
[270] *Kreuzer* in Henrich, Vorschläge, S. 38, 82; *ders.* in MüKo, Nach Art. 38 Anh. I, Rn. 74.
[271] *Drobnig*, RabelsZ 32 (1968), 450, 461; Staudinger-*Stoll*, Rn. 292.
[272] *Weber*, RabelsZ 44 (1980), 510, 529.

sehr eng ausgelegt wird, wird sich die Wahl immer auf eines dieser Länder beschränken müssen, um Bedeutung zu erlangen.

X. Endergebnis

Die Untersuchung hat gezeigt, daß der subjektive Parteiwille im kodifizierten Internationalen Sachenrecht mittelbar über die Ausweichklausel relevant werden kann. Die Wirkung der Parteivereinbarung muß aber in jedem Fall auf diese begrenzt bleiben. Dieses Ergebnis deckt sich auch mit der Regierungsbegründung, die ausnahmsweise die relativ wirkende Parteiwahl zulassen will.[273] Die Vereinbarung kann dabei ausdrücklich oder stillschweigend erfolgen, bleibt aber auf das Recht des Schuldstatuts, das des Absende- oder Bestimmungsstaates beschränkt.

Die grundsätzliche gesetzgeberische Entscheidung gegen die Zulassung einer Rechtswahl darf dabei jedoch nicht konterkariert werden. Das bloße Vorliegen eines internationalen Verkehrsgeschäfts darf daher noch nicht zur Beachtlichkeit einer Parteivereinbarung über das Sachstatut führen.[274] Der Parteiwille ist vielmehr ein kollisionsrechtlicher Bewertungsfaktor, der zusammen mit anderen Kriterien eine wesentlich engere Verbindung zu einer Rechtsordnung schafft als zu der, die nach der Regelkollisionsnorm Anwendung finden würde.

---

[273] BTDrucks. 14/343, S. 19; Dafür spricht sich auch *A. Staudinger* aus, DB 1999, 1589, 1594; dagegen: *Siehr*, IPR, § 38 III.

[274] *Pfeiffer*, IPRax 2000, 270, 274.

Zweites Kapitel: Konkretisierung des Begriffs der wesentlich engeren Verbindung durch Bildung von Fallgruppen

A. Vorüberlegungen

Nachdem geklärt ist, welche objektiven und subjektiven Umstände geeignet sind, den Begriff der wesentlich engeren Verbindung auszufüllen, wird nun versucht, aus diesen Ergebnissen weitergehende Hilfen für den Rechtsanwender zu entwickeln. Vorgeschlagen wurde die Bildung von Fallgruppen.[275] Dies wäre dann der richtige Weg, wenn Art. 46 EGBGB eine Generalklausel wäre und Generalklauseln durch Fallgruppenbildung konkretisierbar wären.

I. Die Konkretisierung von Generalklauseln

1. Die Generalklausel des Art. 46 EGBGB

Im Zusammenhang mit rechtlichen Vorschriften wird von Generalklauseln allgemein dann gesprochen, wenn es sich um präzisierungsbedürftige gesetzliche Anordnungen handelt.[276] Für eine bestimmte Problematik beinhalten sie einen Hinweis auf das anzustrebende Ziel, geben eine Richtlinie, die für verschiedene Gegebenheiten verwendbar ist, ohne jedoch für den konkreten Lebenssachverhalt eine präzise Anwendung festzulegen.[277] Diese Umschreibung wird teilweise als unzureichend erachtet, da eine gewisse Präzisierungsbedürftigkeit allen rechtlichen Begriffen zu eigen sei. Generalklauseln könnten deshalb nur solche Normen sein, in denen sich die „zur tatbestandlichen Fixierung verwandten Rechtsbegriffe durch einen so hohen Grad an Abstraktion und inhaltlicher Unbestimmtheit auszeichnen, daß ihnen neben den unvermeidlichen Randunschärfen im Begriffshof auch ein inhaltlich eindeutig belegbarer Begriffskern nicht mehr zugerechnet werden kann“.[278]
Wie im Ersten Kapitel gezeigt, sind nicht nur die auf die engste Verbindung abstellenden Normen des EGBGB Generalklauseln; auch bei echten Ausweichklauseln, die auf die engere Verbindung Bezug nehmen, handelt es sich um Generalklauseln: Mit den vier Auslegungscanones kann der Begriff nicht konkretisiert werden.[279]

2. Rechtssicherheit durch Fallgruppenbildung

Angesichts des konturlosen Wortlautes stellt sich bei der konkreten Arbeit mit Generalklauseln die Frage, wie es gelingen kann, die Anwendung dieser un-

---

[275] *Stoll*, IPRax 2000, 259, 269; *Kreuzer* in FS Zajtay, 295, 319; siehe auch Einleitung A.
[276] *Haubelt*, Konkretisierung, S. 5; *Werner*, Generalklausel und Richterrecht, S. 197.
[277] *Haubelt*, Konkretisierung, S. 4.
[278] *Weber*, AcP 192 (1992), S. 516, 522, 524.
[279] *Kreuzer* in FS Zajtay, S. 295, 319; vgl. Erstes Kapitel A V 2 c; I-IV.

vollkommenen Normen überschaubar und in einem gewissen Umfang auch vorhersehbar zu machen. Denn die Einführung einer solchen Vorschrift begründet neben der flexiblen Anpassung der Rechtsanwendung die Gefahr, daß das feste Gefüge der Regelkollisionsnormen auf Kosten der Rechtssicherheit gelockert wird.[280]

Aufgrund der Tatsache, daß mit der klassischen Subsumtionsmethode aus dem Normtext keine Konkretisierungen gewonnen werden können, versucht die Rechtslehre, neben der methodischen Erfassung und Ordnung der zur Generalklausel ergangenen Rechtsprechung auf von ihr entwickelte Fallgruppen zurückzugreifen. Ergebnisse aus der Anwendung der Klausel müssen geordnet und katalogisiert werden, um zu vermeiden, daß ein Konglomerat spezialisierter Lösungen entsteht, die zu überblicken und zur neuerlichen Anwendung der Vorschrift heranzuziehen unmöglich wird.[281] Da eine Zuordnung der richterlichen Anwendungsbeispiele an einzelne Tatbestandsmerkmale nicht möglich ist, bietet es sich an, die Orientierungspunkte aus den einzelnen Regelungen selbst zu gewinnen, indem man auf ihren Sinn und Zweck abstellt.[282] Auf diese Weise ermittelt man einen oder mehrere Rechtsgedanken, die von dieser Generalklausel verkörpert werden.[283] Indem man anschließend einfach „die Blickrichtung umkehrt“[284] und alle diejenigen Regelungen zusammenfaßt, bei denen sich bezüglich dieses generellen Rechtsgedankens Übereinstimmungen ergeben, erhält man näher konkretisierende und präzisierende Regelungsbündel oder Fallgruppen.[285]

Auf diese Weise wird die Möglichkeit eröffnet, für jeden innerhalb des abstrakten Lebensbereichs der Generalklausel angesiedelten Vorgang eine auf den konkreten Lebenssachverhalt anwendbare Unterform in Ausgestaltung der Fallgruppe zu bilden. Anstatt eine wertende Abwägung in jedem Einzelfall neu zu vollziehen, orientiert man sich weithin an den bereits in Form der Fallgruppen gebildeten Zwischenergebnissen.[286] Dadurch ersetzen die Fallgruppen die individuellen Fallvergleiche. Sie führen zu einer immer engeren Konkretisierung der vom Gesetzgeber offengelassenen Vorschrift. Letztendlich wird der zu entscheidende Fall nicht mehr unter eine Generalklausel gestellt und wertend, sondern durch Subsumtion unter die abstrakten Fallgruppenoberbegriffe gelöst. Dadurch wird der abstrakte Fallgruppenobersatz zum Tatbestandsmerkmal der Generalklausel. Auf diese Weise wird dem Streben nach Rechtssicherheit

---

[280] *Dubler*, Les clauses d'exception, S. 104 ff.: „L'effet médiat est l'assouplissement du système des règles de conflit du for“; *Knoepfler* in Hommage à Jeanprêtre, S. 113, 125; *Lagarde*, La proximité, S. 116 f.

[281] *Haubelt*, Konkretisierung, S. 100 f.

[282] *Leenen*, Typus und Rechtsfindung, S. 65

[283] *Larenz*, JZ 1962, 105, 106.

[284] *Haubelt*, Konkretisierung, S. 101.

[285] *Larenz* in FS Nikisch, S. 275, 297; *ders.*, JZ 1962, 105, 106.

[286] *Bydlinski*, Methodenlehre, S. 504.

Genüge geleistet.[287] Art. 46 EGBGB kann also durch Fallgruppenbildung konkretisiert werden.

II. Die Auswahl der zu untersuchenden Fallgruppen

Problematisch bei der Untersuchung der internationalsachenrechtlichen Ausweichklausel ist die Tatsache, daß keine Ordnung und Katalogisierung der Ergebnisse der Anwendung der Klausel möglich ist, da es bisher an Rechtsprechung fehlt.[288] Fraglich ist daher, wie die zur Fallgruppenbildung erforderlichen Informationen ersetzt werden können. Es gibt tausende von denkbaren Konstellationen, in denen die Ausweichklausel zur Anwendung kommen könnte. Eine Untersuchung aller denkbaren Fälle ist nicht möglich. Möglich ist dagegen die Untersuchung von Sachverhaltsgestaltungen, wie sie typischerweise auftreten und die eine Ausnahme von der Regelanknüpfung nahelegen. Nur eine auf Grundsätzlichkeit bauende Untersuchung ermöglicht es dem Rechtsanwender, für seinen konkreten Fall das maßgebliche Recht zu finden und der Rechtsunsicherheit zu begegnen, die jeder Generalklausel innewohnt.
Da es sich bei den Artt. 43-46 EGBGB um eine Kodifikation des bisher richterrechtlich geprägten Internationalen Sachenrechts handelt, können in erster Linie Standardsituationen herangezogen werden, für die schon vor der Kodifikation Ausnahmen von der grundsätzlichen Anknüpfung anerkannt waren. Ferner betrifft dies Fälle, deren abweichende Anknüpfungen in der Diskussion waren, sich aber nie durchgesetzt haben. Die Kodifikation des Internationalen Sachenrechts könnte auf eine Anerkennung hinauslaufen.[289] Die Untersuchung dieser beiden Bereiche gewährleistet eine umfassende Prüfung von eventuellen Fallgruppen, da sich Rechtsprechung und Literatur schon seit Jahrzehnten mit dieser Tätigkeit beschäftigen und daher ein Anspruch auf Vollständigkeit besteht. Schließlich sind Fälle zu untersuchen, die durch die konkrete Ausgestaltung des Gesetzes zum Internationalen Privatrecht für außervertragliche Schuldverhältnisse und für Sachen das Eingreifen der Ausweichklausel nahelegen.

---

[287] *Haubelt*, Konkretisierung, S. 106; kritisch zum Ganzen: *Weber*, AcP 192 (1992), 516, 535 ff.

[288] *Geisler*, Die engste Verbindung im IPR, S. 335: „Verläßliche Aussagen zur Handhabung der Artt. 41 und 46 EGBGB lassen sich zum jetzigen Zeitpunkt noch nicht treffen, weil noch keine Erkenntnisse darüber vorliegen, in welchem Umfang die Praxis die Regelanknüpfungen der neu eingeführten Artt. 38 ff. EGBGB tatsächlich durchbrechen wird."

[289] Es handelt sich zwar um eine Kodifikation des Internationalen Sachenrechts, dies bedeutet jedoch nicht, daß sich keine Änderungen ergeben haben, siehe Erstes Kapitel A V 3 b.

B. Internationales Verkehrsgeschäft

Erste Fallgruppe könnte das internationale Verkehrsgeschäft sein (z.B. internationaler Versendungskauf), welches schon innerhalb der Untersuchung des subjektiven Parteiwillens erörtert wurde. Bei einem solchen Geschäft hat der Verkäufer eine bewegliche Sache in ein anderes Rechtsgebiet zu liefern. Die sich dabei stellenden Anknüpfungsfragen betreffen den Eigentumsübergang der Sache und die Behandlung von eventuell bestehenden Sicherungsrechten. Wegen der unterschiedlichen Problemstellung werden diese Fragen getrennt behandelt.

I. Übergang des Eigentums

1. Bisheriger Diskussionsstand

Nach bisher herrschender Meinung[290] mußte bei internationalen Verkehrsgeschäften die grenzüberschreitende Verfügung nacheinander dem Recht des Absendestaates und dann dem Recht des Bestimmungsstaates unterworfen werden. Beide Belegenheitsrechte wurden somit sukzessiv angewendet. Dem Recht des Durchgangslandes wurde dagegen keine Beachtung geschenkt. Daraus ergab sich folgendes: Geht das Eigentum bereits nach dem Recht des Absendelandes mit Abschluß des Kaufvertrages auf den Erwerber über, handelt es sich um einen abgeschlossenen Tatbestand. Der Grenzübergang bringt keine Veränderung. Sind hingegen die Erwerbsvoraussetzungen des Absendelandes noch nicht erfüllt,[291] wohl aber die des Bestimmungslandes, geht das Eigentum mit Grenzübertritt auf den Käufer über.
Umstritten bei solchen offenen Tatbeständen[292] war dabei, inwieweit die erwerbsrelevanten Tatsachen, die sich vor Grenzübertritt ereignet haben, unter Geltung des Bestimmungsrechts erheblich sind. Möglich wäre, daß das neue Statut die vom alten Statut beherrschten Vorgänge dahingehend toleriert, daß sich auch die vom alten Statut vorgesehenen Rechtswirkungen nach Grenzübertritt entfalten und sich so der Tatbestand vollendet.[293] Zum Großteil wurde jedoch angenommen, daß die unter der Herrschaft des Rechts des Absendelandes im Hinblick auf die Übereignung vorgenommenen Handlungen unter dem Neustatut zu berücksichtigen sind.[294]

---

290 *BGH* WM 1980, 410; *Kropholler*, IPR, § 54 III; *Raape*, IPR, S. 612 ff.

291 Z.B. kann das Recht des Absendestaates die Übergabe erfordern.

292 Ein offener Tatbestand liegt vor, wenn bei Grenzübertritt der Sache nur einige, aber eben nicht alle Tatbestandsmerkmale für die Änderung eines dinglichen Rechts vorliegen.

293 Staudinger-*Stoll*, Rn. 353.

294 *Kegel/Schurig*, IPR, § 19 III; *Sailer*, S. 66 ff.; *Firsching/v. Hoffmann*, IPR, § 12, Rn. 29; Eine heute nicht mehr vertretene Meinung wollte die beteiligten leges sitae strikt sukzessiv anwenden, also nur die Sachverhaltselemente berücksichtigen, die sich am jeweiligen Lageort ereignet haben: *Rabel/Raiser*, RabelsZ 3 (1929), 68 f.

Diese sich aus unterschiedlichen Sachenrechtsordnungen ergebenden Ungereimtheiten beziehungsweise die Schwierigkeiten, die sich daraus in bezug auf Sicherungsrechte an der Sache ergeben, versuchten Stimmen in der Literatur mit der beschränkten Zulassung einer Rechtswahl - in unterschiedlicher Ausformung - zu begegnen.[295]

2. Einordnung im kodifizierten Internationalen Sachenrecht

Art. 43 Abs. 3 EGBGB ordnet nun an, Vorgänge im Ausland wie inländische zu behandeln. Ansonsten treffen Art. 43-46 EGBGB keine ausdrückliche Regelung für internationale Verkehrsgeschäfte. Es bleibt somit bei der sukzessiven Anwendung des Rechts des Ausgangs- und des Bestimmungsstaates, sofern es um die grenzüberschreitende Verfügung geht. Darüber hinaus werden über Art. 43 Abs. 3 EGBGB im Ausland erfolgte Vorgänge berücksichtigt. Damit hat sich der Gesetzgeber grundsätzlich dem Lösungsweg der herrschenden Meinung angeschlossen. Art. 43 Abs. 3 EGBGB trifft allerdings keine allseitige, auf einen beliebigen Staat verweisende Regelung: Ob ein Staat im Ausland verwirklichte Tatbestandsmerkmale anrechnet oder nicht, muß seiner eigenen Entscheidung vorbehalten bleiben. Der deutsche Gesetzgeber kann dem ausländischen Recht eine Anrechnung nicht vorschreiben.[296] Eine allseitige Formulierung könnte zu einem Eingriff in ausländische Sachenrechtsordnungen führen.[297]

Die Vorschrift ist in erster Linie für die Behandlung von Sicherungsrechten bedeutsam, die innerhalb eines internationalen Verkehrsgeschäfts vereinbart werden. Ob in diesen Fallgestaltungen die Ausweichklausel eingreifen kann, wird unter II. untersucht.

3. Eingreifen der Ausweichklausel

a.) Vorliegen eines Verkehrsgeschäfts als solches

Wie oben bereits festgestellt,[298] kann eine eventuelle Vereinbarung der Parteien über das Sachstatut noch nicht zum Eingreifen der Ausweichklausel bezüglich der Verfügung über die Sache führen. Den Befürwortern der Rechtswahl beim internationalen Verkehrsgeschäft wurde daher durch die Kodifikation des Internationalen Sachenrechts nicht entsprochen. Ein Verkehrsgeschäft als solches genügt noch nicht für das Eingreifen des Art. 46 EGBGB. Dies bedeutet aber nicht, daß die Fallgruppe des internationalen Verkehrsgeschäfts generell aus der Anwendung der Ausweichklausel herausfällt. Im Gegenteil: Schon die

---

[295] Siehe Erstes Kapitel B.
[296] *Kreuzer* in Henrich, Vorschläge, S. 37, 73.
[297] BTDrucks. 14/343, S. 16.
[298] Siehe Erstes Kapitel B X.

Wahl eines Schuldstatuts bedeutet die stillschweigende Wahl des identischen Sachstatuts mit Wirkung inter partes, soweit andere objektive Kriterien auf das Recht dieses Staates deuten.[299] Dies hat zur Folge, daß in einer Vielzahl von internationalen Verkehrsgeschäften jedenfalls ein Indiz für ein abweichendes Recht spricht. Zu klären bleibt dann nur, welche respektive wie viele objektive Kriterien nötig sind, um eine abweichende Anknüpfung zu begründen.
Hier soll kein Versuch gemacht werden, alle denkbaren Konstellationen auf ihre Subsumierbarkeit unter Art. 46 EGBGB zu untersuchen. Es können jedoch einige Grundsätze für den Rechtsanwender aufgestellt werden, die ihm bei der Bestimmung des Rechts im Falle von internationalen Verkehrsgeschäften behilflich sein können:

b.) Grundsätze für die Anwendung

aa) Ausweichklausel mit Wirkung inter partes

(1) Subjektiver Parteiwille und objektive Anknüpfungskriterien

Die Untersuchung des subjektiven Parteiwillens anhand des internationalen Verkehrsgeschäfts hat ergeben, daß dieser innerhalb der Ausweichklausel nur inter partes wirken kann. Da die weltweit angewandte Situsregel einer drittwirksamen Parteiautonomie keine Bedeutung beimißt, stehen der internationale Entscheidungseinklang und die Rechtssicherheit beziehungsweise Vorhersehbarkeit der Entscheidung einer erga-omnes-Wirkung unüberbrückbar entgegen.[300]
Die Ausweichklausel greift im Falle eines internationalen Verkehrsgeschäfts am ehesten dann ein, wenn zusätzlich zum subjektiven Parteiwillen alle denkbaren objektiven Kriterien zugunsten einer von der Situsregel abweichenden Rechtsordnung sprechen. Geht man zunächst von dieser Prämisse aus, so stellt sich die Frage, ob das durch die Ausweichklausel berufene Recht nur zwischen den Parteien wirkt. In diesem Fall schiene die Wirkung des subjektiven Parteiwillens auf die objektiven Anknüpfungskriterien auszustrahlen, indem die relativ wirkende Parteiwahl den objektiven Kriterien eine ebenso relative Wirkung verleiht. Umgekehrt erschiene eine Durchsetzung der objektiven Kriterien die nur relativ wirkende Parteiwahl unberücksichtigt zu lassen, wenn das berufene Recht auch gegenüber Dritten wirkt.

(2) Drittinteressen gegen erga-omnes-Wirkung

Beim internationalen Verkehrsgeschäft können Drittinteressen typischerweise eine Rolle spielen: Schließen beispielsweise eine deutsche und eine französi-

---

[299] Siehe Erstes Kapitel B IX 3; dies hält auch *Kreuzer*, RabelsZ 2001, 383, 456, für denkbar.
[300] Siehe Erstes Kapitel B IX 1 c.

sche Vertragspartei über eine in Deutschland belegene Sache einen Kaufvertrag, die anschließend verschickt werden soll, widerspricht die Vereinbarung französischen Rechts den Verkehrsinteressen: Ein Gläubiger des deutschen Verkäufers kann bis zur Absendung bei Anwendung der Situsregel in die Sache vollstrekken, da mangels der durch die vom deutschen Recht geforderten Übergabe der Verkäufer noch Eigentümer ist; dies könnte der Gläubiger nicht, wenn die Parteivereinbarung auch ihm gegenüber gültig wäre. In diesem Fall wäre der Käufer schon Eigentümer geworden.

Hier zeigt sich, daß im Gegensatz zum von Parteiinteressen beherrschten Schuldrecht im Sachenrecht auch die Rechtsbeziehungen zu Dritten geregelt werden.[301] Die Rechte Dritter dürfen durch die Wahl eines bestimmten Rechts nicht verkürzt werden. Auch kommt es im Fall des internationalen Verkehrsgeschäfts nicht zu einer rechtlichen Enklave der am sachenrechtlichen Vorgang Beteiligten, die eine unbedingte Geltung der Parteiautonomie rechtfertigen würde. Die Interessen der potentiell Beteiligten verhindern daher die Bestimmung des Rechts über die Ausweichklausel mit Wirkung erga omnes. Deshalb können auch objektive Kriterien nicht zu einer Parteivereinbarung mit Drittwirkung verhelfen; dies liegt aber nicht an einer „Ausstrahlungswirkung" des subjektiven Parteiwillens auf die objektiven Kriterien, sondern schlicht und einfach an den entgegenstehenden Drittinteressen. Schließlich muß auch der Zusammenhang zwischen objektiven und subjektiven Kriterien bedacht werden: Oftmals dienen gerade die objektiven Anknüpfungskriterien zur Feststellung des subjektiven Parteiwillens.[302] Bejaht man also den subjektiven Parteiwillen mit inter-partes-Wirkung als kollisionsrechtlichen Bewertungsfaktor innerhalb der Ausweichklausel - und dies ist nach der im Ersten Kapitel erfolgten Auslegung zwingend - darf im Falle des Eingreifens der Ausweichklausel das dadurch berufene Recht ebenfalls nur inter-partes-Wirkung haben.

(3) Subjektiver Parteiwille als entscheidendes Anknüpfungskriterium

Fraglich ist allerdings, ob allein die Existenz des subjektiven Parteiwillens i.V.m. objektiven Kriterien zu einem relativen Eingreifen der Ausweichklausel rechtfertigt, während in Fallgestaltungen, in denen keine Vereinbarung getroffen wird, die Ausweichklausel wegen entgegenstehender Drittinteressen überhaupt nicht eingreifen kann. Letztlich gibt so der subjektive Parteiwille im Rahmen eines internationalen Verkehrsgeschäftes den Ausschlag für das, wenn auch nur relativ wirkende Eingreifen von Art. 46 EGBGB. Diese Wirkung des Parteiwillens ist aber nur die Konsequenz aus der Tatsache, daß er als Bewertungsfaktor Berücksichtigung findet. Da die Auslegung genau dieses Ergebnis erbrachte,[303]

---

[301] Siehe Erstes Kapitel A V 6 b aa (4); *Henrich*, Vorschläge, S. 3.
[302] Siehe Erstes Kapitel B IX 3.
[303] Siehe Erstes Kapitel B X.

wird so der subjektive Parteiwille über die objektiven Kriterien erhoben: Er entscheidet letztlich über die Anwendbarkeit des Art. 46 EGBGB bei internationalen Verkehrsgeschäften.

(4) Ergebnis

Führt im Rahmen eines internationalen Verkehrsgeschäfts Art. 46 EGBGB zu einem von der lex rei sitae abweichenden Recht, gilt diese Abweichung ausschließlich für die Vertragsparteien zueinander. Auch wenn alle objektiven Kriterien auf das gewählte Recht deuten, kann es nicht zu einer erga omnes wirkenden Abweichung kommen.

bb) Keine Ausschließlichkeit der Kriterien

Fraglich ist, ob alle denkbaren Kriterien auf eine von der Situsregel abweichende Rechtsordnung sprechen müssen. Der Wortlaut des Art. 46 EGBGB legt ein solches Erfordernis jedenfalls nicht nahe: Eine wesentlich engere Verbindung kann auch dadurch gegeben sein, daß besonders gewichtige Anknüpfungskriterien für die Abweichung sprechen. Schließlich kommt es letztlich auf die Anknüpfungsmaximen an, nach deren Untersuchung sich entscheidet, ob eine solche Verbindung vorliegt. Auch muß berücksichtigt werden, daß es eine Vielzahl möglicher Anknüpfungskriterien gibt, unter denen es einige weniger bedeutsame gibt. Müßten alle Kriterien für den Tatbestand des Art. 46 EGBGB sprechen, würde beispielsweise ein verhältnismäßig unbedeutendes Kriterium wie die vereinbarte Währung[304] das Eingreifen der Ausweichklausel verhindern, wenn diese Währung auf das Recht eines anderen Staates als alle übrigen Kriterien deutet.[305] Auch könnte bei mehrsprachigen Vertragspartnern allein die gewählte Vertragssprache die Anwendung des Art. 46 EGBGB verhindern.
Wenn heute in internationalen Geschäftsbeziehungen, innerhalb derer internationale Verkehrsgeschäfte abgewickelt werden, zunehmend englisch gesprochen wird, würde die Ausweichklausel bedeutungslos werden. Das Erfordernis, alle Kriterien müßten zugunsten der Abweichung sprechen, wäre eine weitere Prüfungsstufe, die das Gesetz nicht vorsieht: Der Anwendungsbereich würde so sehr eingeschränkt werden, daß der Normzweck, das Recht der tatsächlich wesentlich engeren Verbindung zur Anwendung zu bringen, vereitelt würde. Ein Erfordernis, daß alle Kriterien zugunsten des abweichenden Rechts sprechen müssen, wäre somit nicht mehr vom Vorbehalt der Normzweckerfüllung gedeckt, der jeder Norm zugrunde liegt.[306]

---

[304] Siehe Erstes Kapitel A V 6 c cc.

[305] Dieses Beispiel für vertragliche Schuldverhältnisse bringend: *von der Seipen*, Akzessorische Anknüpfung, S. 146.

[306] „Jede Norm steht unter dem Vorbehalt der Normzweckerfüllung“, *Kreuzer* in FS Zajtay, 295, 317.

Folglich müssen nicht alle denkbaren Kriterien zugunsten des Rechts eines Staates sprechen, um den Tatbestand des Art. 46 EGBGB zu erfüllen.[307] Dies gilt um so mehr, als daß Drittinteressen aufgrund der inter-partes-Wirkung der Ausweichklausel ohnehin keine Rolle spielen.

cc) Volles Gewicht der objektiven Kriterien

Welches Gewicht die hinzukommenden objektiven Kriterien haben, wurde im Ersten Kapitel erläutert. Die Untersuchung unter a.) hat ergeben, daß die Ausweichklausel im Falle eines internationalen Verkehrsgeschäfts nur relative Wirkung entfaltet, da Drittinteressen typischerweise entgegenstehen können. Da diese bei der Bestimmung des Rechts inter partes mangels Außenwirkung keine Rolle spielen, können sie in vollem Maße für die engere Verbindung sprechen. Schließlich müssen keine Drittinteressen „überwunden" werden, da diese immer durch Art. 43 Abs. 1 beziehungsweise Abs. 3 EGBGB geschützt sind. Ein gemeinsamer gewöhnlicher Aufenthalt der Vertragsparteien dürfte daher bei gleichzeitiger stillschweigender oder ausdrücklicher Parteivereinbarung zugunsten des Rechts dieses Staates für die Ausweichklausel genügen.[308]

dd) Der Wortlaut als Gegenpol

Dürfen einerseits die Anforderungen an die Ausweichklausel mangels Drittinteressen nicht zu hoch sein, darf andererseits der eindeutige Wortlaut der Vorschrift nicht unberücksichtigt bleiben: Das Erfordernis der *wesentlich* engeren Verbindung zwingt zu zahlreichen oder zu gewichtigen Hinweisen auf das abweichende Recht. Welche denkbaren Kriterien im Rahmen des Internationalen Sachenrechts welche Bedeutung haben, wurde im Ersten Kapitel ausgeführt.[309] Besonders das Recht des gemeinsamen gewöhnlichen Aufenthalts respektive der gemeinsame Sitz der Hauptverwaltung bei Körperschaften[310] ist ein bedeutsames Kriterium, da die Parteien ein Interesse an der Anwendung „ihres" Rechts haben. Gleiches ist für die gemeinsame Staatsangehörigkeit festgestellt worden.[311] Dies gilt zwar nur, wenn keine Drittinteressen betroffen sind; wegen der inter-partes-Wirkung der eventuell anzuwendenden Ausweichklausel im Falle eines internationalen Verkehrsgeschäfts bestehen diesbezüglich jedoch keine Bedenken.

---

[307] Für Art. 28 Abs. 5 EGBGB kommen zum selben Ergebnis: *v. Bar*, IPR II, Rn. 489; MüKo-*Martiny*, Art. 28, Rn. 93; *von der Seipen*, Akzessorische Anknüpfung, S. 145 f.

[308] Siehe Erstes Kapitel A V 6 b aa: Der gewöhnliche Aufenthalt gilt als starkes Kriterium.

[309] Für die Abweichung von der lex rei sitae siehe Erstes Kapitel A V 6.

[310] Siehe Erstes Kapitel A V 6 b bb: Der Sitz der Hauptverwaltung gilt als Äquivalent zum gewöhnlichen Aufenthalt bei Gesellschaften.

[311] Für beides siehe Erstes Kapitel A V 6 b aa - cc.

Der gemeinsame gewöhnliche Aufenthalt, ein gemeinsamer Sitzstaat und/oder eine gemeinsame Staatsangehörigkeit samt Parteivereinbarung über das Recht dieses Staates dürften daher für die Erfüllung des Tatbestandes des Art. 46 EGBGB genügen. Dabei muß es sich aber um das Recht des Absende- beziehungsweise des Bestimmungsstaates oder um das Recht des Schuldstatutes handeln.[312] Ein stillschweigender Parteiwille läßt sich in diesem Fall anhand der objektiven Kriterien feststellen. Beispielhaft soll folgender Fall zur Erläuterung dienen:

Die Hauptverwaltung eines Unternehmens weist ihre Niederlassung im Ausland an, eine Ware in den Sitzstaat der Hauptverwaltung zu senden, der gleichzeitig Sitzstaat des Vertragspartners ist. Dann wäre von einer stillschweigenden Wahl des Rechts des Bestimmungsortes auszugehen, da der Bestimmungsort und der gemeinsame Sitz der Hauptverwaltungen dies als Indizien nahelegen.[313] Somit sprechen drei Kriterien für das vom Regel-Sachstatut, welches durch die sukzessive Anwendung beherrscht ist, abweichende Recht. Da die Ausweichklausel nur inter partes wirkt, ist insbesondere der gemeinsame Sitzstaat ein gewichtiges Argument für die Abweichung. Die Parteiinteressen sprechen eindeutig für die Abweichung, während Drittinteressen nicht entgegenstehen. Die Ausweichklausel muß eingreifen.

4. Ergebnis

Genügt einerseits das Vorliegen eines internationalen Verkehrsgeschäfts noch nicht für das Eingreifen der Ausweichklausel, ist sie andererseits für diese Fallgruppe von großer Bedeutung. Da bei Wahl des Schuldstatuts gleichzeitig das Sachstatut stillschweigend mit gewählt wird, deutet bei einer von der lex rei sitae abweichenden Wahl ein Kriterium immer auf eine abweichende Rechtsordnung. Da der subjektive Parteiwille nur inter partes wirkt, genügen mangels entgegenstehender Drittinteressen schon wenige auf diese abweichende Rechtsordnung deutende objektive Kriterien für die Subsumierbarkeit des Verkehrsgeschäfts unter Art. 46 EGBGB. Die Ausweichklausel bewirkt daher bei einer Vielzahl von internationalen Verkehrsgeschäften eine „Rechtsspaltung“: So gilt sie im Verhältnis der Vertragsparteien zueinander, nicht aber für Dritte.

II. Sicherungsrechte

Unabhängig von der Frage des Eigentumsübergangs zwischen den Vertragsparteien stellt sich die Frage, ob die Ausweichklausel auch bei der Vereinbarung von Sicherungsrechten innerhalb internationaler Verkehrsgeschäfte eine Rolle

---

[312] Nur dieses Recht ist wählbar: Erstes Kapitel B IX 4.

[313] Erstes Kapitel B IX 3.

spielt. Die unmittelbar diese Rechte betreffende Vorschrift im kodifizierten Internationalen Sachenrecht ist die des Art. 43 Abs. 3 EGBGB. Diese Vorschrift normiert eine Ausnahme von der grundsätzlichen Behandlung bereits abgeschlossener Tatbestände.

1. Behandlung abgeschlossener Tatbestände

Ein abgeschlossener Tatbestand liegt vor, wenn sich die Rechtsänderung bereits unter dem alten Statut vollzogen hat.[314] Dabei stellt sich die Frage, wie das neue Statut diese Rechtsänderung behandelt. Grundsätzlich übernimmt das neue Sachstatut die Sache in der sachenrechtlichen Prägung, die sie auch unter dem alten Statut inne hatte.[315] Dies gilt auch dann, wenn es sich um ein dingliches Recht handelt, das aufgrund eines Tatbestandes erworben wurde, der nach dem neuen Recht für den Erwerb nicht genügt hätte. Umgekehrt versagt auch das neue Statut dem Tatbestand die Rechtswirkungen, wenn dies das alte Statut so vorgesehen hat.[316] Begründet wird dies mit dem Gesichtspunkt des Vertrauensschutzes und dem darauf beruhenden Grundsatz des Schutzes wohlerworbener Rechte.[317] Diese Behandlung abgeschlossener Tatbestände hat sich durch die Kodifikation des Internationalen Sachenrechts nicht geändert und resultiert aus der konsequenten Anwendung der lex rei sitae.

2. Ausnahme für Sicherungsrechte durch die Regelung des Art. 43 Abs. 3 EGBGB

Eine Ausnahme wurde vor der Kodifikation jedoch für Sicherungsrechte an Sachen gemacht, die für den Export bestimmt sind. So sollte nach einhelliger Meinung[318] beispielsweise ein in Italien mündlich vereinbarter und nach italienischem Recht deshalb nur inter partes wirkender Eigentumsvorbehalt[319] an einer für den Export nach Deutschland bestimmten Sache beim Grenzübertritt absolute Wirkung entfalten. Schließlich genüge die mündliche Vereinbarung für die absolute Wirkung des Eigentumsvorbehalts nach deutschem Recht. Der *BGH* ging im sogenannten „Strickmaschinen-Fall“[320] davon aus, daß der Vorbehaltskäufer dem Vorbehaltsverkäufer nach Grenzübertritt sein relativ wirkendes Eigentum mit Hilfe eines antizipierten Besitzkonstituts rückübertragen hat. Dies entspreche dem Parteiwillen. Dagegen spricht jedoch, daß innerhalb eines relativ wirkenden Eigentumsvorbehalts der Vorbehaltsverkäufer im

---

[314] *Kropholler*, IPR, § 54 III; *v. Hoffmann*, IPR, § 12, Rn. 30 ff.
[315] BGHZ 39, 173, 178; Soergel-*Lüderitz*, Art. 38 Anh II, Rn. 50.
[316] Staudinger-*Stoll*, Rn. 353.
[317] *v. Hoffmann*, IPR, § 12, Rn. 30; Staudinger-*Stoll*, Rn. 353.
[318] BGHZ 45, 95, 98 ff.; *v. Hoffmann*, IPR, S. 458; *Kegel*, JuS 1968, 162 ff.
[319] Artt. 1532, 1524 Abs. 1, 2704 codice civile.
[320] BGHZ 45, 95, 98 ff.

Verhältnis zum Vorbehaltskäufer Eigentümer der Sache ist und eine Rückübereignung deshalb nicht möglich ist.[321]

a.) Problemlösung durch Anrechnung

Genau dieses Problem soll nun Art. 43 Abs. 3 EGBGB lösen. So diene die Vorschrift nicht nur der Behandlung offener Tatbestände, sondern betreffe auch den eben genannten Fall.[322] Gelangt eine Sache bestimmungsgemäß nach Deutschland und besteht an ihr ein lediglich relativ wirkendes Recht, so erstarke dieses Recht bei Grenzübertritt zum absolut wirkenden Recht, wenn, wäre der Sachverhalt in Deutschland geschehen, nach deutschem Recht die Voraussetzungen dafür vorgelegen hätten.[323]
Zweifel an der Subsumierbarkeit des Strickmaschinen-Falles unter Art. 43 Abs. 3 EGBGB könnten dahingehend bestehen, als daß die Vorschrift von einem Recht an einer Sache spricht, das nicht schon vor Grenzübertritt erworben wurde. Im Falle des relativ wirkenden italienischen Eigentumsvorbehalts handelt es sich aber um den Fall, daß das fragliche Recht, nämlich das Eigentum an der Sache, gar nicht erworben, sondern im Gegenteil das Eigentum gerade beim Verkäufer bleiben soll. Dies hätte dann aber mit dem Erwerb eines dinglichen Rechts, auf den der ausländische Lebenssachverhalt anzurechnen ist, nichts zu tun. Die Vorschrift erfaßt den Fall allerdings dahingehend, als daß das beim Eigentumsvorbehalt entstehende Anwartschaftsrecht vom Vorbehaltskäufer erworben wird. Dies wurde nicht schon vor Grenzübertritt erworben, jedenfalls nicht als dingliches Recht, das erga - omnes - Wirkung entfaltet.

b.) Kollisionsrechtliche Interessen

Die Berücksichtigung der im Ausland geschehenen Vorgänge in der die Vorschrift regelnden Weise wird zunächst mit den Interessen des Gläubigers begründet.[324] Dieser erhält ein absolutes Recht im Gegensatz zum nur gegenüber dem Käufer wirkenden relativen Eigentumsvorbehalt. Des weiteren dient dies auch den Interessen des Käufers, der einheitlich auf seine kreditfinanzierten Waren in der Regel heimisches Recht angewandt weiß. Die Parteiinteressen sprechen also für das Recht des Bestimmungsortes, nichts anderes als ein

---

[321] *v. Hoffmann*, IPR, § 12, Rn. 33.

[322] BTDrucks. 14/343, S. 16; *Wagner*, IPRax 1998, S. 435; *Stoll* kritisiert in IPRax 2000, 259, 263 die unklare Formulierung und führt sie auf die Entwicklungsgeschichte der Vorschrift zurück.

[323] *Wagner*, IPRax 1998, S. 435.

[324] BTDrucks. 14/343, S. 16; *v. Hoffmann*, IPR, § 12, Rn 34.

dingliches Recht nach dieser Rechtsordnung war schließlich seitens der Parteien gewollt.[325]
Auch liege die Lösung im Interesse der Drittgläubiger des Käufers, da sie keine Informationen über eine ausländische Rechtsordnung einholen müssen.[326] In der Gerichtspraxis spielen Entscheidungen über Mobiliarsicherheiten im grenzüberschreitenden Verkehr eine große Rolle. Fast immer tritt in den entschiedenen Fällen der Sicherungsfall ein, d.h., das Sicherungsgut wird beim Sicherungsgeber durch Dritte in Anspruch genommen.[327] Den Interessen dieser Gläubiger kommt daher in der Praxis eine große Bedeutung zu. Es darf jedoch bezweifelt werden, ob die Anrechnungsnorm des Art. 43 Abs. 3 EGBGB tatsächlich ihren Interessen dient: Sicherlich würden sich Drittgläubiger eines Vorbehaltskäufers mit der Ermittlung ausländischen Rechts abfinden, wenn sie dafür nur mit einem relativ wirkenden Eigentumsvorbehalt konfrontiert werden würden. Sie könnten dann ohne weiteres in die Sache vollstrecken.
Immerhin dient die Vorschrift aber der erleichterten Rechtsanwendung, da das inländische Gericht seine lex fori, also deutsches Recht, anwenden kann. Dies erleichtert die Entscheidungsfindung und dient der Prozeßökonomie. Somit wird das Ordnungsinteresse an schnellerer, billigerer und sichererer Entscheidung erfüllt was auch für die Parteien wünschenswert ist.[328]

c.) Rechtsnatur

Umstritten ist, ob es sich bei der Vorschrift des Art. 43 Abs. 3 EGBGB um eine einseitige Kollisionsnorm[329] oder um eine Sachnorm des IPR handelt.[330] Eine einseitige Kollisionsnorm zeichnet sich dadurch aus, daß sie bestimmt, wann eigenes Recht anzuwenden ist. Die allseitige hingegen bestimmt auch, wann fremdes Recht anzuwenden ist.[331] Zuzugeben ist, daß die Vorschrift ausschließlich den Anwendungsbereich deutschen Rechts bestimmt. Dies macht eine Vorschrift jedoch noch nicht zu einer Kollisionsnorm. Die Geltung des deutschen Rechts als nach dem Grenzübertritt anwendbare lex rei sitae wird vor dem Eingreifen von Art. 43 Abs. 3 EGBGB vorausgesetzt. Sie ergibt sich bereits aus Art. 43 Abs. 1 EGBGB. Damit ist aber Art. 43 Abs. 3 EGBGB eine kollisionsrechtliche Sachnorm: Die Vorschrift gibt eine Interpretation einer Sachnorm

---

325 *Stoll*, IPRax 2000, 259, 263: *Stoll* kritisiert, daß man die Berücksichtigung des Parteiwillens einfacher mit der Anerkennung der Rechtswahl hätte haben können.
326 BTDrucks. 14/343, S. 16, *v. Hoffmann*, IPR, § 12, Rn. 34.
327 *Schilling*, Besitzlose Mobiliarsicherheiten, S. 199 ff.; *Verheul*, La reconnaissance en droit international privé des sûretés réelles, S. 123, 127.
328 *Lüderitz* nennt dies „Ermittlungsinteressen" in FS Kegel 1977, 36; Zum Interesse an der Anwendung der lex fori: *Flessner*, Interessenjurisprudenz, § 4 IV 2.
329 *v. Hoffmann*, IPR, § 12, Rn. 29; BTDrucks. 14/343. S. 16; *Pfeiffer*, IPRax 2000, 270, 273.
330 Palandt-*Heldrich*, Art. 43 EGBGB, Rn. 11; *Henrich*, Vorschläge, S. 6.
331 *Flessner*, Interessenjurisprudenz, § 4 I 1; *Firsching/v. Hoffmann*, IPR, § 4 Rn. 8

bezüglich der Reichweite ihrer Tatbestandsmerkmale im Hinblick auf Vorgänge im Ausland, die vor ihrer Anwendbarkeit geschahen. Dies ist dann aber keine Kollisionsnorm, sondern eine Hilfsnorm für die Anwendbarkeit einer nationalen Sachvorschrift auf Sachverhalte mit Auslandsberührung.[332] Eine solche Vorschrift gehört zum Sachrecht einer nationalen Rechtsordnung. Der Streit, ob es sich bei Art. 43 Abs. 3 EGBGB um eine Kollisionsnorm oder um eine kollisionsrechtliche Sachnorm handelt, ist rein akademischer Natur. Die bisherige herrschende Meinung der sukzessiven Anwendung des Rechts des Ausgangs- und des Bestimmungsstaates unter Berücksichtigung von im Ausland erfolgter Vorgänge wurde damit jedenfalls kodifiziert.[333]

3. Eingreifen der Ausweichklausel

Art. 46 EGBGB erfaßt das gesamte kodifizierte Internationale Sachenrecht, also auch Art. 43 Abs. 3 EGBGB. Es fragt sich daher, wie ein Fall aussehen müßte, um durch Eingreifen der Ausweichklausel zu einer Abweichung von der Anordnung in Art. 43 Abs. 3 EGBGB zu kommen.
Die Vorschrift wurde in erster Linie geschaffen, um die nach ausländischem Recht entstandenen relativ wirkenden Rechte in absolut wirkende umzuwandeln, wenn die betroffene Sache in das Inland gelangt.[334] Zwar wird die gesetzliche Regelung des Strickmaschinen-Falles als konstruktive Pedanterie[335] bezeichnet, die im Gegensatz zum Anliegen der Kodifikation steht, nur einen „Kernbestand internationalprivatrechtlicher Grundsätze“[336] zu regeln. Diese Tatsache bietet jedoch den Vorteil, daß dieser Fall als Ausgang genommen werden kann, um mögliche Fallgestaltungen, die für die Ausweichklausel in Betracht kommen, zu untersuchen.

a.) Umleitung der Sache in einen Drittstaat

Denkbar wäre das Eingreifen des Art. 46 EGBGB dann, wenn die Sache zwar in Italien losgeschickt wird, den Bestimmungsort in Deutschland aber nicht erreicht, da, aus welchen Gründen auch immer, sie in einen Drittstaat umgeleitet wird.

---

[332] *Kreuzer* in Henrich, Vorschläge, S. 37, 98: Die Ausführungen von *Kreuzer* beziehen sich auf Art. 44 RefE - Die Rechtsnatur der heutigen Gesetzesfassung unterscheidet sich trotz anderem Wortlaut der Vorschrift nicht.

[333] Siehe oben I 2.

[334] Siehe oben 2.

[335] *Stoll*, IPRax 2000, 259, 263.

[336] BTDrucks. 14/343, S. 1.

aa) Rechtslage ohne Berücksichtigung der Ausweichklausel

Ohne Berücksichtigung der Ausweichklausel würde sich zunächst folgendes ergeben: Da Art. 43 Abs. 3 EGBGB eine einseitige Regelung trifft und folglich nur Anwendung findet, wenn die Sache nach Deutschland gelangt, ist die Vorschrift in diesem Fall nicht anwendbar. Der deutsche Richter würde die lex rei sitae nach Art. 43 Abs. 1 EGBGB anwenden. Würde die Sache beispielsweise in die Schweiz umgeleitet werden, käme er zum Ergebnis der Anwendung schweizerischen Rechts. Danach bleiben Rechte an beweglichen Sachen, die schon vor dem Statutenwechsel begründet waren, grundsätzlich bestehen, wenngleich sich Inhalt und Ausübung dieser Rechte nach dem neuen Belegenheitsrecht richten.[337] Mit Rücksicht auf die strengen Publizitätsvorschriften in der Schweiz bleibt jedoch ein wirksam im Ausland begründeter Eigentumsvorbehalt nur während einer Frist von drei Monaten gültig, sofern er nicht den Anforderungen des schweizerischen Rechts genügt. Nach schweizerischem Recht ist ein Eigentumsvorbehalt an einer dem Erwerber zu übergebenden Sache nur dann wirksam, wenn der Erwerber an dessen Wohnort in einem vom Betreibungsbeamten zu führenden öffentlichen Register eingetragen ist.[338] Hier käme es nun darauf an, ob die Umleitung in die Schweiz seitens der Vertragsparteien gewollt war und sie sich um eine Registereintragung bemühen, oder nicht, was bei einem dauerhaften Verbleiben der Sache in der Schweiz das Erlöschen des Eigentumsvorbehalts zur Konsequenz hätte.[339]

bb) Die Anwendung deutschen Rechts über die Ausweichklausel

Unabhängig davon stellt sich jedoch die Frage, ob der deutsche Richter nicht aufgrund der Vorschrift des Art. 46 EGBGB zur Anwendung eines anderen Rechts als des schweizerischen kommen muß. In Frage käme hier nur die Anwendung des deutschen Rechts als Recht des (ursprünglichen) Bestimmungsstaates. Dafür könnten diejenigen Anknüpfungsmaximen sprechen, die auch zur Ausgestaltung der Vorschrift des Art. 43 Abs. 3 EGBGB geführt

---

[337] Artt. 102 Abs. 1, 100 Abs. 2 schweiz. IPRG.

[338] Art. 715 ZGB; Über den Fall, daß der Wohnsitz des Vorbehaltskäufers im Ausland liegt, gibt die Verordnung des Bundesgerichts vom 19. Dezember 1910 betreffend die Eintragung der Eigentumsvorbehalte Auskunft: Wohnt der Schuldner im Ausland, hat aber in der Schweiz eine Geschäftsniederlassung, ist danach das Betreibungsamt dieses Ortes zuständig, Art. 1 Abs. 1. Der Fall, daß keine Geschäftsniederlassung besteht, wird nicht geregelt. Die Gesetzeslücke wird dahingehend geschlossen, daß die Eintragung am Ort der belegenen Sache vorzunehmen ist, IPRG-Kommentar-*Heini*, Art. 102, Rn. 12; IPRG-*Fisch*, Art. 102, Rn. 34.

[339] Wenn der relativ wirkende italienische Eigentumsvorbehalt in die Schweiz gelangt, ist dieser in der Schweiz nicht wirksam: Zwar entspricht Art. 102 IPRG dem deutschen Art. 43 Abs. 3 EGBGB, jedoch fordert das schweizerische Recht die Registereintragung, die bei Eintritt der Sache in die Schweiz fehlt.

haben. Bei Übereinstimmung der Anknüpfungsmaximen, auf denen die Regelanknüpfung basiert, mit denen, aufgrund derer der Normanwender Grund zu einer abweichenden Anknüpfung hat, ist der Weg für die Anwendung des Art. 46 EGBGB frei.[340]
Zumindest im Falle der Umleitung der Sache, die gegen den Willen der Parteien erfolgt ist, hat sich der Wille der Parteien nicht geändert, dem Eigentumsvorbehalt zur Wirkung erga omnes zu verhelfen. Nach Deutschland sollte die Sache transportiert werden, in Deutschland sollte der Eigentumsvorbehalt seine absolute Wirkung entfalten. Die Parteiinteressen sprechen mithin für die Anwendung deutschen Rechts. Dies gilt um so mehr, als daß in der Schweiz zur Wirksamkeit der Vereinbarung eine Registereintragung nachgeholt werden müßte, das Recht also nicht endgültig entstanden wäre.
Gleiches gilt für die Gläubiger des Vorbehaltsverkäufers: Ein absolut wirkender Eigentumsvorbehalt nach deutschem Recht ohne das Hindernis der schweizerischen Registereintragung sichert am besten ihre Position. Sofern die Vorschrift des Art. 43 Abs. 3 EGBGB in Einklang mit den Interessen der Gläubiger des Vorbehaltskäufers stehen,[341] dürften diese auch hier für das deutsche Recht sprechen, wenn es sich dabei um das heimische Recht sowohl der Gläubiger als auch des Vorbehaltskäufers handelt. Auch die Anwendung der deutschen lex fori würde eine leichtere Ermittelbarkeit des anwendbaren Rechts bedeuten und zur Prozeßökonomie beitragen. Das hätte zur Folge, daß der Weg zur Anwendung der Ausweichklausel offen ist, da die gleichen Interessen, die zur Ausgestaltung des Art. 43 Abs. 3 EGBGB geführt haben, im vorliegenden Fall für die Ausweichklausel sprechen.

cc) Bedenken

Gegen ein solches Ergebnis ergeben sich jedoch Bedenken. Zunächst ist bei der Prüfung der Zulässigkeit einer irregulären Anknüpfung immer die Maxime der Rechtssicherheit in Ausformung der Anknüpfungskontinuität zu beachten, die sich in der Richtigkeitsvermutung für die Regelkollisionsnorm niederschlägt.[342]
Dies ist vor dem Hintergrund problematisch, als daß der deutsche Richter trotz Belegenheit der Sache in der Schweiz zur Anwendung deutschen Rechts kommen würde, ausländische Richter aber einheitlich schweizerisches Recht anwenden würden. Der deutsche Richter würde dadurch die Verkehrsinteressen des schweizerischen Rechtsverkehrs mißachten beziehungsweise zur äußeren Entscheidungsdisharmonie beitragen. Gewichtige Interessen des Internationalen Sachenrechts würden unberücksichtigt bleiben und Anknüpfungskontinuität wäre nicht mehr gegeben.

---

[340] Siehe Erstes Kapitel A V 4 b.
[341] Siehe oben unter 2 a.
[342] *Kreuzer* in FS Zajtay, S. 293, 324; *Schurig*, Kollisionsnorm und Sachrecht, S. 341.

Des weiteren muß die Ausnahmefunktion des Art. 46 EGBGB beachtet werden. Die Vorschrift führt zu einem anderen Recht als dem Recht, das nach den Artt. 43-45 EGBGB, also auch Art. 43 Abs. 3 EGBGB, anwendbar wäre, wenn die Bedingungen hierfür vorliegen. Dies heißt aber, daß Art. 46 EGBGB die Anrechnungsnorm des Art. 43 Abs. 3 EGBGB nur dann erfassen kann, wenn ihre Tatbestandsmerkmale vorliegen. Demnach muß die Sache ins Inland gelangen, damit die Ausweichklausel Anwendung finden kann. Auch läßt sich dieses Ergebnis aus der einseitigen Formulierung des Art. 43 Abs. 3 EGBGB erklären. Eine allseitige Norm dieser Anrechnungsvorschrift hätte zu einem Eingriff in fremde Sachenrechtsordnungen führen können.[343] Diese Beschränkung würde aber mißachtet werden, wenn man mit Hilfe der Ausweichklausel ein Recht anwenden würde, das der lex rei sitae widerspricht. Zwar würde im fraglichen Fall dem schweizerischen Recht nicht die Anrechnung der in Italien erfolgten Vorgänge vorgeschrieben werden, jedoch ein ganz anderes Recht, nämlich das deutsche, zur Anwendung kommen. Dies stellt aber noch einen viel größeren Eingriff in die ausländische Sachenrechtsordnung dar.

dd) Ergebnis

Es ist somit festzuhalten, daß die Ausweichklausel bezüglich eines Sicherungsrechts dann keine Anwendung finden kann, wenn die entsprechende Sache nicht ins Inland gelangt ist. Dies gilt unabhängig davon, in welchen Drittstaat die ursprünglich für einen deutsche Zielort bestimmte Sache gelangt. Es bleibt in diesem Fall bei der Anwendung der lex rei sitae, die auf das Recht des Staates deutet, in den die Sache umgeleitet wurde.

b.) Sache gelangt nach Deutschland

Da die Ausweichklausel nur Einfluß auf Art. 43 Abs. 3 EGBGB haben kann, wenn die Sache ins Inland gelangt, ist fraglich, welche Auswirkungen die Anwendung des Art. 46 EGBGB überhaupt haben kann. Bevor ein denkbarer Fall konstruiert werden könnte, muß geklärt werden, zu welchem Ergebnis Art. 46 EGBGB in dieser Konstellation führen würde. Die Anwendung deutschen Rechts über die Ausweichklausel ist jedenfalls ausgeschlossen, da dies schon durch Art. 43 Abs. 3 EGBGB angeordnet wird.

aa) Auswirkungen der Ausweichklausel

Die Anordnung des Art. 43 Abs. 3 EGBGB besteht darin, daß das Recht des Bestimmungsstaates auf Vorgänge, die im Ausland erfolgt sind, vorverlagert wird, um Rechte an der entsprechenden Sache beurteilen zu können. Soll nun

---

[343] Siehe oben unter I 2.

diese rückwirkende Anwendung des Bestimmungsortsrechts von der Ausweichklausel erfaßt werden, kann das Ergebnis nur die „Zurückverlegung“ des deutschen Bestimmungsortsrechts bedeuten, wenn der Staat zu dem die wesentlich engere Verbindung besteht, der Absendestaat ist. Die Ausnahme der Ausnahme des Art. 43 Abs. 3 EGBGB führt damit zur Beurteilung des anwendbaren Rechts nach der Grundregel des Art. 43 Abs. 1 EGBGB.
Im Strickmaschinen-Fall würde im Falle der wesentlich engeren Verbindung zum italienischen Recht gleich welcher Art die Ausweichklausel zu italienischem Recht führen. Unabhängig von der Frage, welche Umstände zu einer solchen Rückausnahme führen könnten, widerspricht ein solches Ergebnis dem Normzweck des Art. 43 Abs. 3 EGBGB. Dieser richtet sich darauf, daß Sicherungsrechte vor dem Eintritt der Sache in den Importstaat entweder gar nicht oder doch nicht mit der vollen Wirkung entstanden sind, die sie bei Begründung nach dem Recht des Bestimmungsstaates hätten.[344] Die Anwendung der Ausweichklausel in genannter Konstellation hatte aber zur Folge, daß ein relativ wirkender Eigentumsvorbehalt in Deutschland Wirkung entfalten würde. Dies ist erstens mit der deutschen Sachenrechtsordnung nicht vereinbar. Zweitens wäre der Normzweck des Art. 43 Abs. 3 EGBGB mißachtet. Schon deshalb darf die Ausweichklausel nicht eingreifen.[345]
Denkbar wäre noch, daß Art. 46 EGBGB die Anwendung des Rechts eines dritten Staates anordnet, auch wenn die Sache nach Deutschland gelangt und aus Italien geschickt wurde. Jedoch würde auch dies dem Normzweck des Art. 43 Abs. 3 EGBGB nicht gerecht werden. Es soll gerade eine Kompatibilität der sachenrechtlichen Vorgänge in dem Staat geschaffen werden, in den die Sache gelangt. Die Anrechnung der im Ausland erfolgten Vorgänge nach dem Recht eines Drittstaates würde keinen Sinn machen.

bb) Ergebnis

Unabhängig von einer konkreten Fallgestaltung kann schon vom Ergebnis der Anwendung der Ausweichklausel festgestellt werden, daß diese nicht eingreifen kann, wenn die Sache nach Deutschland gelangt ist.

4. Ergebnis

Damit ergibt sich bezüglich Sicherungsrechten, die an beweglichen Sachen bestehen, folgendes: Es kann keinen Fall geben, in dem Art. 46 EGBGB zu einer Abweichung von der Anrechnungsvorschrift des Art. 43 Abs. 3 EGBGB führt. Die Einbeziehung dieser Vorschrift in den Anwendungsbereich der

---

[344] *Kreuzer* in Henrich, Vorschläge, S. 38, 97.

[345] *Kreuzer* in FS Zajtay, S. 293, 324: Eine irreguläre Verweisung ist unstatthaft, wenn sich ein Abweichungsverbot aus dem objektiven Gesetzeszweck ergibt.

Ausweichklausel ist daher nutzlos. Der durch Art. 43 Abs. 3 EGBGB geregelte Fall kann ohne Vorbehalt einer etwaigen abweichenden Beurteilung durch Art. 46 EGBGB nach dieser Vorschrift behandelt werden.

III. Auswirkungen des Art. 4 der EU-Richtlinie zur Bekämpfung von Zahlungsverzug im Geschäftsverkehr

Fraglich ist, ob und wie sich Art. 4 der EU-Richtlinie zur Bekämpfung von Zahlungsverzug im Geschäftsverkehr[346] auf Art. 46 EGBGB auswirkt. Diese Vorschrift bestimmt, daß die Mitgliedstaaten „in Einklang mit den nationalen Vorschriften, wie sie durch das Internationale Privatrecht bestimmt werden", vorsehen, „daß der Verkäufer bis zur vollständigen Bezahlung das Eigentum an Gütern behält, wenn zwischen Käufer und Verkäufer vor der Lieferung der Güter ausdrücklich eine Eigentumsvorbehaltsklausel vereinbart wurde". Es wäre denkbar, daß dieser Umsetzungsauftrag an die Mitgliedstaaten über die Heranziehung des Art. 46 EGBGB erfüllt werden könnte. Durch eine abweichende Anknüpfung könnte der Auftrag des europäischen Gesetzgebers, einen Eigentumsvorbehalt in der genannten Form zu gewährleisten, erfüllt werden.

1. Keine Umsetzungspflicht des deutschen Gesetzgebers

Möglich wäre dies zunächst nur dann, wenn den deutschen Gesetzgeber eine Umsetzungspflicht treffen würde. Das am 1.5.2000 in Kraft getretene Gesetz zur Beschleunigung fälliger Zahlungen[347] enthält keine Vorschriften über den Eigentumsvorbehalt. Dies heißt jedoch nicht, daß die Vorschrift des Art. 4 Abs. 1 der Richtlinie noch einer Umsetzung bedürfte. Enthielt der ursprüngliche Richtlinienvorschlag beziehungsweise dessen Änderung noch eine Vielzahl von Bestimmungen über die genaue Ausgestaltung eines Eigentumsvorbehalts,[348] der im Falle seines Inkrafttretens möglicherweise einer Umsetzung im deutschen Recht bedurft hätte,[349] fordert die tatsächlich in Kraft getretene Richtlinie nur Grundsätzliches. Danach genügt die ausdrückliche Vereinbarung des Eigentumsvorbehalts vor Lieferung der Sache, damit der Verkäufer bis zur vollständigen Bezahlung das Eigentum behält. Dieses Erfordernis ist im deutschen Recht durch die §§ 929, 158 Abs. 1 BGB gewährleistet. Der deutsche

---

[346] Richtlinie 2000/35/EG, ABl.EG 2000 L 200/35.

[347] BGBl. 2000 I, 330.

[348] Art. 4 des Vorschlags der Kommission für eine Richtlinie zur Bekämpfung von Zahlungsverzug im Handelsverkehr, ABl. 1998 C 168/13; Art. 4 des geänderten Richtlinienvorschlags, ABl. 1998 C 374/04.

[349] Zu den möglicherweise nötigen Anpassungen: *Gsell*, ZIP 1998, 1569, 1576 f.; *Lehr*, EWS 1999, 241, 243.

Gesetzgeber muß also bezüglich des Eigentumsvorbehalts im materiellen Recht keine Änderung vornehmen.

2. Europaweite Umsetzung durch Anwendung der Ausweichklausel

Die Anordnung des Art. 4 Abs. 1 der Richtlinie könnte sich aber auch dahingehend auswirken, daß der das deutsche IPR anwendende Richter bei der Beurteilung eines Sachverhalts mit Berührung eines umsetzungspflichtigen Staates das Kollisionsrecht dergestalt anwendet, daß Art. 4 Abs. 1 der Richtlinie erfüllt wird. Um dieser Vorschrift nachzukommen, könnte die Ausweichklausel eingreifen müssen.

Ein die Umsetzungspflicht treffender Staat ist beispielsweise Italien. Ein mündlich oder schriftlich vereinbarter Eigentumsvorbehalt hat dort nur Wirkung zwischen den Vertragsparteien. Nur wenn der Vorbehalt notariell beurkundet wird, wirkt dieser erga omnes.[350]

Über die Ausweichklausel könnte nun deutsches Recht Anwendung finden, wenn eine Sache von Italien nach Deutschland geliefert und zwischen den Vertragsparteien beispielsweise nur ein mündlicher Eigentumsvorbehalt vereinbart wird. Dieser Umweg ist jedoch nicht erforderlich, da Art. 43 Abs. 3 EGBGB genau diesen Fall regelt und letztendlich deutsches Recht Anwendung findet.[351] Auch wenn umgekehrt eine Sache von Deutschland nach Italien geliefert wird, ist die Anwendung deutschen Rechts über die Ausweichklausel nicht nötig, um eine Art. 4 Abs. 1 der Richtlinie entsprechende Rechtslage zu gewährleisten. Das italienische Recht übernimmt die Sache in der sachenrechtlichen Prägung, die zum Zeitpunkt des Eintritts in den italienischen Rechtskreis bestand. Da nach deutschem Recht der Eigentumsvorbehalt wirksam erga omnes begründet wurde, gilt dies auch in Italien. Die Forderung der Richtlinie ist erfüllt.

Lediglich der Eigentumsvorbehalt an einer in Italien belegenen Sache, über die aufgrund Verbindungen zu Deutschland gleich welcher Art ein deutscher Richter zu entscheiden hat, könnte über Art. 46 EGBGB nach deutschem Recht beurteilt werden müssen, um Art. 4 Abs. 1 der Richtlinie zu erfüllen. Die Abweichung von der lex rei sitae ließe sich dann mit der europarechtskonformen Auslegung des kodifizierten Internationalen Sachenrechts begründen.

3. Anderslautender Umsetzungsauftrag

Fraglich ist jedoch, ob dies durch die Richtlinie überhaupt gefordert wird. Laut Art. 4 Abs. 1 der Richtlinie sehen die Mitgliedstaaten in Einklang mit den anwendbaren nationalen Vorschriften, wie sie durch das Internationale Privat-

---

[350] Artt. 1532, 1524 Abs. 1, 2704 c.c.; siehe auch oben II 2.

[351] Siehe oben II 2: Art. 43 Abs. 3 EGBGB regelt den „Strickmaschinen-Fall".

recht bestimmt werden, den formlos erga omnes wirkenden Eigentumsvorbehalt vor. Zwar ist auch das kodifizierte Internationale Sachenrecht Teil der anwendbaren nationalen Vorschriften, nicht aber im Sinne der Vorschrift des Art. 4 Abs. 1 der Richtlinie: Die Vorschrift spricht von nationalen Vorschriften, *wie sie durch das Internationale Privatrecht bestimmt werden*, d.h., der Umsetzungsauftrag beschränkt sich auf das materielle Recht. Das Internationale Privatrecht bleibt unangetastet und entscheidet über das anwendbare nationale Recht, welches ggf. angepaßt werden muß.

4. Ergebnis

Art. 4 der Richtlinie kann deshalb keinen Einfluß auf die Fallgruppen des Art. 46 EGBGB haben. Hingegen muß das materielle Sachenrecht derjenigen Staaten, die die Vorgaben der Richtlinie nicht erfüllen, innerhalb der Änderungsfrist angepaßt werden.

IV. Endergebnis

Der Eigentumsübergang innerhalb internationaler Verkehrsgeschäfte wird nach Art. 46 EGBGB beurteilt, wenn der subjektive Parteiwille zugunsten einer von der lex rei sitae abweichenden Rechtsordnung spricht und einige wenige objektive Kriterien auf diese Rechtsordnung deuten. Allerdings beschränkt sich diese Beurteilung auf das Verhältnis der Parteien zueinander, so daß es gegenüber Dritten bei der Anwendung der lex rei sitae bleibt. Bezüglich vereinbarter Sicherungsrechte hat die Ausweichklausel keine Bedeutung.

C. Res in transitu

Eine Konstellation, für die seit jeher die Anwendung eines von der lex rei sitae abweichenden Rechts diskutiert wird, sind sogenannte res in transitu.

I. Begriffsbestimmung

Bei res in transitu handelt es sich um Güter, die sich auf dem Transport befinden. Die Problematik der rechtlichen Behandlung stellt sich, wenn auf solche Sachen während des Transports dinglich eingewirkt wird. Wie beim internationalen Verkehrsgeschäft gehört auch bei den res in transitu ein Rechtsordnungswechsel der Sache zum elementaren Tatbestandsmerkmal. Der Unterschied zum internationalen Verkehrsgeschäft liegt darin, daß bei diesem über die Ware bereits vor Absendung verfügt wird, während die dingliche Einwirkung auf res in transitu erst im Augenblick des Transports erfolgt.[352] Eine solche Sache zeichnet sich durch die Beziehungslosigkeit zu einer Sachenrechtsordnung zum Zeitpunkt der Veräußerung oder dinglichen Belastung aus.[353] Über diese Merkmale besteht Einigkeit.

Umstritten ist hingegen, ob es für eine eigenständige rechtliche Behandlung erforderlich ist, daß die Sache auf dem Weg vom Absendeland zum Bestimmungsland mindestens ein Durchgangsland durchqueren oder auf hoher See befördert werden muß.[354] Wäre dies nicht erforderlich, würde eine Abgrenzung vom internationalen Verkehrsgeschäft allein dadurch erreicht werden, daß die Verfügung nicht schon vor Absendung, sondern erst während des Transports erfolgt.

So lassen es die Gegner der Ansicht vom Erfordernis eines Transitstaates schon genügen, daß der Transport ein internationaler ist: Schon die Berührung der Ware mit zwei Rechtsordnungen während des Transports sei ausreichend für eine vom internationalen Verkehrsgeschäft gesonderte rechtliche Einordnung.[355] Das Erfordernis der zwischenzeitlichen Berührung mit einem Drittstaat oder hoheitsfreiem Raum würde nur deshalb aufgestellt werden, weil die internationalen Versendungskäufe aus dem Bereich der res in transitu ausgeschieden werden sollen.[356]

Folgt man dem Erfordernis des Passierenmüssens eines Transitstaates oder eines hoheitsfreien Raumes, so unterliegt eine Sache, die sich auf dem Weg von Köln nach Genf befindet und während dieses Weges veräußert wird, nur dann dem res-in-transitu-Statut, wenn sie beispielsweise über Frankreich transportiert wird. Verläßt die Sache hingegen nicht das deutsche Territorium, bevor sie die deutsch-schweizerische Grenze passiert, so handelt es sich danach um ein internationales Verkehrsgeschäft, welches nach den dafür maßgeblichen Regeln beurteilt wird. Je nach Transportweg sind nach dieser Auffassung unterschiedliche Sachenrechtsordnungen für die dingliche Einwirkung auf die Sache anwendbar.

Dies ist ein Unterscheidungskriterium, das kaum überzeugt. Wie bereits im Rahmen der Behandlung des internationalen Verkehrsgeschäfts erörtert wurde, werden Transitstaaten bei der sachenrechtlichen Beurteilung nicht berücksichtigt. Zu ihnen wird keine Beziehung aufgebaut.[357] Den Transportweg als ausschlaggebendes Kriterium zwischen res in transitu und internationalen Ver-

---

[352] *v. Hoffmann*, IPR, § 12, Rn. 39; Staudinger-*Stoll*, Rn. 366; *Fisch*, Eigentumserwerb, S. 153; *Lüderitz*, IPR, Rn. 319.

[353] *Batiffol/Lagarde*, DIP, no. 509; Staudinger-*Stoll*, Rn. 365.

[354] Dafür: *Lüderitz* in Lauterbach, Vorschläge, S. 185, 207; *Sailer*, S. 73, *Denninger*, Traditionsfunktion, S. 27.

[355] *Kropholler*, IPR, § 54 IV; *Kassaye*, Neuere Entwicklungen, S. 169; *Fisch*, Eigentumserwerb, S. 154.

[356] Staudinger-*Stoll*, Rn. 366.

[357] Siehe oben B I.

kehrsgeschäften zu verwenden, hieße aber nichts anderes, als Sachenrechtsordnungen von Transitstaaten über das Schicksal der betroffenen Sache mitentscheiden zu lassen. Die Bindung an das Lagerecht soll mit dem res-in-transitu-Statut aber gerade vermieden werden.[358]

II. Bisheriger Diskussionsstand

Die Anwendung der Situsregel auf res in transitu wurde einhellig als unpassend angesehen. Vielfach sei der aktuelle Lageort zum Zeitpunkt des rechtserheblichen Geschehens nicht zweifelsfrei festzustellen. Sei er feststellbar, erschiene die Bestimmung des anwendbaren Rechts je nach Fortschreiten des Transports willkürlich zu sein. Darüber hinaus befinde sich die Ware oft in hoheitsfreiem Gebiet, wenn sie auf dem Luft- oder Wasserwege transportiert werde. Ferner bestehe für die Anwendung der lex rei sitae kein Anlaß, da zum Zeitpunkt der Verfügung ohnehin ein schutzwürdiger Rechtsverkehr am Lageort fehle.[359]
Umstritten war, wie man in diesen Fällen zu einer angemessenen Lösung kommt. Die herrschende Meinung in der Literatur und die zu dieser Frage spärliche Rechtsprechung stellten für Verfügungen über res in transitu auf das Recht des zukünftigen Bestimmungsorts ab. Das Recht des Absendeortes komme nicht in Frage, da die sachenrechtlichen Beziehungen zu diesem Staat bereits abgebrochen seien.[360] Die Maßgeblichkeit des Rechts des Absendestaates wurde in jüngster Zeit nicht mehr vertreten.[361]
Teilweise wurde auch hier die Anknüpfung an ein von den Parteien gewähltes Recht vertreten.[362] So sei das Sachstatut, das sich nach dem Recht des Absendelandes, des Bestimmungslandes oder dem Vertragsstatut richte, ausdrücklich oder stillschweigend von den Parteien wählbar. Begründet wurde dies damit, daß ein Verkehrsinteresse im Falle der res in transitu schlicht fehle. Die Anknüpfung an den Bestimmungsort empfehle sich nicht, da die Verfügung über

---

[358] *Fisch*, Eigentumsübergang, S. 154.
[359] *Kropholler*, IPR, § 54 IV; MüKo-*Kreuzer*, Nach Art. 38 Anh. I, Rn. 126; *v. Hoffmann*, § 12, Rn. 39.
[360] OGHZ 2, 226 = NJW 1949, 784, 784 f.; MüKo-*Kreuzer*, Nach Art. 38 Anh. I, Rn. 127; Palandt-*Heldrich*, 58. Auflage, Art. 38 Anh. II, Rn. 10; *Sailer*, S. 78 f.; *Kropholler*, IPR, § 54 IV.
[361] Diese Anknüpfung sah allerdings die von der 8. Haager Konferenz 1956 beschlossene „Convention sur la loi applicable au transfert de la propriété en cas de vente à caractère international d'objets mobiliers corporels" in ihrem Art. 6 vor. Die Konvention ist noch nicht in Kraft getreten. Text abgedruckt in RabelsZ 1959, 145 ff.
[362] Staudinger-*Stoll*, Rn. 369; Einige ausländische IPR-Gesetze lassen eine parteiautonome Statutbestimmung zu: z.B. Art. 2089 Abs. 2, 3 des peruanischen ZGB; Art. 10 Nr. 1 Abs. 3 Einl. des spanischen ZGB.

sich im Transport befindliche Güter oft gerade zur Umleitung in ein anderes Land führe.[363]

III. Einordnung im kodifizierten Internationalen Sachenrecht

Die Kodifikation des Internationalen Sachenrechts trifft ausdrücklich keine Regelung über res in transitu. Anstatt einer gesetzlichen Regelung soll es vielmehr Rechtsprechung und Lehre überlassen bleiben, geeignete Maßstäbe zu finden.[364] Dies ist wohl auf ein fehlendes praktisches Bedürfnis zurückzuführen, wie die kaum vorhandenen einschlägigen Entscheidungen der Gerichte beweisen.[365] In der Regierungsbegründung wird allerdings darauf hingewiesen, daß die res in transitu eventuell unter Art. 46 EGBGB zu fassen sein könnten.[366]

IV. Eingreifen der Ausweichklausel

Somit sind drei Fragestellungen zu klären. Erstens muß untersucht werden, ob bei einer Verfügung über res in transitu die Ausweichklausel grundsätzlich eingreifen kann. Ist dies der Fall, muß zweitens festgestellt werden, welches Recht dadurch berufen wird. Drittens ist zu untersuchen, ob schon allein die Tatsache, daß über auf dem Transport befindliche Sachen verfügt wird, für das Eingreifen von Art. 46 EGBGB genügt.

1. Grundsätzliche Erfassung der Fallgruppe

Wie im Ersten Kapitel dargelegt, muß bezüglich der Fragestellung, ob eine Konstellation von der Ausweichklausel erfaßt wird, eine Wertung nach Anknüpfungsmaximen erfolgen.[367] Welche Gründe den Gesetzgeber zur Kodifikation der Situsregel in Art. 43 Abs. 1 EGBGB veranlaßt haben, wurde oben bereits erörtert.[368] Deshalb müssen nun die Interessen untersucht werden, die für eine gesonderte Anknüpfung bei res in transitu sprechen könnten.

---

[363] Staudinger-*Stoll*, a.a.O.; *Wolff*, IPR, S. 173 f: Für res in transitu komme es auf die Umstände des konkreten Falles an, wobei dem Parteiwillen eine ähnliche Rolle wie im Recht der obligatorischen Verträge zuzusprechen sei.

[364] BTDrucks. 14/343, S. 14.

[365] So sind lediglich zu nennen: *RG* Recht 1911, Nr. 3475, 3476, 3497; OGHZ 2, 226 = NJW 1949, 784, 784 f.

[366] BTDrucks. 14/343, S. 14.

[367] Siehe Erstes Kapitel A V 4 b.

[368] Siehe Erstes Kapitel A V 6 a.

a.) Verkehrsinteresse

Eine von der Situsregel abweichende Anknüpfung für Verfügungen über res in transitu widerspricht nicht dem Verkehrsinteresse. Zum Zeitpunkt der Verfügung fehlt es ohnehin an einem schutzwürdigen Rechtsverkehr, da die Sache bis zu ihrer Ankunft im Bestimmungsstaat als transportiertes Gut nicht mit dem Rechtsverkehr in Kontakt kommt. Somit sprechen zwar die Interessen der an den rechtlichen Vorgängen potentiell Beteiligten (Verkehrsinteressen) nicht für die Abweichung von der Situsregel in Art. 43 Abs. 1 EGBGB, aber auch nicht dagegen. Die Verkehrsinteressen sind gegenüber einer Abweichung grundsätzlich völlig indifferent. Dies könnte jedoch bei sogenannten *lageortsbezogenen Rechtsgeschäften* anders sein:
Bisher entsprach es der allgemeinen Meinung, auch bei res in transitu auf den jeweiligen Lageort abzustellen, wenn dort Maßnahmen der Zwangsvollstreckung gegen die Sache ergriffen werden oder ein lageortsbezogenes Rechtsgeschäft abgeschlossen wird.[369] Charakteristikum solcher Vorgänge ist eine Verfügung oder Pfändung am Lageort der auf dem Transport befindlichen Sache, *bevor* der ursprüngliche Bestimmungsort erreicht ist. Hier sei ein enger Bezug zum Lageort gegeben, so daß die Situsregel Anwendung finden müsse.[370] Tatsächlich ist in dieser Konstellation der Rechtsverkehr wie bei einem beliebigen sachenrechtlichen Vorgang betroffen: Aus welchem Staat die Sache ursprünglich transportiert wurde und wo ihr letztendliches Ziel ist, braucht den Rechtsverkehr nicht zu interessieren. Bei einem solchen Geschäft drängen sich dem Rechtsverkehr im jeweils betroffenen Staat keine Besonderheiten zu jedem anderen dinglichen Rechtsgeschäft auf. Eine Abweichung von der regelmäßigen Anknüpfung an die lex rei sitae beeinträchtigt bei lageortsbezogenen Rechtsgeschäften folglich die Verkehrsinteressen.

b.) Parteiinteressen

Dagegen könnten die Parteiinteressen auf eine abweichende Anknüpfung von der Situsregel deuten. Die in Betracht kommenden Rechtsordnungen, Recht des Absende-, des Bestimmungs- oder des Staates des Vertragsstatutes, könnten alle einen Bezug zu mindestens einer der Parteien haben. In einer Vielzahl von Fällen sind zumindest Absende- und Bestimmungsstaat gleichzeitig gewöhnlicher Aufenthaltsort oder Sitzstaat des Absenders beziehungsweise des Empfängers. Es würde folglich ein Recht Anwendung finden, mit dem mindestens eine der Parteien aufgrund persönlicher Verbundenheit[371] vertraut ist. Dies ist

---

[369] *Kassaye*, Neuere Entwicklungen, S. 168 f; *Markianos*, RabelsZ 23 (1958), 21, 23; *v. Hoffmann*, IPR, § 12, Rn. 40; Soergel-*Lüderitz*, Art. 38, Anh II, Rn. 90.

[370] MüKo-*Kreuzer*, Nach Art. 38 Anh. I, Rn. 130; *v. Hoffmann*, IPR, § 12, Rn. 40.

[371] Für den gewöhnlichen Aufenthalt: *Mansel*, Personalstatut, S. 267; für die Staatsangehörigkeit: BTDrucks. 10/504, S. 30 f.

allerdings nicht zwangsläufig der Fall: Oftmals werden im internationalen Handelsverkehr Waren von Staat A nach Staat B transportiert, ohne daß die Vertragsparteien in diesen Staaten ansässig wären. Beispielsweise können zwei Unternehmen mit Hauptverwaltungssitz in Deutschland über eine Schiffsladung verfügen, während diese gerade von der Veräußererseite von New York nach Rotterdam transportiert wird. Dennoch dürfte es abgesehen vom schwachen Indiz der Übergabe[372] im Interesse der Parteien liegen, hinsichtlich der sachenrechtlichen Vorgänge das Recht eines der für die Abweichung von der Situsregel in Betracht kommenden Staaten angewendet zu wissen. Schließlich können die Parteien mit nichts anderem rechnen. Ähnlich der Begründung für die Relevanz der Anknüpfung an den gewöhnlichen Aufenthalt ist das Recht des Absende- oder Bestimmungsstaates das Recht, das sie für diese Geschäfte *gewohnt* sind,[373] sofern die Parteien regelmäßige Lieferungen über ihre gewohnten ausländischen Strukturen, seien es eigene Tochterunternehmen oder regelmäßige Geschäftspartner, durchführen.
Zumindest läßt sich aber festhalten, daß in einer Vielzahl von Fällen von Verfügungen über res in transitu die Anwendung des Rechts des Absende- oder des Bestimmungsstaates den Interessen wenigstens einer Partei entspricht.[374]
Auch die Anwendung des Rechts des Vertragsstatuts auf den sachenrechtlichen Vorgang liegt im Parteiinteresse. Ohne sich über Drittinteressen Gedanken machen zu müssen, könnten die Vertragsparteien das Recht wählen, das ihnen am geeignetsten erscheint. Dies gilt um so mehr, als daß sie ansonsten mit Unsicherheiten hinsichtlich des anwendbaren Rechts konfrontiert wären, wenn sich die Sache zur Zeit der Verfügung in hoheitsfreiem Gebiet befindet.[375]

c.) Rechtssicherheit und Vorhersehbarkeit

Befinden sich Sachen auf dem Transport, so ist der Lageort zum Zeitpunkt des rechtserheblichen Geschehens nur schwer festzustellen. So kann der Zeitpunkt des Grenzübertritts oft nicht zweifelsfrei festgestellt werden. Darüber hinaus führt die Anknüpfung an die Belegenheit zu keinem Ergebnis, wenn sich die Sache zum Zeitpunkt der Verfügung in hoheitsfreiem Raum befindet. Eine andere Anknüpfung als die Belegenheit entspricht daher dem Interesse an Rechtssicherheit und Vorhersehbarkeit des Inhalts von Gerichtsentscheidungen. Eine unsichere Anknüpfung wegen unzureichender Feststellungsmöglichkeiten des Anknüpfungsmoments würde Überprüfbarkeit und Reproduzierbarkeit von gerichtlichen Entscheidungen gefährden. Das Ordnungsinteresse der rechtssicheren Anknüpfung deutet folglich auf eine Abweichung. Im Falle von Verfü-

---

[372] Siehe Erstes Kapitel A V 6 c bb.
[373] Staudinger-v. *Bar/Mankowski*, Anh I Art. 18, Rn. 142; *Mansel*, Personalstatut, S. 267.
[374] Zum Parteiinteresse als kollisionsrechtliche Maxime: *Kegel/Schurig*, IPR, § 2 II 1.
[375] *Lüderitz* in Lauterbach, Vorschläge, S. 185, 208.

gungen über res in transitu, die sich zum für die Situsregel maßgeblichen Zeitpunkt in hoheitsfreiem Gebiet befinden, ist dies sogar zwingend.
Soweit man ein Ordnungsinteresse an schnellerer, billigerer und sicherer Entscheidung anerkennt,[376] spricht dieser Umstand für eine Abweichung von der Situsregel.

d.) Internationaler Entscheidungseinklang

Schließlich deckt sich eine Abweichung mit zahlreichen neueren IPR-Gesetzen anderer Staaten. Diese verweisen einheitlich auf das Recht des Bestimmungsstaates.[377] Sind diese Staaten am zu entscheidenden Sachverhalt beteiligt, führt eine abweichende Beurteilung jedenfalls zugunsten des Bestimmungsstaates zum internationalen Entscheidungseinklang. Diese Anknüpfungsmaxime spricht daher nur begrenzt für eine von der Situsregel abweichende Anknüpfung. Wenn man aber bedenkt, daß jede Ausweichklausel in einem IPR-Gesetz dem internationalen Entscheidungseinklang nicht dienlich ist, solange der andere am konkreten Lebenssachverhalt beteiligte Staat nicht eben eine solche kennt, ist die hier gefundene Übereinstimmung eher als Argument für die Abweichung zu sehen.

e.) Ergebnis

Die Ausführungen zeigen, daß die gleichen Anknüpfungsmaximen, die der Gesetzgeber zum Anlaß für die Schaffung der Situsregel genommen hat, für eine Abweichung von derselben im Falle von Verfügungen über res in transitu sprechen. Auch wenn nicht das Verkehrsinteresse für die Abweichung spricht, so tun es doch die Parteiinteressen. Auch der äußere Entscheidungseinklang, wenn auch nur in bestimmten Konstellationen, und die Einfachheit der Feststellung, welche maßgeblich für die Situsregel im Regelfall sprechen, deuten hier auf eine abweichende Anknüpfung. In einem solchen Fall ist der Weg über die Ausweichklausel geöffnet. Eine Anknüpfung an die Regelanknüpfung kann im konkreten Fall mangels Erfüllung der kollisionsrechtlichen Interessen als ungenügend aufgefaßt werden.[378] Damit fällt grundsätzlich die Fallgruppe der res in transitu unter Art. 46 EGBGB.
Nicht unter die Ausweichklausel fallen hingegen lageortsbezogene Rechtsgeschäfte. Wie gezeigt,[379] stehen einer von der Regelkollisionsnorm abweichen-

---

376 Dafür: *Flessner*, Interessenjurisprudenz im IPR, § 4; dagegen: *Schurig*, RabelsZ 59 (1995), 229, 40 ff.
377 Art. 46 Abs. 2 portugiesischer cc, Art. 23 Abs. 2 des türkischen Gesetzes über das internationale Zivil- und Verfahrensrecht von 1982, Art. 101 des schweizerischen IPRG von 1987, Art. 52 des italienischen IPRG von 1995.
378 Siehe Erstes Kapitel A V 4 b.
379 Siehe oben unter a.

den Beurteilung Verkehrsinteressen entgegen. Die erforderliche Beziehung zum Rechtsverkehr an einem bestimmten Ort ist auch dann gegeben, wenn auf eine Sache, die sich nur vorübergehend in diesem Rechtsverkehr aufhält, in einer sachenrechtlichen Weise eingewirkt wird, welche die Anwesenheit der Sache an Ort und Stelle voraussetzt.[380] Es handelt sich in solchen Konstellationen um typische Fälle, in denen die Situsregel Anwendung finden muß. Der Rechtsverkehr kann nicht damit rechnen, daß die Sache, die sich im Machtbereich dieser Rechtsordnung aufhält, dem Recht des Bestimmungsorts unterliegen soll. Für den typischen Fall ist daher die für atypische Fälle geschaffene Ausweichklausel nicht geeignet. Lageortsbezogene Vorgänge wie Pfändung und Veräußerung am augenblicklichen Lageort der res in transitu unterfallen daher nicht Art. 46 EGBGB. Für sie bleibt es bei der Anwendung von Art. 43 Abs. 1 EGBGB.

2. Das durch die Ausweichklausel berufene Recht

Somit ist zu klären, welches Recht durch die Ausweichklausel im Falle von Verfügungen über res in transitu berufen ist. Vorgeschlagen[381] wurden das Recht des Absendestaates, das des Bestimmungsstaates und schließlich das Recht des Vertragsstatutes. Der Weg zu diesen Rechtsordnungen wird teilweise über den subjektiven Parteiwillen konstruiert.

a.) Recht des Absendestaates (lex loci expeditionis)

Das Absendeland als Anknüpfungspunkt weist den Vorteil auf, daß es ein sicheres und leicht feststellbares Moment darstellt, das hinsichtlich des anwendbaren Rechts Irrtümer ausschließt. Schließlich handelt es sich beim Absendeland um einen Ort, an dem die Ware mit Sicherheit belegen war und der den Parteien bekannt ist beziehungsweise von Dritten ermittelt werden kann.[382] Neben der leichten Feststellbarkeit bietet das Absendeland für den Veräußerer den Vorteil, daß oftmals sein gewohntes Recht Anwendung findet. Meist ist der Absendestaat der Staat, in dem der Veräußerer seinen gewöhnlichen Aufenthalt beziehungsweise seinen Sitz hat.[383]

Indes muß die Tatsache berücksichtigt werden, daß sich der Absender mit dem Transport der Ware in ein anderes Land der Möglichkeit der Einflußnahme

---

[380] Staudinger-*Stoll*, Rn. 365.

[381] Siehe oben unter II. Die Berufung des Rechts des Bestimmungsortes durch Art. 46 EGBGB wird vertreten von: *Geisler*, Die engste Verbindung im IPR, S. 334; *v. Hoffmann*, IPR, § 12, Rn. 39; *Junker*, RIW 2000, 241, 252; Palandt-*Heldrich*, Art. 43, Rn. 2.

[382] *Raupach*, Res in transitu, S. 75; *Markianos*, RabelsZ 23 (1958), S. 21, 37; *Kassaye*, Neuere Entwicklungen, S. 184

[383] Daß dies nicht zwangsläufig so sein muß, wurde oben unter 1 b erläutert.

begibt, weshalb die Verbindung zum Absendestaat abgebrochen wird.[384] Zwar wünscht im Falle dinglicher Herausgabeansprüche der Absender häufig eine Rückführung der Sache in den Absendestaat, so daß die Verbindung zum Absendestaat häufig noch vorhanden zu sein scheint. Die Annahme einer solchen auf die Vorstellung des Absenders zurückgehenden Verbindung steht jedoch der durch die räumliche Trennung geschaffene Abbruch der Verbindung zum Absendeort entgegen.[385] Die Problematik des res-in-transitu-Statuts beginnt ja erst, wenn die räumliche Verbindung zum Absendestaat endgültig abgebrochen ist. Es macht daher wenig Sinn, ausgerechnet einen Ort als wesentlich engere Verbindung als die lex rei sitae zu erachten, von dem sich die zu beurteilende Sache im Zeitpunkt des zu beurteilenden rechtserheblichen Geschehens endgültig gelöst hat.

b.) Recht des Bestimmungsstaates (lex loci destinationis)

Die Anknüpfung an den Bestimmungsstaat beruht auf einem ähnlichen, nur umgekehrten Gedanken wie die an den Absendestaat. Wird bei Anknüpfung an den Absendestaat die vergangene Belegenheit auf Gegenwart und Zukunft ausgedehnt, ist dagegen bei Anknüpfung an den Bestimmungsort die künftige Belegenheit auf die Gegenwart zurückbezogen. An diesem Ort könnten die relativ engsten Verbindungen bestehen, da der Bestimmungsort den nächsten dauerhaften Lageort im Sinne eines Situs darstellt.[386] Eine solche Verbindung wird weder am Ort der Absendung aufgebaut, da die Verbindung zu diesem Staat bereits abgebrochen ist, noch zum Transitland, weil die Sache als auf dem Transport befindliche mit dem Rechtsverkehr dort nicht in Kontakt tritt. Tatsächlich handelt es sich beim Recht des Bestimmungsstaats um die Rechtsordnung, die in allernächster Zukunft zur Belegenheitsrechtsordnung wird.[387] Durch diese Anknüpfung wird die auf der Reise geschaffene Rechtslage die Anerkennung der künftigen lex rei sitae finden; darüber hinaus wird die Umsetzung in eine neue Umgebungsrechtsordnung entbehrlich.[388] Die Sache wird in den Warenverkehr des Bestimmungslandes eingeführt und ihrem wirtschaftlichen Zweck zugeführt. Schließlich ist den Parteien der Ort der Bestimmung der Ware bekannt, da sie ihn selbst ausgewählt haben; sie wissen daher mit Gewißheit, welches Recht Anwendung findet.

---

[384] *Markianos*, RabelsZ 23 (1958), 21, 37; Soergel-*Lüderitz*, Anh II Art. 38, Rn. 90.

[385] *Kondring*, IPRax 1993, 371, 375; *Denninger*, Traditionsfunktion, S. 73; *Kassaye*, Neuere Entwicklungen, S. 186.

[386] So MüKo-*Kreuzer*, Nach Art. 38 Anh. I, Rn. 127; *Ferid*, IPR, S. 274; *Zaphiriou*, The Transfer of Chattels, S. 197; *Siehr*, IPR, § 38 II 3.

[387] *Niboyet* führt dazu aus: „C'est celui dont sans cesse la cargaison se rapproche...", *Niboyet*-Lapradelle IX, Nr. 109, S. 237.

[388] *Markianos*, RabelsZ 23 (1958), 21, 38; *Zaphiriou*, The Transfer of chattels, S. 197.

Nach all dem kann von der engsten Verbindung mit dem Bestimmungsstaat bei Verfügungen über res in transitu ausgegangen werden. Dieses Ergebnis wirft jedoch einige Fragen auf.

aa) Zeitpunkt der Wirkung des Bestimmungsrechts

Soll auf den Verfügungsvorgang über res in transitu das Recht des Bestimmungsstaates Anwendung finden, so stellt sich die Frage, ob dies schon im Augenblick der Verfügung Gültigkeit erlangt oder erst beim tatsächlichen Eintreffen der Sache im Bestimmungsstaat. Die überwiegende Meinung[389] ging bisher von der sofortigen Gültigkeit der lex loci destinationis aus. Sofern überhaupt eine Begründung für diese Ansicht erfolgte,[390] wurde behauptet, die Beziehung zum Bestimmungsort sei schon in diesem Moment ein Faktum.[391] Eine solche Betrachtung hat immerhin den Vorteil, daß auch dann, wenn die Ware - aus welchem Grund auch immer - den Bestimmungsort nicht erreicht, die rechtlichen Vorgänge weiterhin dem auch sonst verwendeten Bestimmungsrecht unterliegen.

Gegen diese Betrachtungsweise wird angeführt, es sei unverständlich, das Recht des Bestimmungsortes eine Sache regeln zu lassen, die nie in den Geltungsbereich dieser Rechtsordnung gelangt ist.[392] Dieser Einwand ist berechtigt, besonders dann, wenn das Recht des Bestimmungsorts in dieser Konstellation das Recht der wesentlich engeren Verbindung im Sinne der Ausweichklausel sein soll. Das Bestimmungsortsrecht ist wie oben festgestellt nur deshalb als res-in-transitu-Statut geeignet, weil es das künftige Belegenheitsrecht ist.

Diesem Einwand entgeht *Frankenstein*,[393] indem er zwar das Recht des Bestimmungsortes für maßgeblich hält, diese Maßgeblichkeit allerdings erst bejaht, wenn die Sache den Bestimmungsstaat erreicht hat. Daß diese Rechtsordnung die Sache schon vor Ankunft beherrsche, sei schon begrifflich gar nicht möglich. „Denn wenn das Sachenrecht als subjektives Recht nur von der Rechtsordnung verliehen werden kann, welche die Sache räumlich beherrscht, so ist es klar, daß die Sachen unbestimmter räumlicher Lage nicht Gegenstand neuer Sachenrechte werden können, solange die Unbestimmtheit ihrer Lage andauert."[394]

Diese Konstruktion mag das Problem der Anwendung des Bestimmungsortsrechts als Recht der engsten Verbindung vermeiden, wirft allerdings neue Probleme auf. Die von den Vertragsparteien beschlossene Verfügung unterliegt

---

389 *Kassaye*, Neuere Entwicklungen, S. 193; Sailer, Gefahrübergang, S. 79; *Kropholler*, IPR, § 54 IV; *Markianos*, RabelsZ 23 (1958), 21, 39.

390 Ohne Begründung: MüKo-*Kreuzer*, Nach Art. 38 Anh. I, Rn. 127.

391 *Kondring*, IPrax 1993, S. 371, 376.

392 *Markianos*, RabelsZ 23 (1958), 21, 39.

393 *Frankenstein*, IPR, S. 54 ff.

394 A.a.O., S. 56.

bis zur Ankunft der Sache im Bestimmungsstaat keiner nationalen Rechtsordnung - sie erfolgt daher zunächst im rechtsleeren Raum. *Frankenstein* will den für die Verfügung notwendigen Parteiwillen dahingehend auslegen, daß erst mit dem Eintreffen an einem bestimmbaren Ort eine Wirkung eintreten solle.[395] Indes dürften die Parteien ein wirtschaftliches Interesse daran haben, über die Ware mit sofortiger Wirkung zu verfügen.[396] So muß beispielsweise für den Erwerber, der in unmittelbarem Anschluß an seinen Erwerb die Sache weiterveräußert, feststellbar sein, welches Recht auf die erste Verfügung angewendet wurde. Ein Wille der Parteien auf aufschiebende Wirkung der Anwendung des Bestimmungsortsrechts ist daher nicht gegeben und erscheint konstruiert.
Der dogmatische Einwand *Frankensteins*, nur die Sachenrechtsordnung könne subjektive Rechte verleihen, die die Sache räumlich beherrscht, ist darüber hinaus heute so nicht haltbar. Spätestens seit Existenz des Art. 46 EGBGB kann eine Rechtsordnung subjektive Rechte verleihen, ohne daß die betreffende Sache in deren Herrschaftsbereich belegen ist. Solange die Verbindung wesentlich enger ist als die der lex rei sitae zum in Frage stehenden Lebenssachverhalt, ist dies sogar ausdrücklich angeordnet.
Genau dieser Punkt ist aber das Dilemma. Kann scheinbar einerseits das Recht des Bestimmungsstaates mangels tatsächlicher zukünftiger Belegenheit keine engen Verbindungen zu diesem Recht begründen, ist die Konstruktion, das Bestimmungsortsrecht finde erst im Zeitpunkt der Ankunft der Sache Anwendung, weder mit den Parteiinteressen vereinbar noch praktisch handhabbar. Das anwendbare Recht wäre zwischenzeitlich nicht feststzustellen. Da gewichtige Anknüpfungsmaximen gegen letzteren Lösungsvorschlag sprechen, die Belegenheit, und schon gar nicht die zukünftige, spätestens seit Schaffung der Ausweichklausel nicht unabdingbares Sachstatut sein muß, ist eher von der sofortigen Wirkung des Bestimmungsstaatsrechts im Verfügungszeitpunkt auszugehen.
Dieses Ergebnis ist mit Hilfe der Ausweichklausel nicht nur aus der Not mangels einer besseren Lösung[397] herzuleiten. Daß der ausdrückliche beziehungsweise stillschweigende Parteiwille innerhalb des Art. 46 EGBGB eine Rolle spielen kann, wurde bereits erörtert.[398] Treffen nun zwei Parteien eine Verfügung über res in transitu, ist davon auszugehen, daß sie ein Recht zur Anwendung bringen wollen, welches sofort Gültigkeit erlangt. Dies kann aber nur jenes sein, welches in diesem Zeitpunkt am Bestimmungsort herrscht; nur so kann sich die Sache in den dortigen Rechtsverkehr einfügen. Ob die Sache letztendlich tatsächlich an den Bestimmungsort gelangt, kann außer Betracht bleiben. Zum fraglichen Zeitpunkt - und rechtliche Vorgänge müssen immer

---

[395] A.a.O., S. 54.
[396] *Weil*, Kollisionsrechtliche Beurteilung, S. 19; *Markianos*, RabelsZ 23 (1958), S. 21, 39.
[397] *Kassaye*, Neuere Entwicklungen, S. 193; *Markianos*, RabelsZ 23 (1958), S. 21, 39.
[398] Siehe Erstes Kapitel B X.

einer Rechtsordnung unterstellt werden können - ist das Recht des Bestimmungsortes sowohl im Interesse der Parteien als auch im Sinne des zukünftigen Rechtsverkehrs das der Verfügung über die Sache nächste Recht. Die subjektive Parteiwahl ist so durch die Verkehrsinteressen begrenzt, was innerhalb der Ausweichklausel berücksichtigt bleiben muß. Daher ist von der sofortigen Wirkung des Bestimmungsortsrechts zum Zeitpunkt der Verfügung über res in transitu auszugehen.

bb) Änderung des Bestimmungsortes

Gegen die Anknüpfung an den Bestimmungsort wird eingewandt, daß die Verfügung über rollende, schwimmende oder fliegende Ware häufig gerade zur Umleitung in ein anderes Land führt.[399] Fraglich dabei ist, warum dies ein Hinderungsgrund sein soll. Die Verfügung über die Ware während des Transports ist gerade das Wesen der res in transitu.

Jedoch stellt sich die Frage, welche Auswirkungen ein Bestimmungsortswechsel hat. Diese Frage hängt in dem Sinne eng mit der des Zeitpunktes der Wirksamkeit zusammen, als daß ein Ergebnis bezüglich dieser Frage unmittelbare Auswirkungen auf die Beurteilung von Bestimmungsortsänderungen hat. Es müssen zwei Konstellationen unterschieden werden.

(1) Wechsel des Bestimmungsortes zwischen den Vertragsparteien

Die Vertragsparteien, die über res in transitu verfügt haben, können sich auch noch nach der Verfügung auf einen Bestimmungsort einigen, der vom ursprünglich vereinbarten abweicht. Fraglich ist dann, ob auf die erste Verfügung weiterhin das Recht des ursprünglichen Bestimmungsstaates oder das des danach vereinbarten Anwendung findet. Für *Frankenstein*[400] ist die Lösung dieses Problems eindeutig. Da zum Zeitpunkt des Bestimmungsortswechsels das Recht des ursprünglichen Bestimmungsorts noch gar keine Anwendung findet und das jeweilige Recht erst bei Ankunft seine Wirksamkeit entfaltet, ändert sich mit dem Bestimmungsort auch das Sachstatut. Dies entfaltet dann wiederum erst bei Ankunft der Sache am Bestimmungsort seine Wirkung.

Wie unter aa.) jedoch festgestellt, findet das Bestimmungsortsrecht bereits im Moment der Verfügung über die transportierte Sache Anwendung. Fraglich ist, ob schon aufgrund dieser Tatsache im Umkehrschluß zu Frankensteins Thesen das Recht der ursprünglichen Bestimmung anwendbar bleibt. Ist dies der Fall, wenn die Sache überhaupt nicht ankommt, müßte es auch anwendbar bleiben, wenn die Sache an einen neuen Bestimmungsort geliefert wird.

---

[399] Staudinger-*Stoll*, Rn. 369.
[400] *Frankenstein*, IPR, S. 55.

Indes muß die Begründung für die sofortige Anwendung der lex loci destinationis berücksichtigt werden. Aus dem Parteiwillen wird hergeleitet, ein Recht zur Anwendung zu bringen, welches sofortige Gültigkeit erlangen kann. Dies kann nur das des vereinbarten Bestimmungsortes sein.[401] Wenn nun die Parteien nachträglich den Bestimmungsort ändern, kann das anwendbare Recht davon nicht unberührt bleiben: Da die Sache nun in einen Rechtsverkehr mit abweichender Rechtsordnung eingeführt wird, muß sich auch das Sachstatut ändern. Die Begrenzung des subjektiven Parteiwillens durch das Recht, in dessen Anwendungsbereich die Sache später gelangt, würde ansonsten keinen Sinn haben. Die Situation ist dann ähnlich der abändernden Rechtswahl nach Art. 27 Abs. 2 Satz 1 1. Alt. EGBGB innerhalb des Vertragsstatuts. Der Änderung an sich stehen auch keine Drittinteressen entgegen, da im Gegenteil gerade die Rechtsordnung Anwendung findet, in die die Sache später tatsächlich gelangt. Entgegen *Kreuzer*,[402] der trotz Befürwortung der sofortigen Wirkung des Bestimmungsortsrechts bei Änderung dieses Ortes am ursprünglichen Recht festhalten will, ist bei Änderung des Bestimmungsortes gleichzeitig von einer Änderung des Sachstatuts auszugehen. Dabei muß berücksichtigt werden, daß im Falle eines ursprünglichen, dem Konsensualprinzip folgenden Bestimmungsstaates, der Eigentumsübergang bereits vollzogen ist, auch wenn der neu vereinbarte Bestimmungsstaat dem Traditionsprinzip folgt. Einmal erlangte Rechte können nicht rückgängig gemacht werden.

(2) Nochmalige Verfügung einer Vertragspartei an einen Dritten

Der Bestimmungsort kann sich auch ändern, wenn eine der beiden Vertragsparteien noch auf dem Transportwege die Sache an einen Dritten weiterveräußert. Tut dies der Veräußerer, verhält er sich gegenüber seinem Ersterwerber vertragswidrig. Fraglich ist, wie hier die sachenrechtliche Lage zu beurteilen ist. Zumindest die zweite Verfügung muß dem Recht des neuen Bestimmungsstaates unterliegen. Das Recht des künftigen Bestimmungsstaates muß Anwendung finden. Bezüglich der Argumentation kann nach oben verwiesen werden. Auf das Recht der ersten Verfügung kann das neue Bestimmungsortsrecht nicht einfach angewendet werden. Zwar ist eine nachträgliche Rechtsänderung bezüglich Verfügungen über res in transitu möglich,[403] hier besteht aber die Besonderheit, daß eine der Vertragsparteien in der Regel keine Kenntnis von der neuen Verfügung hat. Zu deren Schutz kann nur das Recht des ursprünglichen Bestimmungsstaates die die erste Verfügung beherrschende Rechtsordnung bleiben. Andernfalls würde dieser Partei ein Recht aufgedrängt werden, daß sie

[401] Siehe oben unter aa.
[402] MüKo-*Kreuzer*, Nach Art. 38 Anh. I, Rn. 127.
[403] Siehe oben unter (1).

weder gewollt noch vorausahnen konnte. Somit finden auf die beiden Verfügungen unterschiedliche Rechtsordnungen Anwendung.

(3) Ergebnis

Es ist keine pauschale Aussage über die Frage möglich, welches Recht bei Änderung des Bestimmungsortes Anwendung finden muß. Ändern die ursprünglichen Vertragsparteien nachträglich den Bestimmungsort, so ändert sich damit auch das Sachstatut. Ist dagegen eine dritte Partei an einer weiteren Verfügung beteiligt, findet auf diese das Recht des neuen Bestimmungsortes Anwendung, während das Statut der ersten Verfügung unberührt bleibt.

c.) Parteiautonomie

Fraglich ist, ob nicht doch die teilweise vorgeschlagene Rechtswahl auf Verfügungen über res in transitu vorzuziehen ist. Nach einer Ansicht soll das res-in-transitu-Statut demselben Recht zu entnehmen sein wie das über das schuldrechtliche Kausalgeschäft herrschende Schuldstatut.[404] Diese Lösungsmöglichkeit würde zu einer mittelbaren Parteivereinbarung über das Sachstatut führen. Nach anderer Ansicht sei darüber hinaus auch eine ausdrückliche oder stillschweigende Wahl des Rechts des Absende- oder des Bestimmungsstaates möglich.[405] Daß der ausdrückliche und stillschweigende Parteiwille im Rahmen des Art. 46 EGBGB als Indiz eine Rolle spielen kann, wurde im Ersten Kapitel gezeigt. Bei der Fallgruppe der res in transitu kann der Parteiwille tatsächlich (mit) zu einer wesentlich engeren Verbindung führen. Im Gegensatz zu anderen Fallgruppen fehlt es hier zum Zeitpunkt der Verfügung gänzlich an einem zu schützenden Rechtsverkehr.[406]

Gegen die Berücksichtigung einer Parteivereinbarung über das Sachstatut spricht jedoch die Tatsache, daß wenig später Verbindungen mit dem Bestimmungsort aufgenommen werden und dort sehr wohl der Schutz des dortigen Rechtsverkehrs der Vereinbarung entgegenstehen könnte. Genau deshalb wurde ja oben das Recht des Bestimmungsortes als das der engsten Verbindung beurteilt. Zwar spielt der Parteiwille dahingehend eine Rolle, daß die Anwendung des Rechts dieses Ortes den Partei*interessen* entspricht,[407] jedoch ist dem Willen bezüglich der anwendbaren Rechtsordnungen Grenzen gesetzt. Allein das Recht des Bestimmungsstaates berücksichtigt die Verkehrsinteressen in der Zukunft. Es dient daher als Grenze des subjektiven Parteiwillens. Von einer Rechts*wahl* kann daher nicht die Rede sein.

---

[404] *Privat*, Der Einfluß der Rechtswahl, S. 78 ff.
[405] Staudinger-*Stoll*, Rn. 369.
[406] Ausgenommen sind lageortsbezogene Rechtsgeschäfte, siehe oben unter 1.
[407] Siehe oben b aa.

Ein Befürworter der Rechtswahl sieht das Recht des Bestimmungsortes als stillschweigend gewählt an, wenn die Parteien im gleichen Staat ansässig sind und die Verfügung sich auf Ware bezieht, die sich auf dem Transport in dieses Land befindet.[408] Da dieses Ergebnis aber mit guten Argumenten[409] begründet werden kann, ist nicht ersichtlich, weshalb man den Weg über den subjektiven Parteiwillen gehen sollte.

d.) Ergebnis

Festzuhalten ist: Das Vorliegen von res in transitu führt innerhalb der Ausweichklausel unabhängig vom Parteiwillen zu einer Verbindung zum Recht des Bestimmungsstaates. Eine eventuelle Parteivereinbarung zugunsten des Rechts dieses Staates wirkt dabei unterstützend zugunsten dieses Rechts. Eine Vereinbarung zugunsten des Rechts des Absendestaates oder eines abweichenden Schuldstatutes kann hingegen keine Wirkung entfalten, da die Ware den nächsten Dauerlageort im Bestimmungsland haben wird und deshalb die dortigen Drittinteressen beachtet werden müssen.

3. Notwendigkeit zusätzlicher Kriterien für das Eingreifen von Art. 46 EGBGB

Fraglich ist aber, ob schon das Vorliegen einer Verfügung über res in transitu als solche zur Anwendung der Ausweichklausel führt. Einerseits hat die obige Untersuchung gezeigt, daß die kollisionsrechtliche Interessenlage zu einer Abweichung von der lex rei sitae führen muß. Andererseits spricht Art. 46 EGBGB von einer wesentlich engeren Verbindung. Ein einziger Umstand kann nie genügen, um die Regelanknüpfung auszuhebeln.[410] Alles andere würde der Systematik der Artt. 43-46 EGBGB widersprechen. Insofern ist das Vorliegen von res in transitu nichts anderes als ein Indiz, welches innerhalb der Ausweichklausel für das Recht des Bestimmungsortes spricht. Es müßten zudem immer noch andere Kriterien erfüllt sein, die ebenfalls auf das Recht dieses Staates deuten. Da die Interessenlage zugunsten des Bestimmungsortes eine sehr starke Verbindung schafft, dürfte schon ein einziges anderes Kriterium genügen, um Art. 46 EGBGB zu erfüllen. Welche Kriterien dies sein können, wurde im Ersten Kapitel erörtert. Hat also beispielsweise der Käufer der Ware seinen gewöhnlichen Aufenthaltsort im Bestimmungsstaat, dürfte dies schon genügen.

Wo keine weitere Verbindung zum Bestimmungsort festgestellt werden kann, kann die Ausweichklausel aus genannten Gründen nicht eingreifen. Es dürfte wegen der geprüften Interessenlage dennoch beim Recht des Bestimmungsortes

---

[408] Staudinger-*Stoll*, Rn. 369.
[409] Siehe oben b.
[410] Siehe Erstes Kapitel A V 3 a

bleiben. Dies geschieht dann allerdings nicht auf Grundlage des Art. 46 EGBGB, sondern kraft Richterrecht. Das kodifizierte Internationale Sachenrecht steht einer richterrechtlichen Anknüpfung nicht entgegen, denn der Gesetzgeber erachtet die Kodifikation in der Frage der Beurteilung von res in transitu als nicht abschließend. So führt er aus, es könne der Rechtsprechung überlassen werden, im Bedarfsfall Grundsätze hierzu zu entwickeln, soweit eine Lösung nicht schon aus Art. 43 Abs. 3 und Art. 46 EGBGB abgeleitet werden könne.[411] Die richterrechtliche Beurteilung dieses Falles ist gegenüber der Möglichkeit, den Fall contra legem unter Art. 46 EGBGB zu fassen, vorzugswürdig. Denn die Anwendung einer Norm contra legem kann immer nur ultima ratio sein.[412] Wenn die Interessenlage eindeutig auf das Recht des Bestimmungsortes deutet, ist dieses Recht das der engsten Verbindung und muß deshalb Anwendung finden - auch außerhalb von Art. 46 EGBGB. Der Gesetzgeber hat sich ausdrücklich dafür ausgesprochen.

V. Endergebnis

Grundsätzlich wird auf dingliche Rechtsgeschäfte über auf dem Transport befindliche Sachen das Recht des Bestimmungsstaates angewendet. Dabei ist es nicht erforderlich, daß sich die Sache zum Zeitpunkt des rechtserheblichen Geschehens in einem Transitstaat oder in hoheitsfreiem Gebiet befindet. Es wäre willkürlich, bei einer Transportroute ohne Transitstaat die sukzessive Anwendung der Sachstatute entscheiden zu lassen, bei Passieren eines solchen Staates aber ausschließlich das des Bestimmungsstaates.

Das Recht des Bestimmungsortes gilt bereits zum Zeitpunkt der Verfügung. Die Sache muß also noch nicht diesen Ort erreicht haben, um Geltung zu erlangen. Wird nach der Verfügung über die Sache seitens der Vertragsparteien der Bestimmungsort geändert, so ändert sich im nachhinein auch das Statut der Verfügung. Das Recht des neuen Bestimmungsstaates findet Anwendung. Wird hingegen an einen Dritten unter Änderung des Bestimmungsstaates verfügt, muß zwischen beiden Verfügungen unterschieden werden. Während die erste nach wie vor dem Recht des ursprünglichen Bestimmungsstaates unterstellt bleibt, richtet sich die zweite Verfügung nach dem Recht des neuen Bestimmungsstaates.

Für lageortsbezogene Rechtsgeschäfte über res in transitu gilt die Situsregel.

Zur Frage, ob diese Ergebnisse über die Ausweichklausel begründbar sind, gilt folgendes: Wird über eine im Transport befindliche Ware verfügt, so ist noch nicht per se das Bestimmungsortsrecht über die Ausweichklausel anwendbar. Dies ist erst der Fall, wenn ein zusätzliches Indiz auf dieses Recht deutet. Bei der Subsumtion einer Verfügung über res in transitu handelt es sich um einen

---

[411] BTDrucks. 14/343, S. 14.

[412] *Larenz*, Methodenlehre, S. 428.

Fall der zeitlich engeren Verbindung, da die lex rei sitae selbst unter anderem Anknüpfungsmoment bleibt.[413] Doch auch wenn kein zusätzliches Anknüpfungskriterium auf den Bestimmungsort deutet, muß kraft Rechtsfortbildung außerhalb des kodifizierten Internationalen Sachenrechts das Bestimmungsortsrecht Anwendung finden. Ausgenommen die lageortsbezogenen Vorgänge gilt dieses Ergebnis in jedem Fall, in dem der Bestimmungsort in einem anderen Staat als dem Absendeort liegt.

D. Grenzüberschreitender Erwerb vom Nichtberechtigten

Ein weiterer Fall, für den eine vom regulären Sachstatut abweichende Anknüpfung diskutiert wurde, ist der des grenzüberschreitenden Erwerbs vom Nichtberechtigten. Hierbei handelt es sich um den Fall, daß in einem Staat eine Sache gestohlen wird oder abhanden kommt und daß diese dann in einem anderen Staat veräußert wird. Die Anknüpfung ist deshalb bedeutsam, weil die einzelnen Staaten unterschiedliche Regelungen bezüglich eines eventuellen gutgläubigen Erwerbs haben. Nicht jeder Staat folgt der differenzierenden Lösung des BGB, wonach nur bewegliche Sachen vom Nichtberechtigten gutgläubig erworben werden können, die weder gestohlen noch abhanden gekommen sind, § 935 BGB. So können beispielsweise in Italien auch solche Sachen wirksam erworben werden,[414] während andere Staaten einen Gutglaubenserwerb überhaupt nicht kennen.[415] Wiederum andere sehen in manchen Fällen ein sogenanntes Lösungsrecht vor. Hier wird dem Erwerber zwar nicht das Eigentum zugesprochen, er muß jedoch die Sache nur gegen Erstattung des von ihm verauslagten Kaufpreises herausgeben.[416]

I. Bisheriger Diskussionsstand

Die herrschende Meinung wendete die Situsregel auch auf den Erwerb vom Nichtberechtigten an, ohne zwischen Inlandsgeschäften und transnationalen Verkehrsgeschäften zu unterscheiden. Der lex rei sitae sei danach zu entnehmen, ob der Veräußerer einer beweglichen Sache verfügungsbefugt ist und ob bei Veräußerung durch einen Nichtberechtigten der Erwerber gutgläubig erwirbt. Insbesondere wurde auch die Frage erfaßt, wann eine Sache als abhanden gekommen gilt und welche Anforderungen an den guten Glauben zu stellen sind. So galt bei im Inland erworbenen Sachen der Fahrlässigkeitsmaßstab des

---

[413] Siehe Erstes Kapitel A V 6 e.

[414] Artt. 1153 Abs. 1, 1154 c.c.

[415] Z.B. Art. 1301 portug. cc.

[416] Art. 934 Abs. 2 schweizerisches ZGB; Art. 2280 französischer CC; Art. 464 Abs. 2 spanischer cc.

§ 932 Abs. 2 BGB. Dieser wurde dahingehend modifiziert, daß der Erwerber bei Auslandssachverhalten erhöhte Vorsicht hat walten zu lassen.[417]

Die wirksame Veräußerung oder Belastung einer Sache durch einen Nichtberechtigten kann für den Berechtigten eine Härte darstellen, wenn die Sache gegen seinen Willen ins Ausland verbracht wird und erst dort erworben wird, was nach den Gutglaubensvorschriften im Inland nicht möglich gewesen wäre. Aus dieser Überlegung heraus folgerte eine Meinung in der Literatur, die sachenrechtliche Vorfrage, ob die Sache gestohlen oder sonst abhanden gekommen ist, dem Recht des Ortes dieser Ereignisse zu unterstellen.[418] Hiergegen wurde jedoch eingewandt, jeder Staat müsse selbst darüber bestimmen können, welche Sachen er als abhanden gekommen beziehungsweise gestohlen ansieht und damit dem Rechtsverkehr entzieht.[419]

Außerdem würde eine derartige Aufspaltung der Anknüpfung nicht konsequent den Schutz der Berechtigten verfolgen. Schließlich sei nicht nur die Frage entscheidend, ob die Sache abhanden gekommen ist oder nicht, sondern vor allem, ob nach Beantwortung dieser Frage überhaupt ein gutgläubiger Erwerb im Staat des Erwerbs möglich ist. Dann müßten konsequenterweise alle Fragen des Erwerbs vom Nichtberechtigten einheitlich nach dem Recht des Staates angeknüpft werden, in dem die Sache abhanden gekommen ist.

Diese Ansicht[420] wurde mit dem Argument untermauert, daß so das Recht zur Anwendung käme, mit dem der Eigentümer rechnen konnte. Der Berechtigte verdiene nämlich den Schutz des Staates, in dessen Hoheitsgebiet sich seine Sache nach seinem Willen im Augenblick des Abhandenkommens befindet. Diese Anknüpfung bedeute auch keinen tiefgreifenden Eingriff in bestehende Anknüpfungsgrundsätze, schließlich werde nicht der Anknüpfungspunkt, sondern nur der Anknüpfungszeitpunkt verändert. Wenn dagegen eingewandt wird, eine solche rechtliche Behandlung würde den internationalen Handel beeinträchtigen,[421] müsse man eben dem Schutz des Eigentümers Vorrang gewähren.[422]

Die herrschende Meinung widersprach jedoch einer solchen Sonderanknüpfung des Gutglaubenserwerbs abweichend von der Situsregel: Die an der Veräußerung Beteiligten können regelmäßig nicht mit der Anwendung der Rechtsordnung eines früheren Belegenheitsstaates rechnen. Auch sei die Anwendung des Herkunftsrechts der Sache nicht immer sachgerecht, besonders dann, wenn der

---

[417] *BGH* NJW 1991, 1415, 1415 f. = IPRax 1993, 176, 177 f.

[418] *Weissflog*, Schutz des Erwerbes, S. 33 ff.; *Hanisch* in FS Müller-Freienfels, S. 215.

[419] *Stoll* in Dolzer/Jayme/Mußgnug, S. 53, 58.

[420] *Mansel*, IPRax 1988, 268, 271.

[421] *Reichelt*, IPRax 1986, 73; *Magnus*, RIW 1981, 201, 203.

[422] *Mansel*, IPRax 1988, 268, 271.

Berechtigte die Sache nachlässig verwahre und/oder mit einer Verbringung ins Ausland rechnen mußte.[423]

II. Einordnung im kodifizierten Internationalen Sachenrecht

Ebenso wie die res in transitu wird der Erwerb vom Nichtberechtigten im kodifizierten Internationalen Sachenrecht nicht geregelt. Grundsätzlich hat sich daher an der geltenden Rechtslage nichts geändert, sofern man der herrschenden Meinung folgt. Mangels Sonderanknüpfung für den Erwerb vom Nichtberechtigten unterfällt dieser der Situsregel in Art. 43 Abs. 1 EGBGB. Zwar sagt diese nichts über den hier in Frage stehenden Zeitpunkt aus. Fehlen Regelungen von Einzelfragen, kann jedoch auf die bisherigen Ergebnisse der Rechtsprechung zurückgegriffen werden.[424] Was den Zeitpunkt betrifft, kommt es folglich im Rahmen der jeweils berufenen Rechtsordnung auf die Vollendung des betreffenden Tatbestandes an.[425] Somit wird der herrschenden Meinung gefolgt, die die Situsregel zum Zeitpunkt des Erwerbs vom Nichtberechtigten für maßgeblich hält.

III. Eingreifen der Ausweichklausel

1. Zeitliche Abweichung von der Regelkollisionsnorm

Ein Eingreifen der Ausweichklausel für die Fallgruppe des grenzüberschreitenden Erwerbs vom Nichtberechtigten würde daher nicht durch eine Anknüpfung an abweichende Anknüpfungspunkte, sondern durch einen anderen Anknüpfungszeitpunkt bei Beibehaltung des Anknüpfungspunktes erfolgen. Die Möglichkeit dieses Verständnisses der engeren Verbindung wurde oben bereits erläutert.[426]

2. Interessenbewertung

Fraglich ist, ob Maximen der Anknüpfung, und wenn ja, welche von diesen, für eine vom Regelanknüpfungszeitpunkt abweichenden Zeitpunkt sprechen.

a.) Parteiinteressen

In Betracht kommen zunächst Parteiinteressen. Jede Partei hat ein elementares Interesse daran, den konkreten Rechtsvorgang nach der Rechtsordnung beurteilt zu wissen, mit der sie rechnen konnte. Problematisch im Fall des Erwerbs vom Nichtberechtigten ist die Frage, wer überhaupt Partei ist. So handelt es sich

---

[423] Staudinger-*Stoll*, Rn. 302.
[424] BTDrucks. 14/343, S. 15.
[425] BGHZ 100, 321, 324; *BGH* NJW 1995, 58, 59.
[426] Siehe Erstes Kapitel A V 6 e und Fallgruppe der res in transitu, C VI.

sicherlich beim Erwerber und beim Nichtberechtigten als Beteiligte des Erwerbsvorgangs um Parteien; ob der Berechtigte hingegen Partei ist, erscheint weniger offensichtlich. Träger der Parteiinteressen sind die am rechtlichen Vorgang *aktuell*, Träger der Verkehrsinteressen die daran *potentiell* Beteiligten.[427] Gegen die Parteieigenschaft des Berechtigten spricht, daß er am in Frage stehenden Erwerbsvorgang nicht *beteiligt* ist. Ohne sein Zutun wird die in seinem Eigentum stehende Sache veräußert. Hingegen wird der Berechtigte unmittelbar durch dieses Ereignis betroffen, indem er je nach Umständen sein Eigentum behält oder verliert. Dies dürfte der entscheidende Punkt sein: Es muß weniger auf die aktive Beteiligung als vielmehr auf die aktuelle Betroffenheit einer Person ankommen, um ihre Parteieigenschaft anzunehmen. Daher sind die Interessen dreier verschiedener Parteien zu untersuchen.

aa) Interessen des Nichtberechtigten und des Erwerbers

Die Interessen des Nichtberechtigten und des Erwerbers können zusammengefaßt werden. Beide sind Parteien des Erwerbsvorgangs und wissen ggf. nichts von der mangelnden Berechtigung des Veräußerers. Ebenso wie alle anderen Rechtsteilnehmer vertrauen sie darauf, daß der Erwerbsvorgang nach dem Recht der Belegenheit beurteilt wird. Pauschal wird darauf verwiesen, eine abweichende Anknüpfung des gutgläubigen Erwerbs sei schon deshalb nicht gerechtfertigt, weil die Parteien mit der Anwendung der sich auf eine frühere Herkunft der Sache beziehenden Rechtsordnung regelmäßig nicht rechnen können.[428]

(1) Unterschiedliche Parteiinteressen

Dies ist nicht immer der Fall. So kann der nichtberechtigte Dieb durchaus wegen seiner Kenntnis von der Herkunft der Sache mit der Anwendung von Normen rechnen müssen, die von der lex rei sitae abweichen - jedenfalls wäre sein Vertrauen auf die Regelanknüpfung nicht schutzwürdig. Auch der Erwerber erscheint nicht schutzwürdig, wenn er Kenntnis von der Nichtberechtigung hat. Kennt er die Herkunft der Sache, kann er mit der Anwendung des Herkunftsrechts rechnen müssen.

Allerdings spielt diese Fallgruppe im Ergebnis keine Rolle. Da es weltweit keine Rechtsordnung gibt, die den wirksamen Erwerb eines Bösgläubigen vom Nichtberechtigten zuläßt, scheitert der Erwerb unabhängig von der anwendbaren Rechtsordnung. Ferner ist das Argument, die an dem Veräußerungsvorgang Beteiligten könnten nicht mit der Anwendung des Herkunftsrechts rechnen, in einer Vielzahl der Fälle richtig. Dies trifft einerseits auf den Nichtberechtigten zu, der, gerade wenn er in einer Veräußerungskette steht, oft keine Kenntnis von

[427] *Kegel/Schurig*, IPR, § 2 II 2.
[428] *Henrich* in FS Heini, S. 202; *v. Hoffmann*, IPR, § 12 II 2 b; Staudinger-*Stoll*, Rn. 302.

seiner mangelnden Berechtigung hat. Andererseits trifft dies häufig auf den Erwerber zu, der keine Kenntnis über die Herkunft hat.

(2) Pauschalisierung oder Gesamtabwägung

Fraglich ist nun, ob man die Parteiinteressen in allen Fällen des grenzüberschreitenden Erwerbs vom Nichtberechtigten für die Anwendung der Situsregel sprechen läßt oder ob man je nach Kenntnis der Parteien differenziert. Im Falle der Kenntnis über die Nichtberechtigung dürften die Parteiinteressen mangels Schutzwürdigkeit nicht für die Regelanknüpfung sprechen. Die Lösung dieses Problems stellt sich ähnlich dar wie die möglichen Vorgehensweisen bei der Konkretisierung offener Regelungen.[429]
Einerseits lassen sich die Parteiinteressen des Nichtberechtigten und des Erwerbers formalisieren, ohne geprüft zu haben, wohin diese im Einzelfall tendieren. Im vorliegenden Fall würde man die Schutzwürdigkeit derjenigen Parteien den Ausschlag geben lassen, die keine Kenntnis von der Nichtberechtigung haben. Die Parteiinteressen der am Veräußerungsvorgang Beteiligten würden dann formalisiert für die Situsregel sprechen. Andererseits ließe sich eine Gesamtabwägung aller Umstände vornehmen, die geeignet ist, die Parteiinteressen tatsächlich im Einzelfall zu bestimmen. Je nach Kenntnis der Parteien würden sie für die Regelanknüpfung oder für deren Abweichung sprechen. Auch hier ist der Vorteil der einen Lösung der Nachteil der anderen und umgekehrt. Eine Formalisierung der Interessen führt zu Rechtssicherheit, was allerdings auf Kosten der Einzelfallgerechtigkeit geht. Die Gesamtabwägung ist dagegen der Einzelfallgerechtigkeit verpflichtet, gefährdet aber die Rechtssicherheit.[430]
Eine echte Ausweichklausel wie Art. 46 EGBGB kann nur durch eine Gesamtschau der Umstände konkretisiert werden. Dies muß auch für die Anknüpfungsmaximen gelten, die in verschiedenen Konstellationen für voneinander abweichende Rechtsordnungen sprechen. Nur so kann es zu Einzelfallgerechtigkeit kommen, die gerade durch die Schaffung der Ausweichklausel angestrebt wird.

(3) Ergebnis

Daher sprechen die Parteiinteressen der am Verfügungsvorgang Beteiligten nur für die Regelanknüpfung, wenn beide Parteien oder der Erwerber allein keine Kenntnis von der Nichtberechtigung hat. Wissen die Parteien allerdings von der Nichtberechtigung oder hat nur der Erwerber Kenntnis, ist keine Schutzwürdigkeit zu erkennen, und die Interessen dürfen nicht für die Situsregel sprechen.

---

[429] Siehe Erstes Kapitel A V 3 a.
[430] *Mansel*, Personalstatut, S. 178.

bb) Interessen des Berechtigten

(1) Verbringung der Sache ins Ausland

Die Veräußerung oder Belastung einer Sache durch einen Nichtberechtigten kann den Interessen des Berechtigten zuwiderlaufen, wenn die Sache ohne seinen Willen in einen anderen Staat verbracht wird und erst dort veräußert wird. Zwar wird ein gutgläubiger Erwerb immer seinen Interessen widersprechen, damit muß er jedoch rechnen, soweit er sich in einer Rechtsordnung bewegt, die den gutgläubigen Erwerb zuläßt. Die Verbringung an sich kann sich jedoch nachteilig für ihn auswirken. Dies ist dann der Fall, wenn nach inländischem Recht die Sache abhanden gekommen ist und deshalb ein Gutglaubenserwerb ausscheiden würde, nach der im Ausland geltenden Rechtsordnung aber auch abhanden gekommene Sachen gutgläubig erworben werden können. Ohne sein Zutun verliert der Berechtigte sein Eigentum oder erleidet eine Belastung seiner Sache, vor der er nach seiner „angestammten" Rechtsordnung geschützt wäre.[431] Die Frage, welche Rechtsordnung anstelle der des Ortes des Erwerbs seinen Interessen entspricht, geht einher mit seiner kollisionsrechtlichen Schutzwürdigkeit. Schutzwürdig ist er nur insoweit, als er auf die Geltung einer Rechtsordnung vertrauen konnte, d.h., soweit er die Belegenheit der Sache beeinflussen konnte. Dies konnte er bis zum Zeitpunkt des Diebstahls beziehungsweise des Abhandenkommens. Seinem Interesse entspricht es daher, auf den gutgläubigen Erwerb das Recht des Staates anzuwenden, in dessen Gebiet die Sache zur Zeit des Abhandenkommens belegen war.

(2) Ausnutzung „erwerbsfreundlicher" Rechtsordnungen

Teilweise wird argumentiert, die Regelanknüpfung berge die Gefahr, daß gestohlene Sachen absichtlich in das Hoheitsgebiet eines Staates verbracht werden, nach dessen Rechtsordnung der gutgläubige Erwerb unter erleichterten Bedingungen möglich ist.[432] Zwar gebe es nur wenige Rechtsordnungen, die den gutgläubigen Erwerb an gestohlenen Sachen zuließen, viele sähen aber eine kurze Ausschlußfrist vor, nach deren Ablauf der Bestohlene vom Gutgläubigen keine Herausgabe mehr verlangen könne.[433] Eine Ausnutzung solcher Rechtsordnungen zu verhindern, würde ebenso das Interesse des Berechtigten an der Anwendung des am Diebstahlsort geltenden Rechts stützen. Die Ausnutzung „erwerbsfreundlicher" Rechtsordnungen durch Diebesbanden ist indes nicht

[431] *Mansel*, IPRax 1988, 68, 271; *Byrne-Sutton*, Le trafic international des biens culturels, S. 146 ff.
[432] *v. Hoffmann*, IPR, § 12, Rn. 22.
[433] *Mansel*, IPRax 1988, 268, 270: Gemeint sind damit etwa Artt. 934 des schweizerischen ZGB (5 Jahre), Art. 3014 des niederländischen Zivilgesetzbuches oder Art. 2279 des französischer CC (3 Jahre).

immer stichhaltig. Oft stehen die Abnehmer gestohlener Güter schon fest, bevor sie gestohlen werden beziehungsweise wissen die Abnehmer von der Herkunft der Güter. Der Erwerb scheitert mithin schon mangels Gutgläubigkeit. Ferner orientieren sich Diebesbanden bezüglich ihres Absatzmarktes daran, ob sie erfolgreich verkaufen können, und nicht daran, wo der Erwerber eventuell gutgläubig erwerben könnte. Dies dürfte nichtberechtigten Dieben oder Hehlern gleichgültig sein. Die Gefahr der gezielten Herbeiführung einer günstigen Anknüp-fungssituation kann folglich vernachlässigt werden. Dies ändert jedoch nichts an der Tatsache, daß die Parteiinteressen des Berechtigten auf die Anwendung des Rechts des Diebstahlsortes oder des Ortes des Abhandenkommens zielen.

(3) Nachlässige Verwahrung der Sache durch den Berechtigten

Fraglich ist jedoch, ob diese Interessen in jedem Falle in die Wertung einfließen sollten. So wird argumentiert, daß das Vertrauen des Berechtigten auf die Anwendung der lex originis keineswegs immer berechtigt ist, besonders dann nicht, wenn er die Sache nachlässig verwahrt hat und mit ihrem Transport ins Ausland hat rechnen müssen.[434] In der Tat ist zu überdenken, warum der Eigentümer in diesem Falle auf die Anwendung des Rechts vertrauen dürfen sollte, dessen Herrschaftsbereich er die Sache anvertraut hat - sofern in diesem Fall noch von „anvertrauen“ die Rede sein kann. Allerdings hat der Eigentümer als Inhaber des stärksten dinglichen Rechts an einer Sache weder im deutschen noch im ausländischen Recht eine Pflicht, seine Sache ordnungsgemäß zu verwahren, die ihn bei Mißachtung zum Nachteil gereichen würde. Aufgrund dieser Ausformung des Eigentumsrechts ist die Argumentation, das Vertrauen des Eigentümers sei bei nachlässiger Verwahrung nicht berechtigt, nicht überzeugend.

(4) Ergebnis

Im Gegensatz zu den Interessen des Nichtberechtigten und des Erwerbers kommt es bei denen des Berechtigten nicht zu einer Aufspaltung der Interessen. Seine Parteiinteressen zielen in allen Fällen auf die Anwendung der lex originis.

b.) Verkehrsinteresse

Das Interesse der potentiell Beteiligten ist eindeutig: Der Rechtsverkehr des Staates, in dem die Sache vom Nichtberechtigten erworben wird, muß nur mit solchen dinglichen Rechten und Belastungen einer Sache rechnen, die den Rechtsteilnehmern dieses Staates bekannt sind. Zwar besteht beim Erwerb vom

[434] Staudinger-*Stoll*, Rn. 302.

Nichtberechtigten in der Regel nicht die Gefahr der Konfrontation mit unbekannten Rechten,[435] da es um die Frage des Eigentumserwerbs geht. Dennoch hat der Verkehr ein Interesse, seine ihm bekannten Regeln auf den Erwerb angewandt zu wissen. Für ihn ist es ganz erheblich zu wissen, ob der Erwerber, und wenn ja, unter welchen Umständen, Eigentümer wird.

c.) Stärkung des Eigentumsschutzes keine Anknüpfungsmaxime

Die Forderung, den transnationalen Erwerb vom Nichtberechtigten abweichend vom Anknüpfungszeitpunkt der Situsregel anzuknüpfen, wird bisweilen vom Argument gestützt, eine solche Lösung entspreche der internationalen Tendenz, die Rechte des Eigentümers stärker zu betonen.[436] Tatsächlich stützen neuere ausländische Kodifikationen, die den gutgläubigen Erwerb beweglicher Sachen schlichtweg ablehnen,[437] beziehungsweise das KultGüRückG, welches einen öffentlichrechtlichen Anspruch nach der lex originis beurteilt,[438] die These von der Verstärkungstendenz des Eigentümerschutzes. Es ist jedoch fraglich, ob diese materiellrechtliche Ausgestaltung eines dinglichen Rechts argumentativ zugunsten der Abweichung beitragen kann.
Die im Rahmen der Anknüpfungsmaximen zu untersuchenden Interessen unterscheiden sich von denen im materiellen Privatrecht: So geht es im materiellen Privatrecht um den Inhalt des Rechts, im IPR um die Anwendung eines Rechts.[439] Die Interessen an Anwendung eines Rechts stehen zwar ebenfalls in Zusammenhang mit seinem Inhalt, aber nur mit bestimmten inhaltlichen Kategorien, die sich insoweit auswirken, nicht mit der Lösung materieller Interessenkonflikte. Ein auf die bloße Anwendung einer Rechtsordnung ohne Rücksicht auf das materielle Ergebnis gerichtetes Interesse besteht: „Das eigene Recht wird gelebt, ihm vertraut man, auch ohne das konkrete Ergebnis zu kennen; ihm will man im Guten und Bösen folgen.“[440]
Daraus folgt, daß die Anknüpfungsinteressen nicht von materiellrechtlichen Interessen beeinflußt werden. Erst nachdem die internationalprivatrechtliche Gerechtigkeit geprüft ist, darf man sich der materiellprivatrechtlichen Gerechtigkeit zuwenden.[441] Tendieren somit verschiedene Gesetzgeber in jüngster Zeit zu einem verstärkten Eigentumsschutz und betonen die Interessen des Eigentü-

---

435 Zum Lösungsrecht siehe unten unter 3.
436 *Mansel*, IPRax 1988, 268, 271.
437 Portugiesischer cc von 1966; Art. 1714 Abs. 2 CC du Québec: „Il est tenu, si le bien est un meuble qui a été vendue dans le cours des activités d'une entreprise, de rembourser à l'acheteur de bonne foi le prix qu'il a payé“. Ein gutgläubiger Erwerb ist hingegen ausgeschlossen.
438 §§ 4, 8 KultGüRückG.
439 Kegel/Schurig, IPR, § 2 I.
440 Kegel/Schurig, IPR, § 2 I.
441 BGHZ 75, 32, 41.

mers, bleibt dies bei der Interessenbewertung im Rahmen der Ausweichklausel ohne Belang.

d.) Ordnungsinteressen

Angesichts der sich bei der Fallgruppe des Erwerbs vom Nichtberechtigten abzeichnenden Differenzierungen in der Interessenbewertung kann von einer leichten Ermittelbarkeit des Rechts keine Rede sein. Auch dürfte es der Ermittelbarkeit des Rechts nicht zuträglich sein, wenn das Gericht erst die Herkunft einer Sache klären muß, die ggf. erst über andere Staaten in den Gerichtsstaat gelangte. Ein abweichender Anknüpfungszeitpunkt entspricht daher nicht dem Ordnungsinteresse der schnelleren, billigeren und sichereren Entscheidung. Auch dem äußeren Entscheidungseinklang wäre durch einen abweichenden Anknüpfungszeitpunkt nicht gedient. So wurden dahingehende Vorschläge für den Erwerb vom Nichtberechtigten weltweit von keinem Staat umgesetzt. Diese Ordnungsinteressen dürfen jedoch bei der Interessenbewertung nicht zu starkes Gewicht erlangen. Schließlich liegt es in der Natur jeder Ausweichklausel, daß der Einzelfallgerechtigkeit dienende Ergebnisse entstehen, die von solchen abweichen, die nach der Behandlung durch ausländisches IPR entstanden wäre, welches ohne Ausweichklausel auskommen muß.

e.) Keine Deckung mit den Anknüpfungsmaximen der Situsregel

Nach Ermittlung der Maximen, die im konkreten Fall für einen differierenden Anknüpfungszeitpunkt sprechen, muß untersucht werden, ob diese mit denen identisch sind, auf denen die Regelanknüpfung basiert.[442] Erst dann ist der konkret untersuchte Lebenssachverhalt Fallgruppe der Ausweichklausel. Aus Ermittlung der Anknüpfungsmaximen geht hervor, daß nicht in jedem Fall des transnationalen Erwerbs vom Nichtberechtigten alle Parteiinteressen für ein abweichendes Recht sprechen. Während die Interessen des Berechtigten immer auf die lex originis deuten, muß bei denen des Nichtberechtigten beziehungsweise des Erwerbers nach ihrer Kenntnis von der Nichtberechtigung differenziert werden.

Fraglich ist jedoch, ob diese Unterscheidung überhaupt eine Rolle spielt. Die wichtigste Anknüpfungsmaxime der Situsregel, das Verkehrsinteresse, deutet nicht auf ein abweichendes Recht. Im Gegenteil sprechen die Verkehrsinteressen auch beim transnationalen Erwerb vom Nichtberechtigten für den Regelanknüpfungszeitpunkt.[443] Die Situsregel ist vornehmlich am Verkehrsinteresse ausgerichtet, daß sich das anwendbare Recht leicht und verläßlich bestimmen läßt. Dem entspricht auch der individuelle Vertrauensschutz: Die am Erwerb

---

[442] Siehe Erstes Kapitel A V 4 b.

[443] Siehe oben D III 2 b.

beteiligten Personen sollen darauf vertrauen dürfen, daß diejenige Rechtsordnung zur Anwendung kommt, mit der sie nach den Anschauungen des Verkehrs im allgemeinen zu rechnen haben. Die Anschauungen des Verkehrs und die berechtigten Erwartungen der beteiligten Personen sind daher Richtschnur und Schranke für die Auflockerung der gesetzlichen Grundregeln mittels der Ausweichklausel.[444] Bezweckt sie auch eine verfeinerte Bestimmung des Schwerpunktrechts, deckt sie nicht die Bevorzugung bestimmter Individualinteressen, deren Berücksichtigung mit den Anschauungen des Verkehrs und den Erwartungen der Parteien zuwiderlaufen. Gehen die Parteiinteressen des Berechtigten auch eindeutig auf die Anwendung der lex originis, die über die Ausweichklausel begründbar wäre, können diese sich niemals gegen die Verkehrsinteressen durchsetzen. Da die Verkehrsinteressen immer und in einer Vielzahl der Fälle die Parteiinteressen der am Erwerbsvorgang Beteiligten für den regelmäßigen Anknüpfungszeitpunkt sprechen, kann die Ausweichklausel nicht eingreifen.[445] Für dieses Ergebnis sprechen auch die Ordnungsinteressen, die auch beim grenzüberschreitenden Erwerb vom Nichtberechtigten für die gesetzliche Regel sprechen.

f.) Ergebnis

Die Ausweichklausel des Art. 46 EGBGB findet bezüglich des transnationalen Erwerbs vom Nichtberechtigten keine Anwendung

3. Sachen, die vom KultGüRückG erfaßt sind

a.) Fragestellung

Anders könnte das Ergebnis ausfallen, wenn sich der grenzüberschreitende Erwerb vom Nichtberechtigten auf Sachen bezieht, die dem KultGüRückG unterfallen. Das KultGüRückG, daß im KultgutSiG[446] enthalten ist, hat in Umsetzung der Richtlinie 93/7/EWG des Rates der Europäischen Union[447] einen öffentlichrechtlichen Anspruch auf Rückgabe unrechtmäßig aus dem

---

[444] *Stoll*, IPRax 2000, 259, 269.

[445] Dies deckt sich mit dem gefundenen Ergebnis hinsichtlich der nochmaligen Verfügung einer Vertragspartei über res in transitu an einen Dritten, siehe C IV 2 b bb (2). Nur die Anwendung des neuen Bestimmungsortsrechts auf diese Verfügung gewährleistet den Schutz des Rechtsverkehrs am Ort der künftigen Belegenheit.

[446] BGBl. 1998 I, 3162.

[447] Richtlinie 93/7/EWG des Rates vom 15.3.1993 über die Rückgabe von unrechtmäßig aus dem Hoheitsgebiet eines Mitgliedstaats verbrachten Kulturgütern, ABl. L 74/74 sowie Richtlinie 96/100/EG des Europäischen Parlaments und des Rates vom 17.2.1997 zur Änderung des Anhangs der Richtlinie 93/7/EWG, ABl. L 60/59.

Hoheitsgebiet eines EU-Mitgliedstaates verbrachten Kulturgutes eingeführt. Deutsche Kulturgüter sind dabei nach der Legaldefinition des § 1 KultGüRückG alle Gegenstände, die in das „Verzeichnis national wertvollen Kulturgutes“ oder in das „Verzeichnis national wertvoller Archive“ eingetragen sind oder für die das Eintragungsverfahren eingeleitet und öffentlich bekanntgemacht worden ist. Ein Kulturgut aus anderen Mitgliedstaaten liegt nach § 5 Abs. 1 KultGüRückG vor, wenn der Gegenstand vor der Verbringung öffentlich als Kulturgut eingestuft, oder seine Einstufung eingeleitet und öffentlich bekanntgemacht wurde und entweder in eine der im Anhang der Kulturgüterrichtlinie genannten Kategorien fällt oder Teil einer öffentlichen Sammlung ist.
In den §§ 4, 8 KultGüRückG wird angeordnet, daß sich die Beurteilung der Eigentumsverhältnisse nach dem Recht des Ortes des *Abhandenkommens* richtet; dies allerdings nur, wenn die Sache nach den Vorschriften dieses Gesetzes - nämlich in Erfüllung des öffentlichrechtlichen Anspruchs - in dieses Land zurückgegeben wurde. Fraglich ist, welche Auswirkungen diese Kollisionsnormen auf Art. 46 EGBGB haben.[448] Denkbar ist, daß die von den Sondernormen des KultGüRückG angeordnete lex originis über die Ausweichklausel auch auf Fälle anwendbar ist, die die Sondernormen nicht erfassen. Möglich wäre daher, daß die lex originis auf die unrechtmäßig aus einem Mitgliedstaat ausgeführten Kulturgüter anwendbar ist, wenn das Kulturgut entweder nicht zurückkehrt oder zwar zurückkehrt, jedoch nicht in Erfüllung des öffentlichrechtlichen Anspruchs. Dies könnte über eine Analogie begründbar sein.

b.) Gang der Untersuchung

Stoll zieht die Möglichkeit in Betracht, die analoge Anwendung der §§ 4, 8 KultGüRückG auf derartige Fälle mit der Ausweichklausel des Art. 46 EGBGB zu begründen.[449] Dabei ist rechtsmethodologisch unklar, durch die Anwendung welcher Norm er die Möglichkeit einer Analogie begründet sehen will. Unter einer Analogie versteht man die Übertragung der für einen Tatbestand im Gesetz gegebenen Regel auf einen Tatbestand, der vom Gesetz nicht geregelt ist, ihm aber ähnlich ist.[450] Grund für die Übertragung ist, daß aufgrund ihrer Ähnlichkeit in der für die gesetzliche Bewertung maßgebenden Hinsicht beide Tatbestände gleich zu bewerten sind. Die Ausfüllung der Gesetzeslücke im Wege des Rückgriffs auf ein gesetzliches Prinzip basiert darauf, daß der gesetz-

---

[448] Die Untersuchung von Kulturgütern im Sinne des KultGüRückG als eventuelle Fallgruppe von Art. 46 EGBGB erfolgt im Rahmen des Erwerbs vom Nichtberechtigten. Die kollisionsrechtliche Behandlung dieses Falles wird die häufigste sein, wenn Kulturgüter unrechtmäßig aus ihrem Heimatstaat verbracht werden. Die folgende Untersuchung erfaßt aber darüber hinaus allgemein die internationalsachenrechtliche Lage von Kulturgütern, also nicht nur den Erwerb vom Nichtberechtigten.

[449] *Stoll*, IPRax 2000, 259, 269: Im Ergebnis lehnt er dies ab.

[450] *Larenz*, Methodenlehre, S. 381; *Sauer*, Juristische Methodenlehre, S. 288.

lich nicht geregelte Sachverhalt ein solcher ist, auf den das Prinzip gleichfalls zutrifft, wobei ein Grund für eine Ausnahme von diesem Prinzip nicht erkennbar ist.[451]

Das KultGüRückG spaltet entsprechend der Systematik des Gesetzes die Kollisionsnorm des Art. 12 der Richtlinie 93/7/EWG[452] in zwei Vorschriften auf, je nachdem, ob es sich um die Rückgabe deutschen Kulturgutes (§ 4) oder um die Rückgabe ausländischen Kulturgutes handelt (§ 8). Die einseitige Kollisionsnorm des § 4 bestimmt, daß deutsches Sachrecht bezüglich der Eigentumslage am Kulturgut zur Anwendung kommt, wenn es nach den Bestimmungen des Gesetzes auf Verlangen der Bundesrepublik zurückgegeben wird. Entsprechend ordnet § 8 für die Eigentumslage am Kulturgut die Anwendung der Sachvorschriften des ersuchenden Staates an, nachdem das Kulturgut in diesen Staat zurückgegeben wurde. Fraglich ist, ob die in diesen Vorschriften angeordnete lex originis auch anwendbar ist, wenn das Kulturgut nicht in den ersuchenden Staat zurückkehrt - ein Fall also, der von den Vorschriften nicht geregelt ist.

Nur die Kollisionsnormen der §§ 4, 8 KultGüRückG könnten auf diesen Fall analog angewendet werden, da dort die Anwendung der lex originis und ein ähnlicher Tatbestand geregelt ist. Die Normen sind Sonderkollisionsnormen für Kulturgüter und gehen als lex specialis den Artt. 43, 46 EGBGB vor.[453] Erst wenn diese Analogie verneint werden würde, kann untersucht werden, ob nicht ein entsprechendes Ergebnis über die allgemeine Ausweichklausel des Art. 46 EGBGB begründet werden kann.

c.) Analogie zu den §§ 4, 8 KultGüRückG

Die Frage lautet also zunächst, ob Kulturgüter im Sinne des KultGüRückG, die nicht durch das Begehren eines Mitgliedstaates in diesen zurückkehren, nach der lex originis beurteilt werden, weil für diesen Fall eine planwidrige Lücke besteht und die Interessenlage derjenigen entspricht, die für die in den §§ 4, 8 KultGüRückG geregelten Fälle maßgeblich ist. Aufgrund der Manipulierbarkeit des Lageortes wurde bezüglich Kulturgütern gefordert, die dingliche Rechtslage nicht an die lex rei sitae anzuknüpfen, sondern an das Recht des Herkunftsstaates.[454] Dieser Gedanke wurde durch Art. 12 der Richtli-

---

[451] Larenz, a.a.O.; *Rüthers*, Rechtstheorie, Rn. 889 ff.; mit Beispielen: *Pawlowski*, Methodenlehre, Rn. 476 ff.

[452] Art. 12: Die Frage des Eigentums an dem Kulturgut nach erfolgter Rückgabe bestimmt sich nach dem Recht des ersuchenden Mitgliedstaates.

[453] *Siehr*, RabelsZ 59 (1995), 454, 466; *Jayme/Kohler*, IPRax 1999, 401, 413; *Fuchs*, IPRax 281, 285.

[454] Institut de droit international, 65. Sitzung in Basel 1991, La vente internationale d'objets d'art sous l'angle de la protection du patrimoine culturel, Annuaire de l'Institut de Droit International 64 II (1992), S. 402 ff., IPRax 1991, 429, 432; *Jayme* in Dol-

nie 93/7/EWG aufgenommen, ist jedoch zumindest in der deutschen Umsetzung durch das KultGüRückG durch die Rückführung des Kulturgutes in den Heimatstaat durch Geltendmachung des öffentlichrechtlichen Anspruchs begrenzt.

aa) Rückkehr in den Heimatstaat ohne staatlichen Rückgabeanspruch

Will man nun die lex originis analog auf den Fall anwenden, daß das Kulturgut entweder zufällig in den Heimatstaat zurück gelangt oder freiwillig zurückgegeben wird, ist nach den Gründen für diese Beschränkung zu fragen. Für Art. 12 der Richtlinie wird von *Siehr* vertreten, daß die lex originis auch in den Fällen der freiwilligen oder zufälligen Rückkehr Anwendung finden müsse.[455] Eine Unterscheidung zwischen freiwilliger und erzwungener Rückkehr des Kulturgutes sei willkürlich. Die Vorschrift sei eine auch außerhalb der Richtlinie zu beachtende Kollisionsnorm, die die lex rei sitae verdrängt, soweit Kulturgüter im Sinne der Richtlinie betroffen sind, die unerlaubt in einen anderen EU-Mitgliedstaat verbracht werden.[456] Ist Art. 12 der Richtlinie hinsichtlich ihres Anwendungsbereichs noch offen formuliert, sieht die deutsche Umsetzung ausdrücklich die Beschränkung der Anwendbarkeit auf die erfolgreiche Geltendmachung des öffentlichrechtlichen Anspruchs voraus.
Man könnte nun die unvollständige Umsetzung der Richtlinie rügen oder mit Hilfe richtlinienkonformer Auslegung zum Ergebnis *Siehrs* kommen. Indes ist der Grund für die ausdrückliche Beschränkung der deutschen Umsetzung zu berücksichtigen: Die Sonderkollisionsnormen sind als Ergänzung zum staatlichen Rückgabeanspruch zu sehen und wahren die Regelungsinteressen des Herkunftsstaates des Kulturgutes.[457] Durch die Anwendung des eigenen Rechts nach Rückgabe ist die Handlungsfreiheit dieses Staates gewährleistet.[458] Auf diese Weise können auch Vorschriften zur Anwendung kommen, die anordnen, daß unrechtmäßig ausgeführtes Kulturgut automatisch in staatliches Eigentum übergeht.[459] Ziel des KultGüRückG und damit auch der Sonderkollisionsnormen ist nicht die Sicherung privater Ansprüche. Ausdrücklich bleiben nach § 4 Abs. 2 KultGüRückG bürgerlichrechtliche Ansprüche und Rechte auf das Kulturgut durch den öffentlichrechtlichen Rückgabeanspruch unberührt. Auch

zer/Jayme/Mußgnug, Kulturgüterschutz, S. 35, 42 ff.; *ders.*, ZVglRWiss 95 (1996), 158, 167.

[455] *Siehr*, RabelsZ 59 (1995), 454, 456.

[456] A.a.O.

[457] *Roth*, IPRax 1994, 165, 173; *Stoll*, IPRax 2000, 259, 269; *Fuchs*, IPRax 2000, 281, 285.

[458] *Fuchs*, IPRax 2000, 281, 285; Die Anwendung des eigenen Rechts erlaubt nicht nur die Anwendung des eigenen Sachenrechts, sondern auch die Anwendung öffentlichrechtlicher Normen wie Exportverbote, *Müller-Katzenburg*, NJW 1999, 2551, 2554.

[459] Außerhalb Europas bestehen solche Regelungen, z.B. Section 9 des australischen Protection of Movable Cultural Heritage Act von 1986, abgedruckt bei *Müller-Katzenburg*, Internationale Standards im Kulturgüterverkehr, S. 83.

stehen durch rechtsgeschäftliche Verfügung oder Verfügung im Wege der Zwangsvollstreckung oder Arrestvollziehung erworbene Rechte des Besitzers oder Dritter der Rückgabepflicht nicht entgegen, § 5 Abs. 2 KultGüRückG. Beim staatlichen Rückgabeanspruch handelt es sich ausschließlich um die Herausgabe des Besitzes.[460] Es geht um die „materielle Rückkehr des Kulturguts in das Hoheitsgebiet des ersuchenden Mitgliedstaates".[461] Das Gesetz regelt daher Tatbestände, die außerhalb des Ausgleichs privatrechtlicher Interessen liegen.

Die ausdrückliche Beschränkung der deutschen Sonderkollisionsnormen auf die Rückgabe in Erfüllung des öffentlichrechtlichen Anspruchs ist daher auch konform mit der Richtlinie. Eine entsprechende Anwendung der Sonderkollisionsnormen auf den Fall, daß die Sache zufällig oder freiwillig in den Herkunftsstaat zurückkehrt, widerspricht daher nicht nur dem Wortlaut der Vorschriften, sondern auch der Intention des Gesetzgebers. Nur wenn der öffentlichrechtliche Anspruch geltend gemacht wird und dieser auch erfüllt wird, macht die Anwendung der lex originis Sinn. Es liegt mithin schon keine planwidrige Lücke vor, die eine Analogie rechtfertigen würde.

bb) Keine Rückkehr in den Heimatstaat

Gleiches muß für die zweite Fallgruppe gelten, für die eine analoge Anwendung der Sonderkollisionsnormen in Betracht kommt. Noch mehr, als wenn das Kulturgut freiwillig in den Heimatstaat zurückgegeben wird, steht ein dauerhaftes Fernbleiben dem Wortlaut der §§ 4, 8 KultGüRückG entgegen. Weder der staatliche Rückgabeanspruch noch eine Rückgabe sind gegeben. Das Argument der Einbindung der Sonderkollisionsnormen in die Durchsetzung übergeordneter Staatsinteressen greift auch hier. Die Anwendung der lex originis ist nur für den Fall der erfolgreichen Durchsetzung des öffentlichrechtlichen Anspruchs gewollt. Darüber hinaus wiegen hier Verkehrsinteressen im Staat der Belegenheit noch stärker gegen die Abweichung zugunsten der lex originis, da die Sache im Staate der Belegenheit verbleibt.

cc) Ergebnis

Es ist somit festzuhalten, daß die Sonderkollisionsnormen der §§ 4, 8 KultGüRückG nicht analog auf die Fälle angewendet werden können, in denen Kulturgüter außerhalb eines staatlichen Rückgabeverlangens in den Heimatstaat zurückgelangen oder gar nicht zurückkehren.

---

[460] *Eberl*, NVwZ 1994, 729, 733; *Fuchs*, IPRax 2000, 281, 284.
[461] Art. 1 Nr. 4 der Richtlinie 93/7/EWG.

d.) Anwendbarkeit der Ausweichklausel

Mit Verneinung einer Analogie zu den Sonderkollisionsnormen ist der Weg zu der Prüfung frei, ob die fraglichen Fälle von der Ausweichklausel erfaßt werden. Die kollisionsrechtliche Interessenlage ändert sich bei einem grenzüberschreitenden Erwerb vom Nichtberechtigten nicht dadurch, daß über ein Kulturgut verfügt wird. Diesbezüglich ist auf die Untersuchung unter 2. zu verweisen. Aufgrund der Verkehrsinteressen im Belegenheitsstaat kann danach nicht die lex originis über Art. 46 EGBGB Anwendung finden. Hinsichtlich Kulturgütern wäre allerdings daran zu denken, daß durch die Existenz der Sonderkollisionsnormen der §§ 4, 8 KultGüRückG diesen Verkehrsinteressen weniger Bedeutung zukommt, da diese Normen für Kulturgüter unter bestimmten Voraussetzungen die lex originis vorsehen.

Indes ist auch hier der Grund für die Schaffung der Sonderkollisionsnormen zu berücksichtigen. Die abweichende Anknüpfung steht in direktem Zusammenhang mit dem öffentlichrechtlichen Rückgabeverlangen des KultGüRückG und soll nur nach erfolgreicher Geltendmachung dieses Verlangens eingreifen. Lediglich in diesem Fall wird über die eventuell entgegenstehenden Verkehrsinteressen hinweggesehen. Die Eigenschaft der Sache als Kulturgut im Sinne des KultGüRückG genügt dafür noch nicht. Außerhalb des von den §§ 4, 8 KultGüRückG geregelten Falles soll es bei der Anwendung der allgemeinen Vorschriften bleiben. In den privatrechtlichen Interessenbereich wird ausdrücklich nicht eingegriffen.[462] Da aber Art. 46 EGBGB ebenso wie das übrige kodifizierte internationale Sachenrecht ausschließlich den Ausgleich privatrechtlicher Interessen zum Gegenstand hat, kann keine Wertung von den Sonderkollisionsnormen übernommen werden. Vielmehr folgt im Gegenteil aus dem Kontext des KultGüRückG, daß für Kulturgüter im Sinne dieses Gesetzes keine Abweichung der Anknüpfung gemacht werden soll, die sich auf die eigentumsrechtliche Lage auswirkt, wenn das öffentlichrechtliche Rückgabeverlangen nicht geltend gemacht wird. Die Ausweichklausel greift also nicht zugunsten der lex originis ein, wenn Kulturgüter außerhalb des öffentlichrechtlichen Rückgabeverlangens in den Herkunftsstaat zurückkehren oder in einem anderen Staat verbleiben.

e.) Ergebnis

Die kollisionsrechtliche Behandlung des grenzüberschreitenden Erwerbs vom Nichtberechtigten ändert sich nicht dadurch, daß es sich bei der in Frage stehenden Sache um ein Kulturgut im Sinne des KultGüRückG handelt. Gegenteiliges läßt sich weder über die Vorschriften der §§ 4, 8 KultGüRückG noch über die Ausweichklausel des Art. 46 EGBGB herleiten.

---

[462] §§ 4 Abs. 2, 5 Abs. 2 KultGüRückG.

4. Lösungsrecht

Ein abweichendes Ergebnis der kollisionsrechtlichen Behandlung des grenzüberschreitenden Erwerbs vom Nichtberechtigten könnte sich ergeben, wenn das Recht einer der beteiligten Staaten ein sogenanntes Lösungsrecht kennt. Dieses dem deutschen Recht unbekannte Rechtsinstitut könnte zu einer differenzierten Interessenbewertung führen, die letztlich einen Sonderfall des transnationalen Erwerbs vom Nichtberechtigten und damit eine Fallgruppe innerhalb des Art. 46 EGBGB bilden könnte.

a.) Rechtsinstitut des Lösungsrechts

Hilfreich ist zunächst eine Begriffsklärung. Das Lösungsrecht stellt ein „uraltes"[463] Rechtsinstitut dar. Da das schweizerische ZGB ein Lösungsrecht des gutgläubigen Erwerbers kennt, soll es in dieser Ausgestaltung den Begriff beispielhaft verdeutlichen.[464] Die Ausgangslage wird durch Art. 934 Abs. 1 ZGB vorgegeben. Eine abhanden gekommene Sache ist veräußert worden, kann aber anders als eine durch den Berechtigten anvertraute Sache erst innerhalb von fünf Jahren gutgläubig erworben werden. Wird die Sache in sogenannter privilegierter Öffentlichkeit gutgläubig erworben, braucht sie vom ersten und jedem späteren gutgläubigen Erwerber nur gegen Erstattung des Kaufpreises herausgegeben werden, Art. 934 Abs. 2 ZGB. Zur Erleichterung des Warenverkehrs erhält der Erwerber ein Lösungsrecht gegenüber dem Herausgabebegehren des früheren Besitzers oder des gegenwärtigen Eigentümers.

Das Zugeständnis eines Lösungsrechtes an den gutgläubigen Erwerber stellt damit einen Mittelweg in der Gestaltungsbreite des Erwerbs vom Nichtberechtigten dar. Auf der einen Seite die Extremformen, den gutgläubigen Erwerb des Eigentums an beweglichen Sachen schrankenlos und ohne Vorbehalt zu gestatten, und auf der anderen Seite diesen gar nicht oder nur in beschränktem Umfange zu gestatten, werden durch das Lösungsrecht zum Ausgleich gebracht. Das Vertrauen des gutgläubigen Erwerbers wird nur bis zur Höhe des von ihm gezahlten Kaufpreises geschützt.[465]

---

[463] *Felgentraeger*, Lösungsrecht, S. 1 ff.

[464] Art. 934 ZGB hat folgenden Wortlaut: (1) Der Besitzer, dem eine bewegliche Sache gestohlen wird oder verloren geht oder sonst wider seinen Willen abhanden kommt, kann sie während fünf Jahren jedem Empfänger abfordern.

(2) Ist die Sache öffentlich versteigert oder auf dem Markt oder durch einen Kaufmann, der mit Waren der gleichen Art handelt, übertragen worden, so kann sie dem ersten und jedem späteren gutgläubigen Empfänger nur gegen Vergütung des von ihm bezahlten Preises abgefordert werden.

(3) Die Rückleistung erfolgt im übrigen nach den Vorschriften über die Ansprüche des gutgläubigen Besitzers.

[465] *Siehr*, ZVglRWiss 83 (1984), S. 100, 104.

b.) Differenzierte Interessenbewertung

Zur plastischen Darstellung der Interessenbewertung soll ebenso das schweizerische Lösungsrecht dienen, also ein transnationaler Erwerb unter Beteiligung Deutschlands und der Schweiz untersucht werden.

aa) Lösungsrecht abweichend vom Regelanknüpfungszeitpunkt

In der ersten denkbaren Konstellation entstünde ein Lösungsrecht abweichend von dem der lex rei sitae zugrundeliegenden Anknüpfungszeitpunkt.

(1) Zwei denkbare Fälle

Eine aus Deutschland in die Schweiz verbrachte Sache würde etwa dort vom Nichtberechtigten an einen gutgläubigen Dritten in privilegierter Öffentlichkeit veräußert werden. Ist die Sache ursprünglich abhanden gekommen, scheitert nach der lex rei sitae der gutgläubige Erwerb. Anstatt dessen entsteht ein Lösungsrecht zugunsten desjenigen, dessen Erwerb gescheitert ist. Wird allerdings die in der Schweiz erworbene Sache nicht dort übergeben, sondern dem Erwerber nach Deutschland übersandt, entsteht mangels Übergabe kein solches Recht. Nach der dann geltenden deutschen lex rei sitae ist ein Lösungsrecht unbekannt. Würde man mit Hilfe der Ausweichklausel den Anknüpfungszeitpunkt nach vorne verlegen können, wäre ein Lösungsrecht entstanden. Zu beachten ist allerdings, daß es sich hier nicht um die Anwendung der ursprünglichen lex originis handelt, sondern um das Recht des letzten Herkunftsstaates.
Ein ähnlicher Fall wäre der, daß umgekehrt eine aus der Schweiz verbrachte Sache in Deutschland veräußert wird, dabei aber keine Übersendung in die Schweiz vereinbart wird, sondern eine Übergabe an Ort und Stelle erfolgt. Durch die Geltung der deutschen lex rei sitae würde kein Lösungsrecht entstehen. Die Anwendung der lex originis würde ein Lösungsrecht entstehen lassen, welches der Erwerber der Vindikation des Eigentümers entgegenhalten könnte. Auch hier wäre eine Vorverlagerung des Anknüpfungszeitpunktes mit Hilfe der Ausweichklausel nötig.

(2) Subjektiver Parteiwille und Interessen des Berechtigten

Wie wünschenswert ein Lösungsrecht abweichend von der Regelanknüpfung sein mag, zeigen die nach der strengen Anwendung der Situsregel entstehenden Zufallsergebnisse. Die Vereinbarung der am Erwerbsvorgang Beteiligten über die Form der Übergabe entscheidet über das Entstehen eines Lösungsrechts. Um solche Zufallsergebnisse zu vermeiden, wurde die Möglichkeit der Parteiwahl

des Sachstatuts bei internationalen Verkehrsgeschäften vorgeschlagen.[466] Fehle eine ausdrückliche oder stillschweigende Rechtswahl, so sei außerdem das Sachstatut nach objektiven Sinnzusammenhängen zu bestimmen und nicht nach den Zufälligkeiten des Lageortes zum Zeitpunkt der Besitzübergabe oder anderer Akte, die einen Rechtserwerb vollendeten. Folge man diesem Gedanken, müsse im ersten Fall der Ort der Versteigerung, der Messe oder des Fachgeschäfts, in dem der Käufer den Kauf selbst vorgenommen hat,[467] das maßgebende Sachstatut sein; dies müsse unabhängig davon gelten, ob die Sache noch in der Schweiz übergeben oder nach Deutschland verschickt wird.[468]
Wie bereits im Rahmen der Untersuchung des subjektiven Parteiwillens innerhalb der sachenrechtlichen Ausweichklausel festgestellt wurde, kann der subjektive Parteiwille im kodifizierten Internationalen Sachenrecht nur mittelbar über die Ausweichklausel relevant werden. In Fällen ohne ausdrückliche Parteiwahl dienen objektive Anknüpfungskriterien zur Ermittlung des Parteiwillens.[469] Der stillschweigende Parteiwille spricht daher nur zugunsten des schweizerischen Rechts, wenn beispielsweise die am Erwerbsvorgang Beteiligten ihren gewöhnlichen Aufenthalt in der Schweiz haben und/oder deren Staatsbürger sind. Der Ort der dinglichen Einigung gilt ebenso als Indiz.[470]
Die Untersuchung des subjektiven Parteiwillens hat aber auch gezeigt, daß er ausschließlich zwischen den Parteien Wirkung entfalten kann.[471] Dies bedeutet, daß nur zwischen den am Erwerbsvorgang Beteiligten ein Lösungsrecht entstehen würde. Gegenüber demjenigen, der mit dem Lösungsrecht belastet werden würde, nämlich dem Berechtigten, kann es daher keine Wirksamkeit entfalten. Obwohl auch er Partei ist, würde das Lösungsrecht gerade ihn belasten. Dies widerspricht offensichtlich seinen Interessen. Schließlich könnte er bei Anwendung deutschen Rechts vindizieren, ohne Gegenrechte fürchten zu müssen. Ein Lösungsrecht, das gem. der inter-partes-Wirkung der Vereinbarung über das Sachstatut nur zwischen Nichtberechtigtem und Erwerber wirkt, hat keinen Sinn.

(3) Verkehrsinteressen

Wollte man die Wirkung des Lösungsrechts auch auf den Eigentümer erstrekken, also auch ohne Parteiautonomie zu einer Abweichung kommen, sprächen außer seinen Interessen auch die des Verkehrs gegen die Anwendung schweizerischen Rechts. Insbesondere die Gläubiger des Eigentümers haben ein Interesse

466 Siehe Erstes Kapitel B I 1; explizit für die Zufallsergebnisse beim Lösungsrecht: *Siehr*, ZVglRWiss 83 (1984), S. 100, 109.
467 Erwerb in privilegierter Öffentlichkeit, Art. 934 Abs. 2 ZGB.
468 *Siehr*, ZVglRWiss 83 (1984), S. 100, 109.
469 Siehe Erstes Kapitel B IX 3, X.
470 Siehe Erstes Kapitel A 6 c aa.
471 Siehe Erstes Kapitel B X.

an der Beurteilung des Lebenssachverhalts nach dem Regelanknüpfungszeitpunkt. Durch die Anwendung deutschen Rechts wird das Vermögen ihres Schuldners nicht mit einem Lösungsrecht belastet.
Auch im umgekehrten Fall spricht das Eigentümerinteresse und das des Verkehrs gegen ein Lösungsrecht, welches nur bei Verschiebung des Anknüpfungszeitpunktes nach vorne entstehen würde. In Fällen, in denen wegen abweichendem Anknüpfungszeitpunkt ein Lösungsrecht entsteht, ist es hinsichtlich der Interessenwertung folglich unerheblich, ob die Sache ursprünglich aus dem Staat verbracht wird, welcher ein Lösungsrecht kennt, oder aus dem, der keines kennt.

(4) Ergebnis

Mehr noch als in Fällen, in denen mangels staatlicher Regelung eines Lösungsrechts kein solches entstehen kann, spricht die Interessenwertung in der untersuchten Konstellation wegen entgegenstehender Parteiinteressen des Eigentümers beziehungsweise Verkehrsinteressen gegen einen abweichenden Anknüpfungszeitpunkt.

bb) Kein Lösungsrecht abweichend vom Regelanknüpfungszeitpunkt

Weiterhin muß der Fall untersucht werden, in dem eine Verlagerung des Anknüpfungszeitpunktes zu keinem Lösungsrecht führt, obwohl ein solches Recht nach der regelmäßigen Anknüpfung entstanden wäre.

(1) Zwei denkbare Fälle

Es würde sich etwa um folgenden Fall handeln: Eine aus der Schweiz nach Deutschland verbrachte bewegliche Sache wird in Deutschland in - dem schweizerischen Recht entsprechender - privilegierter Öffentlichkeit erworben. Anstelle der Übergabe in Deutschland wird die Sache in die Schweiz versendet. Der reguläre Anknüpfungszeitpunkt der lex rei sitae führt zum schweizerischen Recht und damit zum Lösungsrecht, da der Erwerbsvorgang erst in der Schweiz abgeschlossen ist. Würde mit Hilfe der Ausweichklausel deutsches Recht zur Anwendung kommen, würde kein Lösungsrecht entstehen.
Ähnlich wäre die Konstellation, daß eine aus Deutschland verbrachte Sache in der Schweiz in privilegierter Öffentlichkeit veräußert wird, mit Hilfe der Ausweichklausel aber die lex originis angewendet wird und wegen der daraus resultierenden Maßgeblichkeit deutschen Rechts kein Lösungsrecht entsteht.

(2) Parteiinteressen

Grundsätzlich entspricht es dem Interesse des Berechtigten, wenn abweichend vom Regelanknüpfungszeitpunkt kein Lösungsrecht entsteht. In diesem Fall kann er ohne Zahlung des Kaufpreises, den der Erwerber an den Nichtberechtigten entrichtet hat, vom Erwerber vindizieren. Allerdings darf er nach obiger Argumentation, wonach er auf die Anwendung des Rechts vertrauen darf, dessen Bereich er die Sache anvertraut hat, nicht mit einem Entfallen des Lösungsrechts rechnen.[472] Diese Einschränkung betrifft die erste, nicht aber die zweite Konstellation.
Die Interessen der am Erwerbsvorgang Beteiligten weichen von denen des Berechtigten ab. Während es für den Nichtberechtigten ohne Interesse sein dürfte, ob ein Lösungsrecht entsteht oder nicht,[473] ist es für den Erwerber von elementarer Bedeutung, ob ihm ein Lösungsrecht zusteht. Steht ihm ein solches Recht zu, darf er die Sache bis zur Wiedererlangung seines gezahlten Kaufpreises behalten; hat er hingegen kein Lösungsrecht, muß er sich mit einem schuldrechtlichen Anspruch gegen den Nichtberechtigten begnügen,[474] ohne die Herausgabe der Sache an den Berechtigten verhindern zu können. Aus diesem Grunde kann auch niemals die stillschweigende Vereinbarung über das Sachstatut als kollisionsrechtlicher Bewertungsfaktor im Rahmen der Ausweichklausel zugunsten des Rechts, welches kein Lösungsrecht vorsieht, sprechen. Die Berücksichtigung einer solchen Vereinbarung widerspräche dem Interesse des Erwerbers.

(3) Verkehrsinteressen

Bezüglich der Verkehrsinteressen kann davon ausgegangen werden, daß das Bestehen eines Lösungsrechts den Gläubigern des Erwerbers zugute kommt, während die des Berechtigten nicht an einem solchen Gegenrecht interessiert sein dürften. Unabhängig davon hat der Verkehr ein Interesse an verläßlicher Bestimmung der an der Sache bestehenden Rechte. Dies ist das Recht des Ortes, an dem die Sache im Augenblick der Vollendung des Erwerbs belegen ist. Die Interessen der am rechtlichen Vorgang potentiell Beteiligten sprechen also auch hier wieder für die Regelanknüpfung.

---

[472] Siehe oben D III 2 a.

[473] Im Falle eines Lösungsrechts ist der Nichtberechtigte nach Art. 41 OR i.V.m. Art. 641 ZGB dem Anspruch des Berechtigten ausgesetzt, beziehungsweise eventuell dem des Erwerbers, Art. 192 Abs. 1 OR. Entsteht kein Lösungsrecht, hat der Erwerber gegen den Nichtberechtigten die Rechte aus den §§ 440 Abs. 1, 325 Abs. 1 BGB, sofern deutsches Schuldrecht Anwendung findet. Es unterscheidet sich damit nur der Anspruchsteller.

[474] Im Falle der Anwendung deutschen Schuldrechts: §§ 440 Abs. 1, 325 Abs. 1 BGB.

(4) Ergebnis

Nur der Berechtigte und ggf. seine Gläubiger haben ein Interesse daran, daß der Vindikation kein Lösungsrecht entgegengehalten werden kann. Wenn dies allerdings der lex originis widerspricht, also die Sache wie im ersten Fall aus der Schweiz verbracht wird, ist dieses Interesse nicht schutzwürdig. Alle anderen Interessen gehen zugunsten des Regelanknüpfungszeitpunktes, so daß gar nicht erst untersucht werden muß, ob die Interessen, die zur Abweichung führen könnten, mit denen der Regelanknüpfung übereinstimmen. Schon eine autonome, Art. 43 Abs. 1 EGBGB nicht berücksichtigende Interessenbewertung würde zugunsten des regelmäßigen Anknüpfungszeitpunktes ausfallen.

IV. Endergebnis

Auch wenn in vielen Konstellationen des transnationalen Erwerbs vom Nichtberechtigten Individualinteressen - meist die des Berechtigten - für eine abweichende zeitliche Anknüpfung sprechen, können sich diese nicht gegen das Verkehrsinteresse durchsetzen. Im Gegenteil sind beim gutgläubigen Erwerb typischerweise potentiell Gläubiger der beteiligten Personen betroffen, die ein Interesse an der regelmäßigen Anwendung der lex rei sitae haben. Auch wenn eine beteiligte staatliche Rechtsordnung ein Lösungsrecht vorsieht oder es sich bei der zu erwerbenden Sache um ein Kulturgut im Sinne des KultGüRückG handelt, ändert sich nichts an diesem Ergebnis. Trotz vom Normalfall des transnationalen Erwerbs abweichender Interessenbewertung gibt es keinen Fall, in dem Art. 46 EGBGB eingreifen könnte. Der grenzüberschreitende Erwerb vom Nichtberechtigten ist daher keine Fallgruppe der internationalsachenrechtlichen Ausweichklausel.

E. Ersitzung

Eng mit der Diskussion um den transnationalen Erwerb vom Nichtberechtigten ist die um die grenzüberschreitende Ersitzung verbunden. Die Ersitzung dient der Befriedigung, Vereinfachung und Beruhigung unklarer Rechtsverhältnisse und soll das dauernde Auseinanderfallen von Besitz und Recht verhindern.[475] Dadurch wird vor allem der Verkehrsschutz des gutgläubigen Erwerbs ergänzt, was insbesondere für abhanden gekommene Sachen gilt, die in vielen Staaten nicht durch Rechtsgeschäft erworben werden können. Die Interessenlage ist daher ähnlich der des Erwerbs vom Nichtberechtigten.
Das rechtspolitische Ziel der Ersitzung kann durch den Gesetzgeber auch dadurch erreicht werden, daß nicht in die dinglichen Rechtsverhältnisse eingegriffen werden muß, sondern der Inhaber des Rechts lediglich an seiner Aus-

---

[475] MüKo-*Quack*, § 937, Rn. 1.

übung gehindert wird. Deshalb wird die Verjährung des dinglichen Herausgabeanspruchs kollisionsrechtlich überwiegend genauso behandelt wie die Ersitzung.[476]

I. Bisheriger Diskussionsstand

Nach herrschender Meinung war für die Ersitzung beziehungsweise für das gleichzustellende Institut der Verjährung das Recht des Ortes anwendbar, an dem sich die Sache bei Vollendung der Ersitzung oder Verjährung befindet. Dies galt auch dann, wenn der für die Ersitzung notwendige Tatbestand teilweise unter dem Recht eines anderen Staates verwirklicht wurde. Danach wurde der lex rei sitae entnommen, ob eine bewegliche Sache durch Ersitzung erworben werden kann und wie die Ersitzungsfrist ausgestaltet ist.[477] Ebenso entschied der Ort der Belegenheit im Zeitpunkt der Vollendung der Ersitzung, ob eine unter dem früheren Statut verstrichene Besitzzeit auf die Regelungen des neuen Statuts anzurechnen ist.

Vereinzelt wurde vorgeschlagen, auf die Ersitzung das Recht des Herkunftsstaates der Sache, also die lex originis anzuwenden.[478] Würde man diese Rechtsordnung beim grenzüberschreitenden Erwerb vom Nichtberechtigten als maßgebliche anerkennen, müsse dies ebenso für die Ersitzung gelten. Dafür spreche die enge Verknüpfung der Rechtsinstitute „und der Umstand, daß sie der Abstimmung bedürfen".[479]

II. Einordnung im kodifizierten Internationalen Sachenrecht

Mangels Regelung der Ersitzung im kodifizierten Internationalen Sachenrecht gilt die Grundregel des Art. 43 Abs. 1 EGBGB. Die bereits im Ausland verstrichene Besitzzeit wird durch die einseitige Kollisionsnorm des Art. 43 Abs. 3 EGBGB für das deutsche Recht angerechnet, indem die Vorschrift die Anordnung gibt, daß bei einem solchen gestreckten Erwerbsvorgang Vorgänge in einem anderen Staat wie inländische zu berücksichtigen sind. Damit folgt der Gesetzgeber der herrschenden Meinung.

---

[476] Staudinger-*Stoll*, Rn. 271; *v. Bar*, Theorie und Praxis des IPR, S. 637: Diese Gleichstellung ist auch gerechtfertigt, weil manche Rechtsordnungen sachrechtlich nicht genau unterscheiden: vgl. Art. 2219 ff des französischen CC.

[477] *OLG Hamm*, IPRspr 1985, Nr. 143; MüKo-*Kreuzer*, Nach Art. 38 Anh. I, Rn. 60; *Kropholler*, IPR, § 54 III.

[478] *Mansel*, IPRax 1988, S. 268, 271.

[479] A.a.O.

III. Eingreifen der Ausweichklausel

Fraglich ist jedoch, ob nicht die Ersitzung, u.U. nur in bestimmten Konstellationen, Fallgruppe des Art. 46 EGBGB sein kann.

1. Systematische Auslegung

Anders als bei anderen Fallgruppen könnte hier eine systematische Auslegung möglich sein. Art. 43 Abs. 3 EGBGB bestimmt, falls ein Recht an einer in das Inland gelangenden Sache nicht schon vorher erworben worden ist, daß für einen solchen Erwerb im Inland Vorgänge in einem anderen Staat wie inländische zu berücksichtigen sind. Die Norm bezieht sich auf alle dinglichen Rechte, „deren Zuordnungswechsel oder deren Entstehung noch nicht abgeschlossen ist".[480] Die Ersitzung wird somit von Art. 43 Abs. 3 EGBGB im Falle eines Statutenwechsels während der Ersitzungszeit erfaßt. Damit hat der Gesetzgeber bestimmt, daß eine grenzüberschreitende Ersitzung *als solche* gerade nicht nach der lex originis behandelt werden darf. Art. 43. Abs. 3 EGBGB erfaßt den Fall des Statutenwechsels während der Besitzzeit und ordnet die Geltung der lex rei sitae im Zeitpunkt der Vollendung des Rechtserwerbs an. Die Existenz dieser Vorschrift schließt schon die grenzüberschreitende Ersitzung *als solche* als Fallgruppe des Art. 46 EGBGB aus.

2. Interessenbewertung

Möglich wäre, daß alle im Ersten Kapitel untersuchten objektiven Umstände, die bei einer Ersitzung denkbar sind, zugunsten der lex originis sprechen. Deshalb muß unabhängig von diesem Ergebnis eine Interessenbewertung klären, ob nicht unter solchen Umständen die grenzüberschreitende Ersitzung doch Fallgruppe der Ausweichklausel sein kann.
Der Vorschlag der Anwendung der lex originis auf die grenzüberschreitende Ersitzung wurde auf die gleichen Argumente gestützt wie die Anwendung eben dieses Rechts auf den grenzüberschreitenden Erwerb vom Nichtberechtigten. Insbesondere das Interesse des Berechtigten spreche dafür. So müsse er auf die Anwendung des Rechts vertrauen dürfen, in dessen Anwendungsbereich er die Belegenheit der Sache noch beeinflussen konnte. Diesen Einfluss habe er nur bis zur Verbringung der Sache ins Ausland. Außerdem berge die Anwendung der lex rei sitae zum Zeitpunkt der Vollendung des Rechtserwerbs die Gefahr, daß die Sachen in Staaten verbracht werden, die für den Erwerber günstige Ersitzungsregeln vorsehen.[481] Abgesehen davon, daß das letzte Argument wegen des Erfordernisses der Gutgläubigkeit bei der Ersitzung noch weniger als

[480] BTDrucks. 14/343 S. 16.
[481] Siehe oben D III 2 a bb.

beim Erwerb vom Nichtberechtigten einschlägig sein dürfte, sind die Interessen des Erwerbers eindeutig. Da er gutgläubig ist - nur dann spielt die Ersitzung eine Rolle - , wird er darauf vertrauen, daß seine Rechte an der Sache dem Recht des Staates unterliegen, in dem sich diese befindet. Ebenso entspricht dies dem Interesse des Verkehrs, der nicht damit rechnen kann, daß eine Sache, die u.U. schon seit Jahren im betreffenden Staat belegen ist, bezüglich des gesetzlichen Eigentumserwerbs einem fremden Recht unterliegt.
Während bei günstigeren Ersitzungsbedingungen der lex originis die Anwendung dieses Rechts im Interesse des Erwerbers liegen kann, wenn alle denkbaren objektiven Umstände auf dieses Recht deuten, bleibt jedenfalls das Verkehrsinteresse unabhängig davon bestehen. Dingliche Rechte müssen sich als Rechte, die gegenüber jedermann wirken, nach dem Recht ihrer Belegenheit richten. Darüber hinaus muß bei dem gesetzlichen Erwerb durch Ersitzung berücksichtigt werden, daß weder der Ersitzende noch der das Eigentum Verlierende davon ausgehen können, daß die Anwendung seines gewohnten Rechts, etwa das des gewöhnlichen Aufenthalts, auch im Interesse des andere liegen würde. Die Betroffenen kennen sich oft nicht oder rechnen jedenfalls nicht mit einem gesetzlichen Erwerb. Es kann daher zu keiner aus einer gemeinsamen Interessenlage resultierenden rechtlichen Enklave im Belegenheitsstaat kommen.[482]

IV. Ergebnis

Insofern ergibt sich kein Unterschied zum Ergebnis bezüglich des Erwerbs vom Nichtberechtigten. Die Ersitzung und das gleichzustellende Institut der Verjährung des dinglichen Herausgabeanspruchs sind keine Fälle der Ausweichklausel. Der Gleichlauf der Beurteilung ist auch unbedingt erforderlich, da gutgläubiger Erwerb und Ersitzung eine Einheit hinsichtlich der Frage des Erwerbs vom Nichtberechtigten bilden.

F. Verfügung über eine im Ausland belegene Sache

Eine Fallgruppe des Art. 46 EGBGB könnte sich hingegen auf Verfügungen über im Ausland belegene Sachen beziehen. Die Frage hinsichtlich einer von der lex rei sitae abweichenden Anknüpfung bezieht sich vor allem darauf, ob deutsche Vertragsparteien in Deutschland über eine im Ausland belegene Sache im Wege der Vindikationszession, §§ 929 Satz 1, 931 BGB, einen Eigentumsübergang herbeiführen können. Dies ist vor allem dann bedeutsam, wenn die Rechtsordnung der Belegenheit der Sache für die Übereignung von Mobili-

---

[482] Siehe Erstes Kapitel A V 6 b aa (5) (b).

en stets die Übergabe erfordert.[483] Das anwendbare Recht entscheidet dann darüber, ob das Eigentum übergeht.

I. Bisheriger Diskussionsstand

In der sogenannten „Silberfuchs-Entscheidung"[484] des *BayObLG* aus den dreißiger Jahren wurde ein so gelagerter Fall zugunsten deutschen Rechts entschieden. Veräußert ein deutsches Unternehmen eine in Frankreich belegene Sache an einen Deutschen, wobei der Kaufvertrag deutschem Recht untersteht, so seien keine Drittinteressen zu erkennen, die einer Übereignung der Sache an den Käufer nach den §§ 929 Satz 1, 931 BGB entgegenstünden. Anders entschied der *BGH* 1996 in der sogenannten „Konserven-Entscheidung".[485] Er versagte die Anwendung des § 931 BGB, wenn eine deutsche Vertragspartei in einer polnischen Firma eingelagerte Sachen sicherheitshalber an eine andere deutsche Vertragspartei übereignet. Die bloße Belegenheit der Sachen in Polen reiche aus, um die polnischen Übereignungsregeln anzuwenden, auch wenn die Geschäftsführer der polnischen Firma Deutsche seien.[486]
Gegen diese Betrachtungsweise wendeten sich die Vertreter des subjektiven Parteiwillens.[487] Es sollte den Parteien gestattet sein, in diesen Fällen die Übereignung derjenigen Rechtsordnung zu unterstellen, welche den Schuldvertrag beherrscht. Das könne auch stillschweigend geschehen, vor allem dann, wenn die Übereignung nach dem Recht des Schuldvertrages möglich sei, nach dem Recht der Belegenheit jedoch scheitern würde.[488]
Von anderer Seite[489] wird dem im Ergebnis zugestimmt, allerdings nur, wenn die Parteien in Unkenntnis über die Belegenheit der Sache im Ausland sind. Dies betrifft vor allem den Fall, daß ein in Deutschland gestohlener PKW gem. der §§ 929 Satz 1, 931 BGB an den deutschen Versicherer übereignet wird, wenn der Wagen zum Verfügungszeitpunkt in Unkenntnis der Beteiligten im Ausland belegen war. Begründet wird dieses Ergebnis allerdings nicht mit dem subjektiven Parteiwillen, sondern mit den eindeutig stärksten Beziehungen zum deutschen Recht. So seien die Anknüpfungskriterien im genannten Fall zugunsten

[483] Dies ist beispielweise in Österreich der Fall: *Koziol/Welser*, Grundriß des bürgerlichen Rechts, S. 29.
[484] *BayObLG* BayZ 1934, 126 = IPRspr 1934 Nr. 24.
[485] *BGH* NJW 1997, 461 ff. = IPRax 1997, 422 ff.
[486] *BGH* NJW 1997, 461, 462 = IPRax 1997, 422, 424.
[487] *Drobnig*, RabelsZ 32 (1968), 450, 459 ff.; *Weber*, RabelsZ 44 (1980), 510, 526.
[488] Staudinger-*Stoll*, Rn. 284, 364.
[489] MüKo-*Kreuzer*, Nach Art. 38 Anh. I, Rn. 69; *Kreuzer* in Henrich, Vorschläge, S. 37, 160 f.

des deutschen Rechts so zahlreich, daß die Vorschrift des § 931 BGB Anwendung finden müsse.[490]

II. Eingreifen der Ausweichklausel

Die Untersuchung, ob die Verfügung einer im Ausland belegenen Sache eine Fallgruppe des Art. 46 EGBGB sein kann, wird aufgrund der bisherigen Diskussion am besten nach Kenntnis und Unkenntnis der Parteien über die Belegenheit der Sache unterteilt.

1. Verfügung bei Kenntnis über die ausländische Belegenheit

a.) Für die Abweichung sprechende Anknüpfungskriterien

Bis auf die Belegenheit können je nach Konstellation alle Anknüpfungskriterien im fraglichen Fall für die Anwendung deutschen Rechts sprechen. So kann eine deutsche Vertragspartei mit gewöhnlichem Aufenthalt in Deutschland an eine eben solche über eine im Ausland belegene Sache verfügen, indem die Partei der anderen den Herausgabeanspruch gegen eine dritte Person abtritt. Auch diese dritte Person kann deutscher Nationalität sein. Im schuldrechtlichen Vertrag kann deutsches Recht gewählt sein, oder deutsches Recht ergibt sich ohnehin aus der Vorschrift des Art. 28 EGBGB. Auch der relativ wirkende subjektive Parteiwille, der kollisionsrechtlicher Bewertungsfaktor im Rahmen des Art. 46 EGBGB ist,[491] dürfte unter diesen Umständen für deutsches Recht sprechen. Dies gilt insbesondere dann, wenn nur nach deutschem Recht die Übereignung nach der Vindikationszession des § 931 BGB möglich ist, nicht aber nach der Rechtsordnung der Belegenheit der Sache. Schließlich ist auch der Ort der dinglichen Einigung schwaches Kriterium für das Eingreifen der Ausweichklausel, wenn er ausnahmsweise mit dem Belegenheitsort auseinanderfallen sollte.[492] Dies wäre bei einer Einigung in Deutschland der Fall.
Diese für das deutsche Recht sprechenden Anknüpfungskriterien haben jedoch gemeinsam, daß sie den Begriff der wesentlich engeren Verbindung in Art. 46 EGBGB nur ausfüllen können, wenn Drittinteressen nicht gefährdet sind.[493] Dies ist im folgenden zu untersuchen.

---

490 Dafür sprachen sich auch niederländische Gerichte bezüglich des genannten Falles aus: *OLG Den Haag*, Ned. Jur. 1965, Nr. 248; *OLG Den Bosch*, Ned. Jur. 1966, Nr. 186; vgl. auch *Czapski*, RabelsZ 1970 (34), 86, 114 f.

491 Siehe Erstes Kapitel B X .

492 Siehe Erstes Kapitel A 6 c aa.

493 Siehe Erstes Kapitel A 6 b aa, bb und cc.

b.) Verkehrsinteresse

Fraglich ist also, ob die Verfügung über eine im Ausland befindliche Sache die dortigen Verkehrsinteressen berührt. *Stoll* differenziert einerseits danach, ob das Belegenheitsrecht für die Übereignung einer im Staatsgebiet befindlichen beweglichen Sache mit Rücksicht auf Drittinteressen zwingend einen äußerlich erkennbaren Akt erfordert.[494] Andererseits läßt er die von ihm vertretene Rechtswahl zugunsten deutschen Rechts „wegen des völligen Desinteresses"[495] der lex rei sitae in jedem Falle gelten. Gerade im dem Falle, in dem die Übereignung nach dem Recht des Schuldvertrages möglich sei, nach der lex rei sitae jedoch nicht, sei der sachenrechtliche Vorgang durch den stillschweigenden Parteiwillen nach dem Schuldstatut zu beurteilen.[496]

Auch in dem der Konserven-Entscheidung des *BGH*[497] zugrunde liegenden Fall will er keine Drittinteressen anerkennen.[498] Nur die polnische Firma, bei der die übereigneten Waren eingelagert waren, hätte ein Interesse daran, die Ware nicht vor Befriedigung ihrer Ansprüche gegen die deutsche Verkäuferin herausgeben zu müssen. Da aber auch die Anwendung deutschen Rechts durch die Vorschrift des § 986 Abs. 2 BGB ein Zurückbehaltungsrecht gewährleiste, wäre diesem Interesse auch bei Abweichung von der lex rei sitae Genüge getan.

Letzteres Argument kann für die kollisionsrechtliche Behandlung nicht herangezogen werden. Die Frage des anwendbaren Rechts ist der Beurteilung eines Lebenssachverhalts nach materiellem Recht vorgeschaltet.[499] Eine Vorschrift aus dem materiellen Recht kann deshalb nicht argumentativ zur Begründung einer kollisionsrechtlichen Beurteilung eines Lebenssachverhalts herangezogen werden. Darüber hinaus geht es bei den Verkehrsinteressen gerade nicht um den Schutz der unmittelbar Betroffenen. So führt der *BGH* treffend aus, daß es nicht allein um den Schutz der Vertragsparteien[500] geht, „sondern auch um die Interessen der durch Typenzwang und etwaige Publizitätserfordernisse des maßgeblichen Sachenrechts in ihrem Vertrauen auf das Bestehen von Rechten an einer Sache geschützten Gläubiger der Beteiligten".[501]

Aus diesem Grunde stellt sich die Interessenlage im hier diskutierten Fall nicht anders da als in jedem anderen Fall, in dem die dingliche Lage kollisionsrechtlich geklärt werden muß. Die Verkehrsinteressen stehen einer von der lex rei

[494] Staudinger-*Stoll*, Rn. 284: Als einen solchen Akt erkennt er die Übergabe an. Davon abweichend: *Weber*, RabelsZ 44 (1980), 510, 526 f.: Die Übergabe sei als Publizitätsakt nicht „besonders erheblich", so daß sie nicht berücksichtigt werden müsse.

[495] Staudinger-*Stoll*, Rn. 364.

[496] A.a.O., Rn. 286.

[497] *BGH* NJW 1997, 461 = IPRax 1997, 422.

[498] *Stoll*, IPRax 2000, 259, 265.

[499] *Ferid*, IPR, 1-3,1; *v. Hoffmann*, IPR, § 1, Rn. 3 f.

[500] Der *BGH* zählt hier auch die polnische Firma hinzu, die die Sachen eingelagert hat.

[501] *BGH* NJW 1997, 461, 462 = IPRax 1997, 422, 424.

sitae abweichenden Anknüpfung entgegen. Die für die Abweichung sprechenden Anknüpfungskriterien können nicht zur Geltung kommen. Art. 46 EGBGB findet keine Anwendung.

2. Verfügung bei Unkenntnis über die ausländische Belegenheit

Anders könnte das Ergebnis lauten, wenn die Vertragsparteien keine Kenntnis über den tatsächlichen Lageort zum Zeitpunkt der Verfügung nach den §§ 929 Satz 1, 931 BGB haben. Grundsätzlich bleibt die eben dargestellte Interessenlage auch in diesem Falle bestehen. Eine Abweichung wird hier jedoch deshalb befürwortet, weil mangels Kenntnis des Anknüpfungspunktes nichts anderes übrig bleibe, als von der Belegenheit abzuweichen. Es sei dann das Recht anzuwenden, zu dem der Sachverhalt die eindeutig engsten Beziehungen habe.[502] Die Situsregel versage völlig, weil zwar der Anknüpfungspunkt vorhanden, aber im Verfügungszeitpunkt nicht bekannt sei.[503]
Dem ist zuzustimmen, da mangels Kenntnis von der tatsächlichen Belegenheit die Situsregel faktisch nicht angewendet werden kann. Dennoch ist zu fragen, ob nicht die Drittinteressen am unbekannten Lageort gegen eine solche Handhabung der Ersatzanknüpfung sprechen, mithin die Verkehrsinteressen schwerer als die tatsächlichen Schwierigkeiten wiegen.

a.) Fortwährende Unkenntnis

Ist die Frage vor Gericht zu klären und ist auch im Zeitpunkt der Gerichtsentscheidung noch nicht bekannt, wo sich die Sache befindet, besteht keine andere Möglichkeit, als eine abweichende Anknüpfung zu wählen. Schon nach allgemeinen kollisionsrechtlichen Grundsätzen muß diese nach der engsten Verbindung ausgewählt werden. Fraglich ist nur, ob dieser Fall über die Ausweichklausel zu lösen ist. Diese ist anwendbar, wenn eine wesentlich engere Verbindung zu einem Recht besteht, das sich von dem an der Belegenheit geltenden Recht unterscheidet. Das ist aber in der hier vorliegenden Konstellation nicht der Fall. Ebenso wie die Norm des Art. 43 Abs. 1 EGBGB kann die des Art. 46 EGBGB mangels Kenntnis der Tatbestandsvoraussetzungen nicht angewandt werden. Die Unkenntnis von Tatbestandsvoraussetzungen hat nichts mit einer wesentlich engeren Verbindung zu tun. Folglich findet zwar das Recht der engsten Verbindung Anwendung, nicht aber über Art. 46 EGBGB, sondern aus dem allgemeinen kollisionsrechtlichen Grundsatz, das Recht der engsten Verbindung anzuwenden.

---

[502] *Czapski*, RabelsZ 1970 (34), 86, 114 f.; *Kreuzer*, IPRax 2000, S. 259, 265; MüKo-*Kreuzer*, Nach Art. 38 Anh. I, Rn. 69; Staudinger-*Stoll*, Rn. 364.
[503] Kreuzer in *Henrich*, Vorschläge, S. 37, 161.

b.) Kenntnis im Zeitpunkt der Beurteilung

Anders könnte die Beurteilung ausfallen, wenn zum Zeitpunkt, in dem ein Richter über die Verfügung zu entscheiden hat, die Belegenheit der Sache bekannt ist. Er könnte dann wegen der am Belegenheitsort betroffenen Drittinteressen die lex rei sitae anwenden. Die Entscheidung über die kollisionsrechtliche Behandlung kann jedoch nicht vom Zufall abhängen, ob zwischen Verfügung und gerichtlicher Entscheidung bekannt wird, wo die Sache im Zeitpunkt der Verfügung belegen war. Die Vertragsparteien müssen auf die sichere Anwendung einer Rechtsordnung vertrauen dürfen können. Die Anwendung der lex rei sitae bei späterer Kenntnis der Belegenheit würde dem Erfordernis der Rechtssicherheit[504] innerhalb der internationalprivatrechtlichen Beurteilung zuwiderlaufen.
Auch wenn der Belegenheitsort der Sache nach der Verfügung bekannt wird, ändert sich an der kollisionsrechtlichen Beurteilung der Verfügung nichts. Es ist das Recht der engsten Verbindung anwendbar, allerdings nicht über die Ausweichklausel des Art. 46 EGBGB sondern über den allgemeinen Grundsatz, das Recht der engsten Verbindung anzuwenden.

III. Ergebnis

Damit ergibt sich folgendes Gesamtergebnis: Wird über eine im Ausland belegene Sache verfügt, findet auf diesen Vorgang die lex rei sitae über Art. 43 Abs. 1 EGBGB Anwendung. Auch wenn alle anderen Anknüpfungskriterien auf eine abweichende Rechtsordnung deuten, ändert sich an diesem Ergebnis nichts. Nur wenn der tatsächliche Lageort der Sache im Zeitpunkt der Verfügung nicht ermittelbar ist, ist das Recht der engsten Verbindung anzuwenden. Art. 46 EGBGB findet dabei keine Anwendung. Eine Verfügung über eine im Ausland belegene Sache ist daher niemals Fallgruppe des Art. 46 EGBGB.

G. Reisegepäck

Eine Fallgruppe des Art. 46 EGBGB könnte sich auf die dingliche Rechtslage an Reisegepäck respektive dingliche Rechtsgeschäfte beziehen, die Reisegepäck zum Gegenstand haben. In diesen Fällen wurde teilweise von der Literatur eine von der Situsregel abweichende Anknüpfung vorgeschlagen.[505] Bevor auf diese

---

[504] Zur Rechtssicherheit im IPR: *Wengler*, Revue critique de droit international privé 1990, 657, 660 ff.; *Kegel/Schurig*, IPR, § 2 II 3 c.

[505] *Drobnig* in FS Kegel, S. 141, 145; *Müller*, RIW 1982, 461 ff.; Staudinger-*Stoll*, Rn. 259, 286; Palandt-*Heldrich*, 58. Auflage, Anh. zu Art. 38, Rn. 10; zögernd: *Firsching/v. Hoffmann*, IPR, § 12, Rn. 40; MüKo-*Kreuzer*, Nach Art. 38 Anh. I, Rn. 207

Vorschläge eingegangen wird, empfiehlt sich eine Bestimmung darüber, was unter Reisegepäck zu verstehen ist.

I. Begriffsbestimmung

In der Literatur wird keine griffige Definition des Begriffes „Reisegepäck" gegeben, jedoch werden Merkmale angeführt, wann eine Sache als Reisegepäck zu qualifizieren ist. Begriffsnotwendig handelt es sich um Sachen, die ein Reisender auf der Reise bei sich führt.[506] Ob es sich nur um Sachen handelt, die typischerweise auf eine Reise mitgenommen werden, oder ob dahingehend keine Einschränkung besteht, wird nicht erörtert. So werden nur Beispiele wie Boot, Zelt, Kamera, Taucherausrüstung genannt;[507] Dinge also, die das typische persönliche Habe eines Touristen darstellen. Es besteht jedoch kein Grund, nicht auch Sachen unter den Begriff zu fassen, die gewöhnlich von Geschäftsleuten mitgeführt werden, beispielsweise Notebook und Mobiltelefon. Letztendlich dürfte entscheidend sein, daß die fragliche Sache nur im Verlauf einer Reise *vorübergehend* von dem räumlichen Bereich einer Rechtsordnung in den einer anderen verlagert wird.[508] Auf diese Weise wird das gesamte Habe des Reisenden erfaßt, auch wenn es nicht im sprachlichen Sinne unter „Gepäck" fällt.[509]

II. Bisheriger Diskussionsstand

Bezüglich der kollisionsrechtlichen Behandlung von Reisegepäck wurden unterschiedliche Lösungsansätze vorgeschlagen. So wurde einerseits die Auffassung vertreten, daß die sachenrechtlichen Verhältnisse an diesen Sachen sich nach dem am gewöhnlichen Lageort geltenden Recht richten sollen, der üblicherweise mit dem Wohnsitz des Eigentümers zusammenfalle.[510] Andererseits wurde vorgeschlagen, das Gepäck dem Recht des Heimatortes im Sinne des Ausgangsortes der Reise zu unterstellen.[511] Dieses Ergebnis wurde teilweise mit dem subjektiven Parteiwillen erklärt.[512] Innerhalb dieser Differenz bestand jedoch eine weitere Ungleichbehandlung hinsichtlich der die Abweichung betreffenden Rechtsgeschäfte. Während von einer Seite die Abweichung nur

---

[506] *v. Hoffmann*, IPR, § 12, Rn. 12; IPR-Kommentar-*Stoll*, IntSachenR, Rn. 192.

[507] MüKo-*Kreuzer*, Nach Art. 38 Anh. I, Rn. 207.

[508] *Müller*, RIW 1982, 461, 462.

[509] Somit fällt auch beispielsweise eine Armbanduhr unter den Begriff des Reisegepäcks.

[510] *Drobnig* in FS Kegel, S. 141, 145; ähnlich auch schon *Savigny*, System des heutigen römischen Rechts, S. 178.

[511] Palandt-*Heldrich*, 58. Auflage, Anh. zu Art. 38 EGBGB, Rn. 10; *Müller*, RIW 1992, 461, 466 ff.; *v. Hoffmann*, IPR, § 12, Rn. 12.

[512] Staudinger-*Stoll*, Rn. 259, 286; BGB-RGRK-*Wengler*, Teilband 1, § 17, S. 490; IPR-Kommenar-*Stoll*, Int SachenR, Rn. 192, 220.

dann angenommen wurde, wenn innerhalb einer Reisegruppe im Reiseland verfügt wird,[513] wurde sie von anderer Seite auch bei Verfügungen im Heimatort über die im Ausland befindliche Sache befürwortet.[514] Allerdings macht letztere Ansicht wieder die Einschränkung, daß jegliche Verfügung im Reiseland der dortigen lex rei sitae unterstehen müsse,[515] während das die erste Ansicht nicht macht, solange zwischen Teilnehmern einer selben Reisegruppe verfügt wird.[516] Ob sachenrechtliche Vorgänge an Reisegepäck unter Art. 46 EGBGB fallen können beziehungsweise welche Vorgänge dies sein können, ist nur mit einer Interessenbewertung zu klären.

III. Eingreifen der Ausweichklausel

1. Grundsätzliches Sachstatut für Reisegepäck

Ist die Interessenlage der Situsregel identisch mit der, die zugunsten des Rechts eines von der Situsregel abweichenden Ortes spricht, greift die Ausweichklausel ein.[517] Demnach sind die Interessen zu untersuchen, die für die lex rei sitae sprechen.

a.) Lex rei sitae als Regelungshoheit

Wenn die Situsregel jedem Staat die Regelungshoheit über die in seinem Gebiet befindlichen Sachen einräumen soll,[518] könnte es im Falle von Reisegepäck nicht einzusehen sein, warum diese Regelungshoheit aufgegeben und ein Statutenwechsel angenommen werden soll, wenn die Sache nur vorübergehend in einen anderen Staat gelangt. Gäbe man die Regelungshoheit nicht auf, würde der Heimatort dauerhaft das Sachstatut stellen.

Im Falle von Reisegepäck tritt nur eine Lockerung des räumlichen Bezugs der Sache ein, ohne daß der räumliche Bezug endgültig abgebrochen werden würde. Der Zweck der Entfernung der Sachen vom Heimatort enthält essentiell das Ziel der Rückverbringung.[519] Dadurch zeichnet sich das persönliche Habe eines Reisenden aus. Wird im IPR an den gewöhnlichen Aufenthalt einer Person angeknüpft, so bleibt dieser bestehen, wenn die Person nur vorübergehend den

---

[513] *v. Hoffmann*, IPR, § 12, Rn. 12; Staudinger-*Stoll*, Rn. 259; BGB-RGRK-*Wengler*, Teilband 1, § 17, S. 490.

[514] *Müller*, RIW 1982, 461, 465 ff.; Palandt-*Heldrich*, 58. Auflage, Anh. zu Art. 38, Rn. 10.

[515] *Müller*, a.a.O.

[516] BGB-RGRK-*Wengler*, Teilband 1, § 17, S. 490; *v. Hoffmann*, IPR, § 12, Rn. 12.

[517] Siehe Erstes Kapitel A V 4 b.

[518] *Frankenstein*, IPR, S. 1 ff.; *Lalive*, The transfer of chattels, S. 103; *Müller*, RIW 1982, S. 461, 464.

[519] *Müller*, RIW 1982, 461, 465.

Ort ihres gewöhnlichen Aufenthaltes verläßt.[520] Auch dort wird also eine Lockerung nicht als Wechsel des jeweiligen Statuts angesehen. Gleiches sollte folglich für Sachen gelten, die bestimmungsgemäß wieder zum Heimatort zurückkehren und die sich nur für die Zeit einer Reise von diesem Ort entfernen.[521] Die Regelungshoheit des Staates der Belegenheit geht somit nicht dadurch verloren, daß die Sache vorübergehend im Ausland belegen ist. Entsprechend hat das Reiseland kein Interesse an der Geltendmachung seiner Regelungshoheit, solange sie sich dort „nur in der durch den Aufenthaltszweck exponierten Exklusivität eines Reisegegenstandes“[522] befindet. Anders könnte dies sein, wenn die Sache am Reiseort in einen sachenrechtlichen Vorgang verwickelt wird. Diese Fragestellung soll im Anschluß an die Erörterung des grundsätzlichen Sachstatuts beantwortet werden.[523]
Die Rechtssouveränität des Belegenheitsortes als Begründung für die Situsregel spricht daher für die Abweichung und gegen einen Statutenwechsel, der nach der strikten Anwendung der Situsregel durchzuführen wäre.

b.) Durchsetzbares Recht

Begründet man die Situsregel mit der Überlegung, daß nur die dingliche Rechtslage durchzusetzen ist, die durch die Rechtsschutzorgane am jeweiligen Lageort gewährleistet ist,[524] ergibt sich nichts anderes. Da die Sache gewöhnlich am Heimatort belegen ist, ergeben sich auch an diesem Ort Rechtsstreitigkeiten. Niemand wird zu der Zeit, zu der sich die Sache „auf Reisen“ befindet, an einem Gericht des Reiseortes beispielsweise einen Herausgabeanspruch geltend machen; er wird sich an ein Gericht des Heimatortes wenden. Auch wird ein Prozeß nicht deshalb unterbrochen, weil die Sache sich zeitweise im Ausland als Gepäck eines Reisenden befindet. Ähnliches gilt für die Vollstreckungsorgane: Steht fest, daß die zu pfändende Sache kurzfristig Teil eines Reisegepäcks ist, wird die Pfändung zum Zeitpunkt der Rückkehr der Sache terminiert; eine Vollstreckung im Ausland wäre zu aufwendig.[525] Dies gilt um so mehr, als das die bei Gepäckstücken zu erwartenden Erlöse in der Regel nicht sehr hoch sein werden.

c.) Einfachheit der Anwendung

Die Beibehaltung des Rechts des Heimatortes als Sachstatut erfüllt auch die Einfachheit der Handhabung der Anknüpfungsregel, die ansonsten für die

---

[520] *Baetge*, Der gewöhnliche Aufenthalt, S. 105; *v. Hoffmann*, IPR, § 5 Rn. 72 ff.
[521] Heimatort kann damit nur der Ort sein, an dem die Sache gewöhnlich belegen ist.
[522] *Müller*, RIW 1982, 461, 465.
[523] Siehe unter 2.
[524] Siehe Erstes Kapitel A V 6 a.
[525] *Müller*, RIW 1982, 461, 465.

Situsregel spricht.[526] Eine Abweichung vermeidet im Falle von Reisegepäck einen Statutenwechsel. Außerdem dürfte es bei einer Vielzahl von Reisen wegen der hohen Zahl der durchreisten Staaten schwierig sein, die sachenrechtliche Lage zu beurteilen. Da die Sache ohnehin in den Heimatstaat zurückkehrt - und dieses Merkmal ist dem Begriff des Reisegepäcks immanent - , spricht die Einfachheit der Anwendung für die alleinige Anwendung des Heimatrechts.

d.) Verkehrsinteressen

Fraglich ist jedoch, ob der Hauptgrund für die Beurteilung der sachenrechtlichen Lage nach dem Belegenheitsrecht, nämlich die Berücksichtigung der Drittinteressen, ebenfalls für die Anknüpfung an den Heimatort spricht. Immerhin befindet sich die Sache im Reiseland, während sie von sachenrechtlichen Vorgängen betroffen wird. Drittinteressen im Reiseland können daher potentiell betroffen sein.
Betrachtet man den Rechtsverkehr des Heimatstaates, ist es unangemessen, bei jedem Staatenwechsel des Reisegepäcks einen Statutenwechsel eintreten zu lassen. Ist ein Rechtsstreit über die sachenrechtliche Lage einer auf der Reise befindlichen Sache vor einem Gericht des Heimatstaates anhängig, müßte jeweils mühsam untersucht werden, wo sich die Sache gerade befindet. Kommt das Gericht zum Ergebnis, ist die Entscheidung mit hoher Wahrscheinlichkeit schon wieder überholt. Dies kann nicht im Interesse des Rechtsverkehrs des Heimatortes sein, zumal die Sache als Reisegepäck ohnehin zurückkehrt und sich wieder in die Rechtsordnung des Heimatortes einfügt.
Für den Rechtsverkehr im Reiseland gelten Besonderheiten: Es sind dort dann keine Verkehrsinteressen betroffen, wenn die Sache nicht im dortigen Rechtsverkehr in Erscheinung tritt.[527] Ist dies hingegen der Fall, ereignet sich also ein sachenrechtlich relevanter Vorgang im Reiseland, könnte das Interesse des dortigen Rechtsverkehrs aktuell werden. Er könnte darauf vertrauen dürfen, daß die Belegenheit der Sache die dingliche Rechtslage bestimmt. An dieser Stelle ist folglich zu unterscheiden. Während letztere Fallgruppe unter 2. behandelt werden soll, sprechen für die restlichen Fälle die Verkehrsinteressen für das Recht des Heimatortes. Sind die Verkehrsinteressen des Reiseortes indifferent, sprechen die des Heimatortes eindeutig für die Anwendung dieses Recht.

e.) Konsequenz

Dies bedeutet, daß die Interessenlage, die im Regelfall zugunsten der lex rei sitae spricht, auf das Recht des Heimatstaates des Reisegepäcks deutet, solange Verkehrsinteressen am Reiseort nicht betroffen sind. Da dieses Recht von der

526 Zur Einfachheit der Anwendung als Argument für die lex rei sitae: Erstes Kapitel A V 6 a.
527 *Lüderitz* in Lauterbach, Vorschläge, S. 185, 208; *Müller*, RIW 1982, 461, 466.

lex rei sitae abweicht, ist die Ausweichklausel des Art. 46 EGBGB anwendbar. Die Vorschrift führt zum einen dazu, daß während der Reise die Rechtsordnung des Heimatstaates als Sachstatut maßgeblich bleibt. Zum anderen lassen sich auch Änderungen der dinglichen Rechtslage an der Sache während der Reise nach dem Heimatrecht beurteilen, solange keine Beziehung zum Recht des Reiselandes aufgebaut wird. So wäre beispielsweise eine Verfügung nach § 931 BGB im Heimatstaat möglich, auch wenn sich die Sache zu diesem Zeitpunkt im Ausland befindet. Entsprechend bestimmt sich der gutgläubige Erwerb des dinglichen Rechts nach der Vorschrift des § 934 BGB. Fraglich ist, ob dieses Ergebnis nicht dem im Falle von Verfügungen über eine im Ausland belegene Sache widerspricht. Wie bereits festgestellt, sprechen dort die Verkehrsinteressen für die lex rei sitae und gegen die Anwendung der Ausweichklausel.[528] Der Unterschied ist jedoch der, daß Reisegepäck schon begriffsmäßig wieder zum Heimatort zurückkehrt - der Rechtsverkehr des Reiselandes kommt typischerweise nicht mit der Sache in Berührung. Deshalb sind der Typenzwang und etwaige Publizitätserfordernisse für die Verfügung am Reiseort unbeachtlich.

Somit erfolgt auch das Erstarken des Anwartschaftsrechts zum Vollrecht an einer unter Eigentumsvorbehalt stehenden Sache nach deutschen Regeln, wenn sich die Sache als Reisegepäck im Ausland befindet.

Die Qualifikation einer Sache als Reisegepäck genügt also schon für das Eingreifen der Ausweichklausel. Es ist beispielsweise unerheblich, ob die Vertragsparteien, die wegen der ursprünglichen Belegenheit der Sache in Deutschland nach deutschem Recht einen Eigentumsvorbehalt geschlossen haben, deutsche Staatsbürger sind oder ihren gewöhnlichen Aufenthalt in Deutschland haben. Dies läßt sich damit erklären, daß im Falle der kollisionsrechtlichen Beurteilung von Reisegepäck die lex rei sitae nicht überwunden werden muß, sondern diese im Grunde bestehen bleibt. Die lex rei sitae *des Heimatortes* regelt weiterhin die Sache, da sie nur temporär im Ausland bleibt und ihrem Wesen nach in den Heimatstaat zurückkehrt; die Verbindung zum ursprünglichen Situs wird nur gelockert.

2. Lageortsbezogene Geschäfte

a.) Der Anwendung der Ausweichklausel entgegenstehende Verkehrsinteressen

Fraglich ist die kollisionsrechtliche Behandlung von Geschäften, die den Rechtsverkehr des Reiselandes berühren. Die Verkehrsinteressen dieses Landes sind dann betroffen, wenn die Sache in einen sachenrechtlichen Vorgang verwickelt wird, der den Rechtsverkehr dahingehend berührt, daß dieser darauf vertrauen darf, daß für die Sache das Merkmal der räumlichen Anwesenheit am

---

[528] Siehe oben F II 1 b.

Ort das maßgebliche Sachstatut bestimmt. Problematisch ist jedoch, wann dies der Fall ist. *Müller*[529] nahm das für Rechtsgeschäfte an, die als Inlandsgeschäft im Reiseland vorgenommen werden. Das Rechtsgeschäft müsse sowohl im Hinblick auf die Sache als auch im Hinblick auf die Geschäftspartner ausschließlich Binnenbezug haben. Daher müsse sich die Sache ebenso wie die Vertragspartner im Reiseland befinden.
Grundsätzlich wurde diesem Ansatz der Beibehaltung der Situsregel für lageortsbezogene Geschäfte zugestimmt.[530] An der Behandlung solcher Geschäfte hat sich durch die Ausweichklausel nichts geändert. Sobald die Sache in der genannten Weise im Rechtsverkehr des Reiselandes auftritt, muß sich der dortige Verkehr auf die Beurteilung nach der Situsregel verlassen können. Diesbezüglich kann sich Reisegepäck nicht von res in transitu unterscheiden; auch dort werden der Situsregel lageortsbezogene Rechtsgeschäfte unterstellt.[531] Da Drittinteressen entgegenstehen, ist die Ausweichklausel nicht anwendbar.[532] Dies gilt auch dann, wenn andere Anknüpfungskriterien für das Recht des Heimatortes der Sache sprechen, wenn etwa der Vertragspartner im Reiseland die Nationalität des Staates des Heimatortes hat.[533] Für lageortsbezogene Rechtsgeschäfte an Reisegepäck bleibt es bei der Anwendung von Art. 43 Abs. 1 EGBGB.

b.) Ausnahme für Verfügungen innerhalb von Reisegruppen

Eine Ausnahme wurde jedoch teilweise für die Fallgruppe von Verfügungen innerhalb Reisegruppen angenommen. Einerseits wurde dies mit begrenzter Parteiautonomie begründet. Für einen geschlossenen Personenkreis aus Staatsangehörigen oder Bewohnern desselben Staates, die sich zeitweise im Ausland befinden, sei ein übereinstimmender Wille anzunehmen, derartige Geschäfte über auf der Reise mitgeführte bewegliche Sachen gem. dem Recht des gemeinsamen Heimatstaates zu beurteilen.[534] Andererseits komme man auch ohne Anerkennung von Parteiautonomie zum gleichen Ergebnis, vertraten andere Autoren. So sei schlicht der Normzweck der lex rei sitae bei Verfügungen

---

[529] *Müller*, RIW 1982, 461, 467.
[530] MüKo-*Kreuzer*, Nach Art. 38 Anh. I, Rn. 207; *v. Hoffmann*, IPR, § 12, Rn. 12.
[531] Siehe oben C V.
[532] *Pfeiffer*, IPRax 2000, S. 270, 275, nennt folgendes Beispiel: Ein Reisender übereignet einem anderen Teilnehmer der Reisegruppe zur Begleichung eingegangener Spielschulden einen im Hotelsafe deponierten Wertgegenstand durch Abtretung des Herausgabeanspruchs.
[533] Vgl. dazu Erstes Kapitel, A V 6 b aa c und bb c.
[534] BGB-RGRK-*Wengler*, Teilband 1, § 17, S. 490; Staudinger-*Stoll*, Rn. 259, 286.

innerhalb Reisegruppen verfehlt[535] beziehungsweise eine Belegenheitsenklave anzunehmen,[536] weshalb das Heimatrecht angewandt werden müsse.

aa) Heimatort

Bevor bezüglich dieser Fallgruppe eine Interessenbewertung stattfinden kann, ist jedoch zu klären, was hier unter „Heimatort" zu verstehen ist. Heimatort im Sinne des Herkunftsorts von Reisegepäck wurde oben als der Ort angesehen, an dem die Sachen ihre gewöhnliche Belegenheit haben. Der gewöhnliche Lageort von Sachen als für Verfügungen innerhalb einer Reisegruppe geltendes eventuelles Sachstatut ist jedoch problematisch. Die Vorstellung, für solche Verfügungen das Heimatrecht anzuwenden, beruht gerade auf der Vorstellung das Recht anzuwenden, welches die Parteien als Enklave in den Reisestaat mitgenommen haben beziehungsweise von dessen Anwendung sie ausgehen konnten. Beide Ansätze beruhen also auf einer Gemeinsamkeit der Vertragsparteien.
Dafür ist der Heimatort im oben verstandenen Sinne aber nur bedingt tauglich. So kommen beispielsweise bei Pauschalreisen die Reisenden nicht zwingend aus denselben Staaten. Besonders seit Vollendung des europäischen Binnenmarktes nutzen solche Reisende oft grenzüberschreitend das günstigste Angebot. Eine Reisegruppe ist daher häufig weder durch Staatsangehörigkeit noch durch den gemeinsamen gewöhnlichen Aufenthalt der Teilnehmer eine homogene Gruppe. Es bietet sich daher an, das Recht des Ortes des Reisebeginns[537] als eventuelles Sachstatut anzuerkennen. Zwar fällt dieser Ort häufig mit dem des Heimatortes im Sinne des gewöhnlichen Lageortes der Sache zusammen, jedoch bietet nur dieser Ort die Gewähr, immer eine Gemeinsamkeit zwischen den Reiseteilnehmern zu vermitteln. Es ist also im folgenden zu untersuchen, ob der Ausgangsort der Reise das Recht der wesentlich engeren Verbindung als das der lex rei sitae bezüglich Verfügungen innerhalb von Reisegruppen darstellt.

bb) Interessenbewertung

(1) Verkehrsinteressen

Anders als lageortsbezogene Rechtsgeschäfte über Reisegepäck, durch die die jeweilige Sache in den Rechtsverkehr des Reiselandes eintritt, bleibt die Sache im Falle einer Verfügung innerhalb der Reisegruppe auch nach der Verfügung einem Mitglied dieser Gruppe zugeordnet. Für den Rechtsverkehr des Reiselandes ändert sich durch die Verfügung nichts. Die Sache bleibt Reisegepäck, das nur temporär im Reiseland belegen ist und bestimmungsgemäß wenig später an

---

[535] *Kreuzer* in Henrich, Vorschläge, S, 38, 160.
[536] *Pfeiffer*, IPRax 2000, S. 270, 275.
[537] Für diese Anknüpfung: *v. Hoffmann*, IPR, § 12, Rn. 12; BGB-RGRK-*Wengler*, Teilband 1, § 17, S. 490.

den Ausgangsort zurückkehrt. Nach *Pfeiffer*[538] kann von einer Belegenheitsenklave im Reiseland gesprochen werden. Die Verfügung betrifft ausschließlich die jeweiligen Vertragspartner. Die Verkehrsinteressen am Belegenheitsort sprechen daher nicht für die Anwendung der Situsregel, sie sind diesbezüglich völlig indifferent. Dafür könnten die Verkehrsinteressen am Ausgangsort der Reise für die Anwendung des Rechts des Ausgangsortes sprechen. Hier kann auf die Diskussion bezüglich der Verkehrsinteressen im Grundfall[539] verwiesen werden. Jedoch ist zu berücksichtigen, daß es sich um den Ausgangsort der Reise und nicht um den Ort der gewöhnlichen Belegenheit handelt. In der Mehrzahl der Fälle ist dieser Ort identisch. Die Verkehrsinteressen sprechen dann für das Recht des Ausgangsortes der Reise.
Ist der Ausgangsort der Reise jedoch nicht mit dem Ort der gewöhnlichen Belegenheit identisch, kann diese Aussage nicht getroffen werden. Vielmehr sprechen dann die Verkehrsinteressen für die Anwendung des Rechts des gewöhnlichen Lageortes der Sache.

(2) Andere Interessen

Eine ähnliche Unterscheidung könnte auch für die übrigen kollisionsrechtlichen Interessen geboten sein, die normalerweise für die Situsregel sprechen. Die Situsregel gewährleistet jedem Staat, die Regelungshoheit über die in seinem Gebiet befindlichen Sachen auszuüben. Wegen der bloßen Lockerung des räumlichen Bezugs der Sache bleibt es jedoch im Falle von Reisegepäck bei der Anwendung des Rechts des gewöhnlichen Lageortes.[540] Dies ist bei Verfügungen über Reisegepäck innerhalb Reisegruppen nicht anders. Das Argument der Regelungshoheit über die im Staatsgebiet befindlichen Sachen spricht auch hier für das Recht des gewöhnlichen Lageortes der Sache.
Gleiches gilt für das Argument, nur die lex rei sitae könne die Rechtslage am Lageort durchsetzten.[541] Gerichte und Vollstreckungsorgane werden am Heimatort im Sinne des gewöhnlichen Lageortes der Sache in Anspruch genommen, da dort typischerweise Rechtsstreitigkeiten entstehen. Schließlich spricht auch die Einfachheit der Anwendung[542] für das Recht des gewöhnlichen Lageortes. Nur durch die Beurteilung der Rechtslage nach der dort geltenden Rechtsordnung kann jeglicher Statutenwechsel vermieden werden.
Lediglich der subjektive Parteiwille könnte für das Recht des Ausgangsortes der Reise sprechen. Wie im Ersten Kapitel festgestellt, ist der relativ wirkende subjektive Parteiwille kollisionsrechtlicher Bewertungsfaktor im Rahmen des

---

[538] *Pfeiffer*, IPRax 2000, S. 270, 275.
[539] Siehe oben 1 d.
[540] Siehe oben 1 a.
[541] Siehe oben 1 b.
[542] Siehe oben 1 c.

Art. 46 EGBGB.[543] Befindet sich eine Reisegruppe im Ausland, besteht ein geschlossener Personenkreis, der eine Einheit bildet. Es entspricht dem Willen der Mitglieder dieser Gruppe, das ihnen gemeinsame Recht anzuwenden, wenn sie über eine von ihnen mitgeführte Sache verfügen. Das ihnen gemeinsame Recht ist das des Ausgangsortes der Reise. Mit der Anwendung dieses Rechts rechnen die Parteien. Der subjektive Parteiwille spricht daher für die Anwendung des Rechts des Ausgangsortes der Reise.

cc) Konsequenz

Fraglich ist, welche Konsequenz aus diesen Ergebnissen zu ziehen ist. Wie gezeigt, ändert sich einerseits die Interessenlage am anwendbaren Sachenrecht bezüglich Reisegepäck nicht dadurch, daß innerhalb einer Reisegruppe über eine solche Sache verfügt wird. Die Interessenlage spricht für die Anwendung des Ortes, an dem die Sache gewöhnlich belegen ist. Lediglich der subjektive Parteiwille spricht für die Anwendung des Rechts des Ausgangsortes der Reise. Andererseits wurde dargelegt, daß als abweichendes Sachstatut für derartige Verfügungen nur das Recht des Ortes in Betracht kommt, an dem die Reise begonnen hat. Eine Gemeinsamkeit zwischen Reiseteilnehmern wird nur durch diesen Ort vermittelt.
Daher ergibt sich folgende Konsequenz: Stimmt der gewöhnliche Lageort mit dem des Ausgangsortes der Reise überein, findet die Ausweichklausel Anwendung. Das Recht der wesentlich engeren Verbindung als das der Belegenheit der Sache ist für die Verfügung innerhalb der Reisegruppe damit das Recht, das beide Merkmale in sich vereint. Stimmen Ausgangsort der Reise und der gewöhnliche Lageort nicht überein, liegen die Orte also in zwei verschiedenen Staaten, findet die Ausweichklausel keine Anwendung. Eine wesentlich engere Verbindung im Sinne des Art. 46 EGBGB ist nicht gegeben.

IV. Ergebnis

Somit kann das grundsätzliche Sachstatut von Reisegepäck als Fallgruppe der Ausweichklausel anerkannt werden. Über Art. 46 EGBGB findet das Recht des gewöhnlichen Lageorts der zu beurteilenden Sache Anwendung. Bezüglich Verfügungen innerhalb Reisegruppen ist jedoch entgegen einiger Autoren[544] zu differenzieren. Die Ausweichklausel findet in diesen Fällen ausschließlich Anwendung, wenn der gewöhnliche Lageort der als Reisegepäck zu qualifizierenden Sache mit dem Ausgangsort der Reise identisch ist. Durch die Anwendung des Art. 46 EGBGB findet das Recht dieses Staates Anwendung. Liegen

543 Erstes Kapitel B X.

544 *v. Hoffmann*, IPR, § 12, Rn. 12; *Pfeiffer*, IPRax 2000, S. 270, 275; *Kropholler*, IPR, § 54 VI.

beide Orte in verschiedenen Staaten, bleibt es bei der Anwendung von Art. 43 Abs. 1 EGBGB.

H. Abweichung von Art. 44 EGBGB

I. Kein Fall durch objektive Anknüpfungskriterien

Als weitere Fallgruppe von Art. 46 EGBGB kommen Konstellationen in Betracht, die zu einer Abweichung von Art. 44 EGBGB führen. Anläßlich der Untersuchung der denkbaren Kriterien, die zu einer Abweichung von dieser Vorschrift führen können, ergab sich bereits im Ersten Kapitel nur ein einziger Fall, in dem die Ausweichklausel eingreifen könnte.[545] Die in Frage stehenden Grundstücke müssen in unterschiedlichen Staaten belegen und die denkbaren abweichenden Anknüpfungskriterien müssen auf das Recht einer dieser Staaten deuten. Als Anknüpfungskriterien kommen dabei nur personale Kriterien wie gemeinsamer gewöhnlicher Aufenthalt und gemeinsame Staatsangehörigkeit der Beteiligten sowie der Ort der beeinträchtigenden Handlung in Betracht. Diese Indizien müssen auf das Recht eines dieser Staaten deuten. Allerdings muß aufgrund des Parallelisierungsziels von nachbarrechtlichen und deliktischen Ansprüchen auch bezüglich deliktischer Ansprüche die Ausweichklausel des Art. 41 EGBGB eingreifen. Andernfalls hätte die Ausweichklausel des Art. 46 EGBGB die Folge, daß das durch das Bestimmungsrecht modifizierte Wahlrecht zwischen Handlungs- und Erfolgsort in Art. 40 Abs. 1 EGBGB entfällt. Folge wäre die alleinige Anwendbarkeit des Handlungsortes, was ohnehin der Regel des Art. 40 Abs. 1 EGBGB entspricht.[546]

Nun ist aber fraglich, ob das doppelte Eingreifen der Ausweichklauseln tatsächlich jemals eintreten kann. Art. 46 EGBGB fordert zumindest den gemeinsamen gewöhnlichen Aufenthalt der Grundstückseigentümer in einem Staat, in dem eines der beiden Grundstücke belegen ist. Das Recht dieses Staates wäre das Anknüpfungungsergebnis. Art. 41 EGBGB hingegen ist in diesem Fall nur anwendbar, wenn eine wesentlich engere Verbindung zu einem anderen Recht als zu dem besteht, das nach Art. 40 Abs. 2 EGBGB anwendbar wäre. Das nach Art. 40 Abs. 2 EGBGB anwendbare Recht ist aber gerade das Recht des gemeinsamen gewöhnlichen Aufenthalts des Ersatzpflichtigen und des Verletzten zur Zeit des Haftungsereignisses. Ein gemeinsames Eingreifen der Ausweichklauseln der Artt. 41 und 46 EGBGB ist daher nicht denkbar. Das Anknüpfungsergebnis bei Eingreifen der einen Klausel führt zum Ausschluß der

---

[545] Siehe Erstes Kapitel A V 7 d cc.

[546] Siehe Erstes Kapitel A V 7 d bb.

anderen und umgekehrt.[547] Danach gäbe es keinen Fall, in dem Art. 46 EGBGB zu einer Abweichung von Art. 44 EGBGB führt.

II. Berücksichtigung der Rechtswahl durch Art. 42 EGBGB

1. Problemstellung

Etwas anderes könnte sich ergeben, wenn durch die Beteiligten nach Eintritt des schädigenden Ereignisses gem. Art. 42 EGBGB eine Rechtswahl getroffen wird.[548] Die deliktischen Ansprüche unterstehen dann dem gewählten Recht. Art. 44 EGBGB verfolgt den Zweck der Harmonisierung der kollisionsrechtlichen Regelung für nachbarrechtliche Ausgleichsansprüche mit dem kodifizierten Internationalen Deliktsrecht.[549] Dies muß auch dann gewährleistet sein, wenn eine Rechtswahl nach Art. 42 EGBGB erfolgt. Wenn also Art. 44 EGBGB die Harmonisierung bezweckt, muß die durch das Internationale Deliktsrecht vorgesehene Rechtswahlmöglichkeit auch die nachbarrechtlichen Ausgleichsansprüche umfassen. Art. 44 EGBGB verweist aber ausdrücklich nur auf Art. 40 Abs. 1 EGBGB.

2. Lösungsmöglichkeiten

Um zur Harmonisierung zu gelangen, gibt es zwei Möglichkeiten: Entweder man wendet Art. 42 EGBGB analog im Rahmen des Art. 44 EGBGB an oder berücksichtigt die nachträgliche Rechtswahl im Rahmen des Art. 46 EGBGB. *Pfeiffer* spricht sich für letztere Variante aus.[550] Dies ergebe sich erstens aus einer grundsätzlichen Ablehnung einer offenen Rechtswahl im Internationalen Sachenrecht und zweitens aus dem Zweck der Ausweichklausel, die Berücksichtigung des relativen Parteiwillens zu ermöglichen. Außerdem spreche drittens Art. 44 EGBGB ausdrücklich nur von einer Verweisung auf Art. 40 Abs. 1 EGBGB.

---

[547] Das übersieht *Geisler*, Die engste Verbindung im IPR, S. 336, wenn er behauptet, Artt. 41 und 46 EGBGB dienten nicht selten dazu, „die aus einem bestimmten (Schadens-) Ereignis erwachsenden Ansprüche einem einheitlichen Statut zu unterstellen".

[548] Hier könnte es sich um eine Fallgruppe handeln, die durch die konkrete Ausgestaltung des Gesetzes zum Internationalen Privatrecht für außervertragliche Schuldverhältnisse und für Sachen das Eingreifen der Ausweichklausel herausfordern, siehe oben A II.

[549] BTDrucks. 14/343, S. 16; *v. Hoffmann*, IPR, § 11, Rn. 56.

[550] *Pfeiffer*, IPRax 2000, 270, 274: Diesem Lösungsweg zustimmend: *Spickhoff*, Jahrbuch für Umwelt- und Technikrecht 2000, S. 385, 388 f.; *Geisler*, Die engste Verbindung im IPR, S. 334.

3. Stellungnahme

Für die Ansicht *Pfeiffers* spricht zunächst der eindeutige Wortlaut des Art. 44 EGBGB. Da die Vorschrift nur auf Art. 40 Abs. 1 EGBGB verweist und gerade nicht auf Art. 42 EGBGB, folgt aus dem Umkehrschluß, daß eine nachträgliche Rechtswahl für die nachbarrechtlichen Ausgleichsansprüche nicht gewollt ist. Fraglich ist, ob sich die Normzweckerfüllung des Art. 44 EGBGB - Harmonisierung mit dem Deliktsrecht - über Art. 46 EGBGB erreichen läßt. Wie bereits festgestellt, ist der relative Parteiwille kollisionsrechtlicher Bewertungsfaktor im Rahmen des Art. 46 EGBGB. Eine Anerkennung des Parteiwillens im Internationalen Sachenrecht geht damit nicht einher. Wird nun die nachträgliche Rechtswahl im Sinne des Art. 42 EGBGB über Art. 46 EGBGB berücksichtigt, wird gegen diese Ergebnisse nicht verstoßen. Auch die Rechtswahl, wie sie Art. 42 EGBGB vorsieht, ist relativer Natur, da nach Satz 2 der Vorschrift Rechte Dritter von der Rechtswahl unberührt bleiben. Außerdem betreffen nachbarrechtliche Ausgleichsansprüche, auch wenn sie dinglicher Natur sind, typischerweise ein Verhältnis zwischen zwei Personen.[551] Die Drittinteressen können deshalb ohnehin vernachlässigt werden.
Entgegenstehen könnte lediglich der Wortlaut der Ausweichklausel - schließlich muß eine wesentlich engere Verbindung als zu dem Recht vorliegen, das nach Art. 44 EGBGB anwendbar wäre. Anwendbar wäre das nach Art. 40 Abs. 1 EGBGB maßgebliche Recht. Dies findet aber durch die nachträgliche Rechtswahl der Parteien über Art. 42 Abs. 1 EGBGB tatsächlich keine Anwendung. Der Normzweck des Art. 44 EGBGB, Harmonisierung der konkurrierenden Ansprüche, wäre nicht erreicht. Vielmehr ist der Normzweck nur dann gewährleistet, wenn die Ausweichklausel eingreift.

III. Ergebnis

Somit greift die Ausweichklausel in Abweichung von Art. 44 EGBGB nur dann ein, wenn die Beteiligten das anwendbare Deliktsrecht nachträglich wählen. Art. 46 EGBGB beruft dann für die nachbarrechtlichen Ausgleichsansprüche das gewählte Recht. Liegt diese Art der Rechtswahl nicht vor, gibt es keinen Fall, der von der Ausweichklausel in Abweichung von Art. 44 EGBGB erfaßt werden würde.

---

[551] Siehe Erstes Kapitel A V 7 b aa; ebenso: *Spickhoff* für das Internationale Umwelthaftungsrecht, Jahrbuch für Umwelt- und Technikrecht 2000, S. 385, 388 f.

I. Abweichung von Art. 45 Abs. 1 EGBGB

I. Luft-, Wasser- und Schienenfahrzeuge

1. Ausgangspunkt: „Idealfall der Abweichung"

Fraglich ist weiterhin, wie ein Fall auszusehen hat, der in Abweichung von Art. 45 Abs. 1 EGBGB durch die Ausweichklausel bestimmt wird. Art. 46 EGBGB greift bezüglich Transportmitteln am ehesten dann ein, wenn alle personalen Kriterien und alle denkbaren Handlungen der Beteiligten auf das Recht eines vom Heimatstaat im Sinne des Art. 45 Abs. 1 EGBGB abweichenden Staates deuten und das Transportmittel dazu in diesem Staat belegen ist.[552] Ohne einen konkreten Fall zu bilden, kann dieser „Idealfall der Abweichung" zur Prüfung herangezogen werden, ob eine Abweichung überhaupt möglich ist. Führt selbst dieser Fall nicht zu einer Abweichung, kann ein Eingreifen des Art. 46 EGBGB für alle Fälle ausgeschlossen werden.

2. Interessenbewertung

Die abweichende Regelanknüpfung für internationale Verkehrsmittel beruht auf der Tatsache, daß diese typischerweise ständig ihren Lageort wechseln. Die lex rei sitae ist daher ungeeignet. Außerdem ist der Lageort oft schwer ermittelbar oder das dort geltende Recht gar nicht bestimmbar, weil sich das Verkehrsmittel in hoheitsfreiem Raum befindet.[553]
Vor allem die Gewährleistung dieser Interessen müßte die abweichende Anknüpfung über die Ausweichklausel bieten, damit sie eingreifen kann.[554] Die Anknüpfungsmaxime der leichten Ermittelbarkeit des Anknüpfungskriteriums ist gewährleistet, wenn das Verkehrsmittel zweifelsfrei in einem vom Herkunftsstaat differierenden Ort zum Zeitpunkt des rechtserheblichen Geschehens belegen ist. Dies ist im Idealfall gewährleistet, in dem alle denkbaren Anknüpfungskriterien für eine von der Regel abweichende Rechtsordnung sprechen. Auch der in der Regel ständige Wechsel des Lageortes von Verkehrsmitteln spricht nicht gegen eine abweichende Anknüpfung, solange gewährleistet ist, daß das konkrete Verkehrsmittel regelmäßig in einem Staat verbleibt. Auch die Gefahr, das Anknüpfungskriterium wegen häufiger Belegenheit im hoheitsfreien Raum nicht bestimmen zu können, wäre dann gebannt. Es scheint also Fälle zu geben, in denen die Gründe für die von der Situsregel abweichende Regelanknüpfung bedeutungslos sind. Da es gerade innerhalb der echten Ausweichklausel des Art. 46 EGBGB zu einer Gesamtschau der Umstände des Einzelfal-

---

[552] Siehe Erstes Kapitel A V 8 e.
[553] Staudinger-*Stoll*, Rn. 373; BTDrucks. 14/343 S. 17; siehe auch Erstes Kapitel A V 8 a.
[554] Siehe Erstes Kapitel A V 4 b.

les kommt,[555] erscheint die Pauschalisierung der Argumente bezüglich Verkehrsmitteln durchbrochen werden zu müssen. Bestehen die Bedenken gegen die Situsregel nicht, könnte diese über die Ausweichklausel als Rückausnahme zum Zuge kommen.

3. Bedenken

Bei dieser Argumentation ist jedoch Vorsicht geboten. Sie liefe letztlich darauf hinaus, daß Verkehrsmittel, die regelmäßig nur in einem Staat verbleiben und dort in den Rechtsverkehr integriert sind, jedenfalls dann über die Ausweichklausel nach der lex rei sitae beurteilt werden, wenn noch andere Kriterien - persönliche und handlungsbezogene - auf das Recht der Belegenheit deuten. Kurz gesagt: Verkehrsmittel, die keine internationalen sind, werden bei Hinzutreten weiterer Kriterien nach der Situsregel behandelt.
Hier ergibt sich jedoch ein Widerspruch. Luft-, Wasser- und Schienenfahrzeuge, die auf diese Weise über die Situsregel behandelt werden würden, sind *gerade* internationale Verkehrsmittel. Dies ergibt sich schon aus der Abweichung vom Herkunftsstaat im Sinne des Art. 45 Abs. 1 EGBGB an sich. Der Situs bedeutet nur dann eine Abweichung von der Regel, wenn dieser vom Herkunftsstaat differiert. Das Verkehrsmittel befindet sich daher in diesen Fällen nie im Heimatstaat und ist schon deshalb niemals „regelmäßig" am Situs belegen. Dann sind aber die Gefahren gegeben, die den Gesetzgeber zur Regelanknüpfung an den Heimatstaat veranlaßt haben.[556] Insofern sprechen auch im Idealfall der abweichenden Anknüpfung die Interessen der Regelanknüpfung nicht für das Recht der Belegenheit der Sache, sondern für die Regelanknüpfung. Nur die Beurteilung der kollisionsrechtlichen Lage nach dem Recht des Heimatstaates im Sinne des Registrierungs- oder Zulassungsortes gewährleistet eine leichte Ermittelbarkeit des anwendbaren Rechts und vermeidet die Gefahren, die sich aus dem häufigen Lageortswechsel ergeben.
Sprechen auch alle denkbaren Anknüpfungskriterien für das Recht eines anderen als des Herkunftsstaates, kann die Ausweichklausel in Abweichung von Art. 45 Abs. 1 EGBGB keine Anwendung finden.

4. Nicht registrierte Schiffe: Der Fall der adriatischen Segelyacht

Diese Argumentation widerspricht der Ansicht *Stolls*,[557] der die Ausweichklausel im 1995 dem *BGH* vorgelegten Fall einer nicht registrierten Segelyacht[558] eingreifen lassen will. Der *BGH* hatte über die unberechtigte Verfügung über

[555] Siehe oben D III 2 a aa.
[556] BTDrucks. 14/343, S. 17.
[557] *Stoll*, IPRax 2000, 259, 266 f.
[558] *BGH* NJW 1995, 2097 f. = JZ 1995, 784 f.

eine nicht registrierte, in der Adria genutzten Hochsee-Yacht zu entscheiden. Das Boot war zur Zeit der Verfügung entweder in einem jugoslawischen oder italienischen Hafen beheimatet, da das Schiff in Jugoslawien gechartert, später aber nach Italien überführt wurde. Alle übrigen Umstände der zu beurteilenden Veräußerung wie Nationalität und gewöhnlicher Aufenthalt der Vertragsparteien, Ort des Vertragsschlusses und vereinbarte Währung des Kaufpreises deuteten auf Deutschland und damit auf die Anwendung deutschen Rechts. Dennoch entschied der *BGH*, daß sich das auf die Verfügung anwendbare Recht nach dem des Heimathafens beziehungsweise der Heimathäfen richte. Dies entspricht der heutigen Regelanknüpfung, Art. 45 Abs. 1 Satz 2 Nr. 2 a.E. EGBGB für nicht registrierte Schiffe.
Stoll sieht in diesem Fall die Ausweichklausel als erfüllt an, da der Erwerbsvorgang in Rechtsbeziehungen eingebettet sei, „die ihren Schwerpunkt eindeutig in Deutschland hatten".[559] Diese Ansicht ist mit obiger Argumentation zu widerlegen. Auch hier kann die abweichende Anknüpfung an deutsches Recht nicht die Anknüpfungsmaximen erfüllen, die die Regelanknüpfung erfüllen. Die Regelanknüpfung nach dem Heimatort beziehungsweise - hafen ist nur eine Ersatzanknüpfung für nicht registrierte Schiffe, spiegelt jedoch ebenso wie die Anknüpfung an die Registrierung die besondere Nähe an den Herkunftsstaat wieder. Nur die Anknüpfung an den Heimatstaat kann eine leichte Ermittelbarkeit des anwendbaren Rechts gewährleisten beziehungsweise die Gefahren vermeiden, die sich aus dem häufigen Lageortswechsel ergeben. Hinzu kommt, daß die Yacht zum Zeitpunkt der Verfügung nicht in Deutschland belegen war. Nach Meinung *Stolls* soll die Ausweichklausel damit sogar dann Anwendung finden, wenn nicht einmal die lex rei sitae für die Abweichung spricht. Selbst wenn die lex rei sitae für ein vom Herkunftsstaat abweichenden Ort spricht, kann die Ausweichklausel, wie oben festgestellt, nicht eingreifen. In dem vom *BGH* entschiedenen Fall der in Italien oder Jugoslawien belegenen Segel-Yacht kann daher über die Ausweichklausel erst recht kein deutsches Recht Anwendung finden.

II. Kraftfahrzeuge

Ein Fall der Ausweichklausel könnte sich eventuell dann ergeben, wenn die sachenrechtliche Lage an Kraftfahrzeugen erörtert werden muß. Für Kraftfahrzeuge, die dauerhaft dem internationalen Personen- und Güterverkehr gewidmet sind, wurde ebenfalls eine Sonderanknüpfung an den Zulassungsort vorgeschlagen.[560] Der Bezug zum Ort der Zulassung bleibe auch bei häufigen Fahrten ins Ausland bestehen. Darüber hinaus sei der Zulassungsort aus dem Kennzeichen

---

[559] *Stoll*, IPRax 2000, 259, 266 f.

[560] *Drobnig* in FS Kegel, S. 141, 144 f; *Sonnenberger*, AWD 1971, 253, 253 ff.; *Firsching/v. Hoffmann*, IPR, § 12, Rn. 38.

ersichtlich. Ein wiederholter Statutenwechsel könne mit dieser Anknüpfung vermieden werden.[561]
Die herrschende Meinung[562] sprach sich gegen eine solche Sonderbehandlung aus. Dies wurde mit dem Umstand begründet, daß im Ausland überwiegend die lex rei sitae angewandt wird und ein nationaler Alleingang folglich dem internationalen Entscheidungseinklang zuwiderlaufen würde.[563] Außerdem könne ein im Ausland zugelassenes Kraftfahrzeug im Inland nicht nach deutschem Recht übereignet oder verpfändet werden.[564] Es entspreche schließlich der Verkehrsauffassung, daß Kraftfahrzeuge jederzeit an Ort und Stelle nach Ortsrecht veräußert werden können.[565]
Die Neuregelung des Internationalen Sachenrechts sieht keine Sonderanknüpfung für Kraftfahrzeuge vor. Dennoch wird die Ausweichklausel des Art. 46 EGBGB als Grundlage für eine Anknüpfung an den Zulassungsort angesehen.[566] Dagegen spricht jedoch eindeutig die Systematik der Artt. 43-46 EGBGB. Hätte der Gesetzgeber eine Sonderanknüpfung gewollt, so hätte er dies ausdrücklich in den Transportmittel regelnden Art. 45 Abs. 1 EGBGB vorgesehen. Schon das Schweigen verbietet eine Anknüpfung von Kraftfahrzeugen an den Heimatort über die „Hintertür" des Art. 46 EGBGB. Dieses Ergebnis deckt sich auch mit der Gesetzesbegründung, in der die Situsregel als für dingliche Rechte an Kraftfahrzeugen angemessen angesehen wird.[567]
Aus diesen Gründen fällt auch die Beurteilung der kollisionsrechtlichen Lage von Kraftfahrzeugen nicht in den Anwendungsbereich von Art. 46 EGBGB.[568]

III. Ergebnis

Es gibt keinen Fall, in dem in Abweichung von Art. 45 Abs. 1 EGBGB die Ausweichklausel eingreifen könnte.

---

[561] *Martiny, IPRax* 1985, 168, 169 f.; *v. Hoffmann*, IPR, § 12, Rn. 42.
[562] BGHZ 39, 173; Soergel-*Lüderitz*, Art. 38 Anh. II, Rn. 87; MüKo-*Kreuzer*, Nach Art. 38 Anh. I, Rn. 102; Staudinger-*Stoll*, Rn. 411.
[563] *Kreuzer* in Henrich, Vorschläge, S. 37, 125; Staudinger-*Stoll*, Rn. 411.
[564] *Henrich*, Vorschläge, S. 9.
[565] Staudinger-*Stoll*, Rn. 411; *Kreuzer* in Henrich, Vorschläge, S. 37, 126.
[566] *Spickhoff*, NJW 1999, 2209, 2214; *Geisler*, Die engste Verbindung im IPR, S. 334; *v. Hoffmann*, IPR, § 12, Rn. 42.
[567] BTDrucks. 14/343, S. 17.
[568] Im Ergebnis zustimmend: *Pfeiffer*, IPRax 2000, 270, 275; *Junker*, RIW 2000, 241, 245.

J. Abweichung von Art. 45 Abs. 2 EGBGB

I. Gleichlauf des Art. 45 Abs. 2 Satz 1 mit Abs. 1 EGBGB

Etwas anderes könnte sich für gesetzliche Sicherungsrechte ergeben, die im Gegensatz zu der übrigen sachenrechtlichen Lage an Transportmitteln gem. Art. 45 Abs. 2 Satz 1 EGBGB an das Recht angeknüpft werden, das auf die zu sichernde Forderung Anwendung findet.

Eventuell bestehende gesetzliche Sicherungsrechte an Transportmitteln sind ein Teilbereich der zu beurteilenden sachenrechtlichen Lage an Transportmitteln. Ist eine Abweichung von Art. 45 Abs. 1 EGBGB nicht möglich - und das ist wie eben festgestellt der Fall - kann auch eine Abweichung von Art. 45 Abs. 2 EGBGB nicht möglich sein. Allein aus der Tatsache heraus, daß für gesetzliche Sicherungsrechte eine andere Regelanknüpfung besteht, kann sich nichts anderes ergeben. Hinsichtlich der Argumente kann nach oben verwiesen werden.[569]

Stoll erkennt jedoch die Möglichkeit einer Abweichung an, und zwar dann, wenn in besonders gelagerten Fällen „eine an sich zulässige Rechtswahl des Forderungsstatuts sachenrechtlich zu ignorieren ist".[570] Er führt dabei den von *Herber*[571] gebildeten Fall an, daß ein Zeitcharterer eines deutschen Schiffes in Cuxhafen Öl aufnimmt und mit dem Lieferanten als Kaufvertragsstatut niederländisches Recht vereinbart, um ein Schiffsgläubigerrecht zu begründen. Nach *Herber* verbiete der deutsche ordre public anstelle der Einschränkung des Katalogs des § 754 HGB durch die Wahl niederländischen Rechts ein Schiffsgläubigerrecht zu begründen.[572] *Stoll* hingegen will dieses Ergebnis mit Art. 46 EGBGB erreichen, da der Sachverhalt, „soweit er sachenrechtlich relevant ist, eine wesentlich engere Verbindung zum deutschen Recht als zu dem vereinbarten Statut des Kaufvertrages"[573] hat.

Zwar sprechen im Beispielsfall eine Vielzahl von Anknüpfungskriterien für die vom Schuldstatut abweichende Anknüpfung an deutsches Recht, jedoch richtet sich die Entstehung eines Schiffsgläubigerrechts nach einhelliger Meinung auch dann nach dem Statut der gesicherten Forderung, wenn es durch Rechtswahl bestimmt wurde.[574] Daran hat sich durch die Kodifikation nichts geändert. Auch bei dem in Frage stehenden Fall erfüllt nur die Regelanknüpfung die Verwirklichung der Akzessorietät zwischen Sicherungsrecht und Forderung beziehungsweise wird der bipolaren Interessenbeziehung zwischen Inhaber des Siche-

---

[569] Siehe oben unter I I 3.
[570] *Stoll*, IPRax 2000, 259, 268.
[571] *Herber*, Seehandelsrecht, S. 412.
[572] A.a.O.
[573] *Stoll*, IPRax 2000, 259, 268.
[574] *LG Hamburg* IPRspr. 1964/65, Nr. 64; *OLG Hamburg* IPRspr. 1975, Nr. 27 = VersR 1975, 826; *Zweigert/Drobnig*, VersR 1971, 590 f.

rungsrechts und dem Eigentümer des Transportmittels Rechnung getragen.[575] Wird wie hier im Falle bewußt eine deutsche Vorschrift umgangen, so ist der ordre public in Art. 6 EGBGB, der auch für das kodifizierte Internationale Sachenrecht Anwendung findet, die einschlägige Vorschrift. Art. 46 EGBGB will hingegen im Falle einer engeren Verbindung zu einer Anknüpfung an ein Recht führen, das von dem abweicht, das nach der Regelanknüpfung berufen wäre. Diese engere Verbindung ist jedoch nicht gegeben, da die Anknüpfungsmaximen, die für die Regelkollisionsnorm sprechen, nicht für die Abweichung sprechen. Der Fall sollte daher über das Rechtsinstitut des ordre public gelöst werden, der die Berücksichtigung desjenigen Teils der inländischen Rechtsordnung gewährleistet, der auch im internationalen Rechtsverkehr unverzichtbar ist.[576] Im Ergebnis wird dadurch die Entstehung eines Schiffsgläubigerrechts verhindert. Eine Abweichung von Art. 45 Abs. 2 Satz 1 EGBGB ist demnach nicht denkbar.

II. Zeitliche Abweichung

Im Rahmen des Ersten Kapitels wurde jedoch die Möglichkeit einer zeitlichen Abweichung von Art. 45 Abs. 2 EGBGB aufgezeigt.[577] Möglich ist dies, wenn die Vertragsparteien nach Art. 27 Abs. 2 Satz 1 EGBGB vereinbaren, daß der Vertrag einem anderen Recht unterliegen soll als dem, welches zuvor aufgrund einer früheren Rechtswahl oder aufgrund einer objektiven Anknüpfung maßgebend war. Auf diese Weise gibt es ein Schuldstatut vor und eines nach der (neuen) Rechtswahl.

Die Frage nach der Berücksichtigung der nachträglichen Rechtswahl erscheint hier in einem anderen Licht als die Berücksichtigung im Rahmen des Art. 44 EGBGB. Während es dort um die Frage ging, ob man Art. 44 EGBGB analog oder Art. 46 EGBGB anwendet, um die Harmonisierung mit Art. 42 EGBGB zu gewährleisten, steht die Berücksichtigung der Rechtswahl an sich außer Frage. Da sich nach Art. 45 Abs. 2 Satz 1 EGBGB gesetzliche Sicherungsrechte ausdrücklich nach dem Schuldstatut richten, tun sie dies auch, wenn sich das Schuldstatut durch nachträgliche Rechtswahl ändert.[578] Die Rechtswahl wird also schon durch strikte Normanwendung des Art. 45 Abs. 2 Satz 1 EGBGB berücksichtigt.

Die Frage ist hier jedoch, ob im Falle der Rechtswahl die Ausweichklausel eingreifen kann. In zeitlicher Abweichung würde trotz Rechtswahl an das alte Statut angeknüpft werden. Das Eingreifen der Ausweichklausel hätte damit die Bedeutungslosigkeit der nachträglichen Rechtswahl zur Folge. Dies kann

[575] Vgl. Erstes Kapitel A V 9 a.
[576] Zum ordre public: MüKo-*Sonnenberger*, Art. 6 Rn. 2 ff.; *v. Hoffmann*, IPR, § 6, Rn. 136.
[577] Siehe Erstes Kapitel A V 9 c.
[578] Dies war auch die bis zur Kodifikation einhellige Meinung, siehe oben I.

jedoch nicht gewollt sein. Art. 45 Abs. 2 EGBGB soll durch die Anknüpfung an das Schuldstatut der bipolaren Interessenbeziehung zwischen dem Inhaber des gesetzlichen Sicherungsrechts und dem Eigentümer des Transportmittels Rechnung tragen. Sachenrechtliche Aspekte wie Verkehrsinteressen treten bei diesen Rechten in den Hintergrund.[579] Es ist kein Fall vorstellbar, in dem dies einmal anders sein sollte. Wenn die Parteien ein neues Schuldstatut wählen, ist es nur interessengerecht, auch die gesetzlichen Sicherungsrechte nach diesem Recht zu beurteilen. Eine Abweichung ist daher nicht denkbar.

III. Art. 45 Abs. 2 Satz 2 EGBGB

Ein Fall des Art. 46 EGBGB könnte sich hingegen bezüglich Art. 45 Abs. 2 Satz 2 EGBGB ergeben. Nach dieser Vorschrift wird die Rangfolge der gesetzlichen Sicherungsrechte nach Art. 43 Abs. 1 EGBGB, also der lex rei sitae, angeknüpft. Bis zur Kodifikation des Internationalen Sachenrechts wurde in Rechtsprechung und Literatur die lex fori für maßgebend erachtet.[580] Da nun die lex rei sitae zum Zeitpunkt der Geltendmachung des betreffenden Rechts maßgeblich ist, findet regelmäßig auch nach der Kodifikation die deutsche lex fori Anwendung, wenn das Transportmittel in Deutschland belegen ist und deshalb das Recht vor einem deutschen Gericht geltend gemacht wird.

Die Anwendung der lex fori galt schon früher mangels Alternativen als Verlegenheitslösung.[581] Zumindest verliere sie dann ihre Berechtigung, wenn sämtliche an dem Transportmittel bestehende Sicherungsrechte einer ausländischen Rechtsordnung folgen. In diesem Falle müsse die betreffende ausländische Rechtsordnung auch die Rangfolge bestimmen.[582] Dagegen wurde eingewandt, nur mit der Anwendung der lex fori könnten oft schwierige Nachforschungen im ausländischem Recht vermieden werden. Vor allem sei aber die Konkordanz der beteiligten Rechtsordnungen ein zufälliger Umstand, dem man rechtlich keine Bedeutung zumessen sollte.[583]

Die BTDrucks. zu Art. 45 Abs. 2 Satz 2 EGBGB spricht ausdrücklich von der Möglichkeit, über Art. 46 EGBGB die Rangfolge anzuwenden, die sich übereinstimmend aus den am Schiff bestehenden Sicherungsrechten nach ausländi-

---

[579] Siehe Erstes Kapitel A V 9 a.

[580] Für Schiffsgläubigerrechte: RGZ 45, 276; 81, 283; *BGH* IPRspr. 1991 Nr. 1b = IPRax 1992, 324; *Lewald*, IPR, S. 194; *Kronke*, IPRax 1992, 303, 305; *Kassaye*, Neuere Entwicklungen, S. 221; MüKo-*Kreuzer*, Nach Art. 38 Anh. I, Rn. 146, 152.

[581] Staudinger-*Stoll*, Rn. 392; *ders.*, IPRax 2000, S. 259, 268.

[582] *Prüssmann/Rabe*, Seehandelsrecht, Vor § 754 HGBGB Anm. II B 4 b, aa; *Regel*, Schiffsgläubigerrechte, 38, 174; *Schaps/Abraham*, Seerecht, I 2 Vor § 754 HGB.

[583] Staudinger-*Stoll*, Rn. 392; *ders.*, IPRax 2000, 259, 268; ohne Begründung: MüKo-*Kreuzer*, Nach Art. 38 Anh. I, Rn. 146, 152.

schen Rechtsordnungen ergibt.[584] Dafür spricht, daß den ausländischen Sicherungsrechten nur dann ihr intendierter Rechtsinhalt zukommt, wenn sie auch nach der vom ausländischen Gesetzgeber vorgeschriebenen Rangfolge geltend gemacht werden können. Auch kann es kein Argument gegen eine Abweichung sein, die ausländische Rangfolge nicht befolgen zu wollen, weil nur dadurch schwierige Nachforschungen vermieden werden könnten. Erstens liefert der Wille zum Heimwärtsstreben des Gerichts kein kollisionsrechtliches Interesse,[585] zweitens müssen die ausländischen Sicherungsrechte ohnehin erörtert werden. Dann kann die Erörterung der Rangfolge nicht ins Gewicht fallen.
Gegen die Anwendung der Ausweichklausel spricht jedoch folgendes: Würde man im Falle einer einheitlichen Bestimmung der Rangfolge durch die auf die Sicherungsrechte selbst maßgeblichen Rechtsordnungen an diese einheitliche Rangfolge anknüpfen, könnten einem Gläubiger seine wohlerworbenen Rechte in Form einer Rangstelle beraubt werden.[586] Dies ist dann möglich, wenn es infolge Erlöschens eines Sicherungsrechts zu einem Statutenwechsel kommt, weil alle verbleibenden Rechte einheitlich einem anderen Forderungsstatut unterliegen. Wenn das neue Forderungsstatut eine andere Rangfolge vorsieht beziehungsweise wenn die verbleibenden Forderungsstatute eine einheitliche andere Rangfolge vorsehen, kann eine schon sicher geglaubte Rangstelle verlorengehen.[587] Vermieden werden kann dies nur, wenn sich das Statut der Rangfolge durch Erlöschen eines Sicherungsrechts nicht ändern kann. Das bedeutet eine klare Absage an die Forderung,[588] im Falle einer einheitlichen von der Situsregel abweichenden Bestimmung der Rangfolge durch die für die Sicherungsrechte maßgeblichen Rechtsordnungen diese Rangfolge über Art. 46 EGBGB anzuwenden.[589] Der Grundsatz des Schutzes wohlerworbener

---

[584] BTDrucks. 14/343, S. 18; Darin übereinstimmend: *Spickhoff*, NJW 1999, 2209, 2214; *Wagner*, IPRax 1998, 429, 437; *Geisler*, Die engste Verbindung im IPR, S. 335; *Junker*, RIW 2000, 241, 254.

[585] *Flessner*, Interessenjurisprudenz, S. 113; *Kegel/Schurig*, IPR, § 2 II 3 d.

[586] *Pfeiffer*, IPRax 2000, 270, 276.

[587] Mit ausführlichem Beispiel: *Pfeiffer*, IPRax 2000, 270, 276.

[588] BTDrucks. 14/343, S. 18; *Wagner*, IPRax 1998, 429, 437; *Spickhoff*, NJW 1999, 2209, 2214; *Geisler*, Die engste Verbindung im IPR, S. 335.

[589] Im Ergebnis zustimmend: *Stoll*, IPRax 2000, 259, 268. Stoll begründet dieses Ergebnis allerdings mit dem Bereicherungsausgleich, den der Gläubiger, der nach deutschem Recht Befriedigung erlangt hätte, von dem Gläubiger, der an seiner Stelle nach der lex fori befriedigt worden ist, verlangen kann, *BGH* IPRspr. 1960-61, Nr. 53; *Prüssmann/Rabe*, Vor § 754 II B 4 b, aa. Die gleiche Lösung sei im hier diskutierten Fall der übereinstimmenden Abweichung bezüglich des Rangverhältnisses durch das kollisionsrechtliche Institut der Angleichung zu erreichen. Eine Korrektur von Art. 45 Abs. 2 Satz 2 EGBGB durch die Ausweichklausel sei daher weder angemessen noch geboten.

Rechte ist auch im Internationalen Sachenrecht geboten.[590] Die engste Verbindung bezüglich der Rangfolge besteht daher nicht zu dem ausländischen Recht, das alle Sicherungsrechte bestimmt, oder zu den Rechten, aus denen sich eine übereinstimmende Rangfolge ableiten läßt. Die Ausweichklausel greift nicht ein, es bleibt bei der Anwendung des Art. 45 Abs. 2 Satz 2 EGBGB.

IV. Ergebnis

Es ist kein Fall denkbar, in dem die Ausweichklausel in Abweichung von Art. 45 Abs. 2 Satz 1 EGBGB bezüglich gesetzlicher Sicherungsrechte an Transportmitteln eingreifen könnte. Gleiches gilt für die Anordnung für die Anknüpfung der Rangfolge dieser Rechte nach Art. 45 Abs. 2 Satz 2 EGBGB.

---

[590] *Ferid*, IPR, § 7-59; *v. Hoffmann*, IPR, § 12, Rn. 30, dagegen: *Neuhaus*, Grundbegriffe, S. 170 ff; *Lalive*, The transfer of chattels, S. 145; Staudinger-Stoll, Rn. 354. Auch Stoll geht aber im Zweifel davon aus, „daß das neue Statut mit den bestehenden Sachenrechtsverhältnissen schonend verfährt und nur aus plausiblen Gründen eingreift".

Zusammenfassende Betrachtung

A. Gesamtergebnis

Der Begriff der wesentlich engeren Verbindung in Art. 46 EGBGB ist je nach dem, auf welche Vorschrift der Artt. 43-45 EGBGB er sich bezieht, durch unterschiedliche objektive Anknüpfungskriterien auszufüllen. Der subjektive Parteiwille ist dabei wie die objektiven Anknüpfungskriterien ein kollisionsrechtlicher Bewertungsfaktor, der zusammen mit ihnen eine wesentlich engere Verbindung zu einer Rechtsordnung schaffen kann als zu der, die nach der Regelkollisionsnorm Anwendung finden würde.
Als Folge dieser Konkretisierung ist der Begriff der wesentlich engeren Verbindung räumlich oder zeitlich zu verstehen. Ebenso wie sich die ausfüllenden Anknüpfungskriterien je nach der betroffenen Regelkollisionsnorm ändern, verändert sich auch das Verständnis des Begriffs. Während im Falle der Abweichung von den Artt. 43, 45 Abs. 2 EGBGB der Begriff räumlich oder zeitlich zu verstehen ist, ist der Begriff in Abweichung der Artt. 44 und 45 Abs. 1 EGBGB ausschließlich räumlich zu sehen.
Um der Gefahr der Rechtsunsicherheit zu begegnen, die eine Generalklausel im festen Gefüge der Regelkollisionsnormen darstellt, war es aufgrund dieser Informationen möglich, Fallgruppen zu bilden. Diese seien hier noch einmal zusammengefaßt:

I. Fallgruppen in Abweichung von Art. 43 EGBGB

Liegt ein internationales Verkehrsgeschäft vor, findet dadurch allein die Ausweichklausel noch keine Anwendung. Die Vorschrift bewirkt jedoch bei einer Vielzahl solcher Geschäfte eine „Rechtsspaltung", da sie dann im Verhältnis der Vertragsparteien zueinander gilt, nicht aber gegenüber Dritten.[591]
Werden innerhalb des internationalen Verkehrsgeschäfts Sicherungsrechte vereinbart, kann Art. 46 EGBGB nicht zu einem von Art. 43 Abs. 3 EGBGB abweichenden Anknüpfungsergebnis führen. Auf solche Sicherungsrechte hat die Ausweichklausel keinen Einfluß.[592]
Art. 4 der EU-Richtlinie zur Bekämpfung von Zahlungsverzug im Geschäftsverkehr wirkt sich nicht auf die Anwendung des Art. 46 EGBGB aus.[593]
Wird über res in transitu verfügt, so ist grundsätzlich das Bestimmungsortsrecht über die Ausweichklausel anwendbar, wenn noch ein zusätzliches Indiz auf dieses Recht deutet. Ist dies nicht der Fall, bleibt es dennoch bei diesem Ergeb-

[591] Siehe Zweites Kapitel B I 4.
[592] Siehe Zweites Kapitel B II 4.
[593] Siehe Zweites Kapitel B III 4.

nis, allerdings muß dies kraft Rechtsfortbildung außerhalb des kodifizierten Internationalen Sachenrechts begründet werden.[594]
Der grenzüberschreitende Erwerb vom Nichtberechtigten beziehungsweise die Ersitzung sind keine Fallgruppen des Art. 46 EGBGB, auch dann nicht, wenn sich der Erwerb auf Kulturgüter bezieht, die dem KultGüRückG unterfallen.[595]
Gleiches gilt für die rechtliche Beurteilung der Verfügung über eine im Ausland belegene Sache.[596]
Hingegen ergibt sich aus Art. 46 EGBGB grundsätzlich das Sachstatut von Reisegepäck. Anwendung findet das Recht des gewöhnlichen Lageortes. Erfaßt wird hingegen nicht der Fall, in dem über Reisegepäck innerhalb einer Reisegruppe verfügt wird und der gewöhnliche Lageort des Gepäcks nicht mit dem Ausgangsort der Reise identisch ist.[597]

II. Abweichung von Art. 44 EGBGB

Bezüglich Art. 44 EGBGB findet Art. 46 EGBGB nur dann Anwendung, wenn die Beteiligten das anwendbare Deliktsrecht gem. Art. 42 Satz 1 EGBGB nachträglich wählen. Ansonsten gibt es keinen Fall, in dem nachbarrechtliche Ansprüche nach einem durch die Ausweichklausel berufenen Recht beurteilt werden würden.[598]

III. Abweichung von Art. 45 EGBGB

Es gibt keinen Fall, in dem es über Art. 46 EGBGB zu einer Abweichung von Art. 45 Abs. 1 EGBGB kommen könnte. Dies gilt auch für die Vorschriften des Art. 45 Abs. 2 Sätze 1 und 2.

B. Folgerungen

I. Weitgehende Anerkennung der bisherigen Ausnahmefälle

Bei den Fallgruppen handelt es sich also, teilweise mit Einschränkungen, um die internationalsachenrechtliche Beurteilung von internationalen Verkehrsgeschäften, von res in transitu, von Reisegepäck und von der nachträglichen Rechtswahl bezüglich des Deliktsrechts und ihre Auswirkung auf nachbarrechtliche Ansprüche. Für diese atypischen Fälle ist die Anwendung der Ausweichklausel geboten.

---

[594] Siehe, auch zu den genaueren Unterscheidungen, Zweites Kapitel C V.
[595] Siehe Zweites Kapitel D IV und E IV.
[596] Siehe Zweites Kapitel F III.
[597] Siehe Zweites Kapitel G IV.
[598] Siehe Zweites Kapitel H III.

Dieses Ergebnis zeigt, daß auch bezüglich der Ausweichklausel im wesentlichen von einer *Kodifikation* des Internationalen Sachenrechts durch die am 1.6.1999 in Kraft getretenene IPR-Novelle gesprochen werden kann. Die Fälle, für die schon vor der gesetzlichen Regelung von der Situsregel abweichende Anknüpfungen anerkannt waren, werden von Art. 46 EGBGB erfaßt und werden deshalb nach wie vor nach demselben Recht beurteilt. Dies gilt natürlich nicht für jeden Fall und jede Abwandlung, da die Formulierung und Stellung der Ausweichklausel im Gesetz berücksichtigt werden muß.[599]

II. Überflüssige Einbeziehung der Artt. 44, 45 EGBGB in den Anwendungsbereich

Es fällt auf, daß sich fast alle Fallgruppen der Ausweichklausel aus einer Abweichung von Art. 43 Abs. 1 EGBGB ergeben. Lediglich der Gleichlauf der nachträglichen Wahl des Deliktsrechts mit den nachbarrechtlichen Ansprüchen wird über Art. 46 EGBGB in Abweichung von Art. 44 EGBGB begründet. Es stellt sich damit die Frage, ob die Einbeziehung der Artt. 44, 45 EGBGB seitens des Gesetzgebers sinnvoll war. In der Literatur wurde die Einbeziehung jedenfalls begrüßt.[600]

Was Art. 45 EGBGB betrifft, kann man die Frage sicherlich verneinen. Wie gezeigt, kann es keinen Fall geben, in dem Art. 46 EGBGB zu einem abweichenden Recht führt. Die Einbeziehung ist daher überflüssig und trägt zur Rechtsunsicherheit bei. Im Falle des Art. 44 EGBGB gibt es immerhin eine Konstellation, die diese Vorschrift hinter Art. 46 EGBGB zurückstehen läßt. Es handelt sich dabei um die nachträgliche Rechtswahl im deliktischen Bereich. Alternativ hätte ein Gleichlauf der nachbarrechtlichen Ansprüche auch über die analoge Anwendung des Art. 42 EGBGB im Rahmen des Art. 44 EGBGB erreicht werden können.[601] Hiergegen spricht jedoch vor allem der eindeutige Wortlaut des Art. 44 EGBGB, der ausdrücklich nur auf Art. 40 Abs. 1 EGBGB verweist.

Der Gesetzgeber hätte vorzugsweise in Art. 44 EGBGB nicht nur auf Art. 40 Abs. 1 EGBGB, sondern auch auf Art. 42 EGBGB verweisen sollen. Neben einer klaren Anordnung anstelle einer mühsam hergeleiteten Fallgruppe des Art. 46 EGBGB hätte dies zum Vorteil, den gesamten Art. 44 EGBGB aus dem Anwendungsbereich des Art. 46 EGBGB zu nehmen.

Der Gesetzgeber hätte deshalb den Referentenentwurf von 1993 hinsichtlich der Stellung der Ausweichklausel so belassen sollen, wie er war. Damals war die

---

[599] Zu den genauen Änderungen durch die Kodifikation lese man im Zweiten Kapitel jeweils den „Bisherigen Diskussionsstand" und das „Ergebnis" innerhalb der geprüften Fallgruppen.

[600] *Stoll*, IPRax 2000, 259, 269.

[601] Siehe Zweites Kapitel H II 2.

Vorschrift für atypische Fälle in einem Art. 43 Abs. 4 RefE vorgesehen.[602] Die Vorschriften über Grundstücksimmissionen und Transportmittel waren hingegen nicht erfaßt. Die Untersuchung zeigt, daß dies der richtige Weg gewesen wäre. Je weiter der Anwendungsbereich einer Generalklausel ist, desto größer wird der Unsicherheitsfaktor in der Rechtsanwendung. Ist von vornherein klar, daß es bezüglich erfaßter Vorschriften niemals zu einer Abweichung kommen kann, hätte diese Unsicherheit von vornherein ausgeschlossen werden können. Das Gesetz regelt in der jetzigen Fassung Fälle, die nicht vorkommen können.

III. Schlußwort

Abgesehen davon kann die gesetzliche Regelung der Ausweichklausel als Erfolg gewertet werden. Sie ist nötig, um für die aufgeführten atypischen Fälle eine gerechte Anknüpfung zu gewährleisten. Sie muß offen formuliert sein, um auch beispielsweise durch Gesetzesänderung künftig auftretende atypische Fälle erfassen zu können. Ebenso muß sie offen formuliert sein, um nur einen Kernbestand internationalprivatrechtlicher Grundsätze[603] zu normieren. Eine gesetzliche Regelung der in dieser Arbeit geprüften Einzelfälle wäre Ausdruck einer „konstruktiven Pedanterie“[604], bei der zusätzlich die Gefahr bestünde, bei der Fülle von denkbaren Konstellationen die Regelung eines atypischen Falles nicht zu berücksichtigen. Die durch die offene Formulierung bestehende Gefahr der Rechtsunsicherheit ist durch die erfolgte Fallgruppenbildung so weit wie möglich gebannt. Die Bildung von Fallgruppen ist der einzige Weg, der zwischen der Scylla einer unbilligen, aber rechtssicheren Regel und der Charybdis einer selten vorhersehbaren, aber gerechten Einzelfallentscheidung[605] zu einem optimalen Ausgleich führt.

---

[602] Referentenentwurf eines Gesetzes zur Ergänzung des internationalen Privatrechts (außervertragliche Schuldverhältnisse und Sachen) vom 1.12.1993, abgedruckt bei Staudinger-*Stoll*, Rn. 19.

[603] Dieses Ziel hatte der Gesetzgeber bei der Kodifikation, BTDrucks. 14/343, S. 1.

[604] So nennt *Stoll* die Regelung des Art. 43 Abs. 3 EGBGB in IPRax 2000, 259, 263.

[605] *Kreuzer* in FS Zajtay, S. 295, 319.

STUDIEN ZUM VERGLEICHENDEN UND INTERNATIONALEN RECHT

Herausgeber: Bernd von Hoffmann und Erik Jayme

Band 1 Ferdinand Henke: Die Datenschutzkonvention des Europarates. 1986.

Band 2 Peter Czermak: Der express trust im internationalen Privatrecht. 1986.

Band 3 Peter Kindler: Der Ausgleichsanspruch des Handelsvertreters im deutsch-italienischen Warenverkehr. Eine rechtsvergleichende und kollisionsrechtliche Untersuchung. 1987.

Band 4 Wilhelm Denzer: Stellung und Bedeutung des Engineers in den FIDIC-Bauvertragsbedingungen. 1988.

Band 5 Marijan-Maximilian Lederer: Die internationale Enteignung von Mitgliedschaftsrechten unter besonderer Berücksichtigung der französischen Enteignungen 1982. 1989.

Band 6 Rainer Esser: Klagen gegen ausländische Staaten. 1990.

Band 7 Chang Jae-Ok: Auf dem Weg zu einer Materialisierung des Immateriellen ? Personen-, Persönlichkeitsschutz und Geldersatz des immateriellen Schadens in rechtsvergleichender Hinsicht am Beispiel des koreanischen und japanischen Zivilrechts unter besonderer Berücksichtigung des deutschen Rechts. 1990.

Band 8 Paul-Frank Weise: Lex mercatoria. Materielles Recht vor der internationalen Handelsschiedsgerichtbarkeit.1990.

Band 9 Werner Born: Der Auftrittsvertrag für Musikgruppen im Bereich der Rock- und Popmusik. 1990.

Band 10 Ralf Erich Jürgens: IPR und Verfassung in Italien und in der Bundesrepublik Deutschland. 1990.

Band 11 Rainer Gildeggen: Internationale Schieds- und Schiedsverfahrensvereinbarungen in Allgemeinen Geschäftsbedingungen vor deutschen Gerichten. 1991.

Band 12 Klaus Grabinski: Die kollisionsrechtliche Behandlung des Durchgriffs bei rechtlich verselbständigten Unternehmen in privater oder öffentlicher Hand. 1991.

Band 13 Dieter Stummel: Konkurs und Integration. Konventionsrechtliche Wege zur Bewältigung grenzüberschreitender Insolvenzverfahren. 1991.

Band 14 Joachim Güntzer: Die Rechtsstellung des Geschäftsführers im spanischen Aktienrecht. Die Neuregelung des spanischen Aktienrechts nach dem Beitritt Spaniens zur EG. 1991.

Band 15 Sabine Isenburg-Epple: Die Berücksichtigung ausländischer Rechtshängigkeit nach dem Europäischen Gerichtsstands- und Vollstreckungsübereinkommen vom 27.9.1968. Untersuchungen zum Anwendungsbereich von Art. 21 EuGVÜ unter schwerpunktmäßiger Behandlung der Frage nach der Bestimmung eines europäischen Streitgegenstandsbegriffs. 1992.

Band 16 Ulrich Nickl: Die Qualifikation der culpa in contrahendo im Internationalen Privatrecht. 1992.

Band 17 Theo Rauh: Leistungserschwerungen im Schuldvertrag. Eine rechtsvergleichende Untersuchung des englischen, US-amerikanischen, französischen und deutschen Rechts unter besonderer Berücksichtigung der gerichtlichen Praxis. 1992.

Band 18 Bernadette Chaussade-Klein: Vorvertragliche "obligation de renseignements" im französichen Recht. 1992.

Band 19 Josef Sievers: Verbraucherschutz gegen unlautere Vertragsbedingungen im französischen Recht. Vom Code civil zum "Code de la consommation" – die Entstehung eines Sonderprivatrechts für Verbraucher. 1993.

Band 20 Achim Schäfer: Grenzüberschreitende Kreditsicherung an Grundstücken, unter besonderer Berücksichtigung des deutschen und italienischen Rechts. 1993.

Band 21 Eugenio Hernández-Breton: Internationale Gerichtsstandsklauseln in Allgemeinen Geschäftsbedingungen. Unter besonderer Berücksichtigung des deutsch-südamerikanischen Rechtsverkehrs (dargestellt am Beispiel Argentinien, Brasilien und Venezuela). 1993.

Band 22 Ingo Reng: Unterhaltsansprüche aufgrund nichtehelicher Lebensgemeinschaft – Internationales Privatrecht und ausländisches materielles Recht. 1994.

Band 23 Stefanie Roloff: Die Geltendmachung ausländischer öffentlicher Ansprüche im Inland. 1994.

Band 24 Katharina Ludwig: Der Vertragsschluß nach UN-Kaufrecht im Spannungsverhältnis von Common Law und Civil Law. Dargestellt auf der Grundlage der Rechtsordnungen Englands und Deutschlands. 1994.

Band 25 Malte Diesselhorst: Mehrparteienschiedsverfahren. Internationale Schiedsverfahren unter Beteiligung von mehr als zwei Parteien. 1994.

Band 26 Manfred Kost: Konsensprobleme im internationalen Schuldvertragsrecht. 1995.

Band 27 Wolff-Heinrich Fleischer: Das italienische Wettbewerbsrecht und die Probleme des selektiven Parfümvertriebs unter Berücksichtigung der Rechtslage in Frankreich und Deutschland. 1995.

Band 28 Angelika Fuchs: Lateinamerikanische Devisenkontrollen in der internationalen Schuldenkrise und Art. VIII Abschn. 2 b) IWF-Abkommen. 1995.

Band 29 Jacques Matthias Aull: Der Geltungsanspruch des EuGVÜ: "Binnensachverhalte" und Internationales Zivilverfahrensrecht in der Europäischen Union. Zur Auslegung von Art. 17 Abs. 1 S. 1 EuGVÜ. 1996.

Band 30 Hartmut Ost: EVÜ und fact doctrine. Konflikte zwischen europäischer IPR-Vereinheitlichung und der Stellung ausländischen Rechts im angelsächsischen Zivilprozeß. 1996.

Band 31 Stefan Wagner: Die Testierfähigkeit im Internationalen Privatrecht. 1996.

Band 32 Wolfgang Jakob Hau: Positive Kompetenzkonflikte im Internationalen Zivilprozeßrecht. Überlegungen zur Bewältigung von *multi-fora disputes*. 1996.

Band 33 Markus Schütz: UN-Kaufrecht und *Culpa in contrahendo*. 1996.

Band 34 Volker Geyrhalter: Das Lösungsrecht des gutgläubigen Erwerbers. Ein "vergessener" Kompromiß und die Auswirkungen auf das heutige deutsche Recht unter besonderer Berücksichtigung des internationalen Sachenrechts. 1996.

Band 35 Andreas Kramer: Abwicklungsstörungen bei Kaufverträgen. Die Lieferung vertragswidriger Sachen im deutschen und italienischen Recht. 1996.

Band 36 Petra Krings: Erfüllungsmodalitäten im internationalen Schuldvertragsrecht. 1997.

Band 37 Tonja Gaibler: Der rechtsgeschäftliche Irrtum im französischen Recht. 1997.

Band 38 Dirk Otto: Rechtsspaltung im indischen Erbrecht. Bedeutung und Auswirkungen auf deutsch-indische Nachlaßfälle. 1997.

Band 39 Gregor W. Decku: Zwischen Vertrag und Delikt. Grenzfälle vertraglicher und deliktischer Haftung dargestellt am Beispiel der Berufs- und Expertenhaftung zum Schutze des Vermögens Dritter im deutschen und englischen Recht. 1997.

Band 40 Ulrike Höpping: Auswirkungen der Warenverkehrsfreiheit auf das IPR unter besonderer Berücksichtigung des Internationalen Produkthaftungsrechts und des Internationalen Vertragsrechts. 1997.

Band 41 Andreas Bartosch: Die vermögensrechtlichen Beziehungen der Ehegatten bei bestehender Ehe im englischen Recht – Eigentum, Besitz, Schuldvertrag. 1997.

Band 42 Helene Boriths Müller: Die Umsetzung der europäischen Übereinkommen von Rom und Brüssel in das Recht der Mitgliedstaaten. Dargestellt am Beispiel Deutschlands und Dänemarks. 1997.

Band 43 Bernd von Hoffmann / Myong-Chang Hwang (eds.): The Public Concept of Land Ownership. Reports and Discussions of a German-Korean Symposium held in Seoul on October 7-9, 1996. 1997.

Band 44 Oliver Heeder: Fraus legis. Eine rechtsvergleichende Untersuchung über den Vorbehalt der Gesetzesumgehung in Deutschland, Österreich, der Schweiz, Frankreich und Belgien unter besonderer Berücksichtigung des Internationalen Privatrechts. 1998.

Band 45 Heinrich Schütt: Deliktstyp und Internationales Privatrecht. Dargestellt an grenzüberschreitenden Problemen der Arzthaftung. 1998.

Band 46 Axel Steiner: Die stillschweigende Rechtswahl im Prozeß im System der subjektiven Anknüpfungen im deutschen Internationalen Privatrecht. 1998.

Band 47 Martina Schulz: Der Eigentumsvorbehalt in europäischen Rechtsordnungen. Rechtsvergleichende Untersuchung des deutschen, englischen und französischen Rechts unter besonderer Berücksichtigung von Erweiterungen und Verlängerungen. 1998.

Band 48 Karin Dreher: Die Rechtswahl im internationalen Erbrecht. Unter besonderer Berücksichtigung des italienischen IPR-Reformgesetzes N. 218 vom 31. Mai 1995. 1999.

Band 49 Giuliano Gabrielli: Das Verhältnis zwischen der Anfechtung wegen Eigenschaftsirrtums und den Gewährleistungsansprüchen im deutschen, österreichischen und italienischen Recht. 1999.

Band 50 Bernd von Hoffmann / Myong-Chan Hwang (eds.): Developments in Land Law. Reports and Discussions of a German-Korean Symposium held in Berlin and Trier on July 21-24, 1997. 1999.

Band 51 Volker Heidbüchel: Das UNCITRAL-Übereinkommen über unabhängige Garantien und Standby Letters of Credit. Vergleiche mit den Richtlinien der Internationalen Handelskammer, dem deutschen, englischen und US-amerikanischen Recht. 1999.

Band 52 Jan Christoph Nordmeyer: Pflichtteilsansprüche und Wiedervereinigung. Eine systematische Analyse der Ausgleichsansprüche nach BGB-Pflichtteilsrecht unter besonderer Berücksichtigung der durch den Wiedervereinigungsprozeß eingetretenen Wertveränderungen. 1999.

Band 53 Bettina Linder: Vertragsabschluß beim grenzüberschreitenden Verbraucherleasing. 1999.

Band 54 Almontasser Fetih: Die zivilrechtliche Haftung bei Vertragsverhandlungen. Eine rechtsvergleichende Studie zum deutschen, französischen, ägyptischen und islamischen Recht. 2000.

Band 55 Sona Rajani: Die Geltung und Anwendung des Gemeinschaftsrechts im Vereinigten Königreich von Großbritannien und Nordirland. Der Grundsatz der Parlamentssouveränität im Wandel. 2000.

Band 56 Joachim Kayser: Gegenmaßnahmen im Außenwirtschaftsrecht und das System des europäischen Kollisionsrechts. Eine Analyse der EU-Abwehrverordnung gegen die Auswirkungen extraterritorialer Rechtserstreckung eines Drittlandes. 2001.

Band 57 Albrecht Conrad: Qualifikationsfragen des Trust im Europäischen Zivilprozeßrecht. 2001.

Band 58 Bernd Borgmann: Die Entsendung von Arbeitnehmern in der Europäischen Gemeinschaft. Wechselwirkungen zwischen Kollisionsrecht, Grundfreiheiten und Spezialgesetzen. 2001.

Band 59 Aleksandar Jaksic: Arbitration and Human Rights. 2002.

Band 60 Islamisches und arabisches Recht als Problem der Rechtsanwendung. Symposium zu Ehren von Professor Emeritus Dr. iur. Omaia Elwan. Veranstaltet vom Institut für ausländisches und internationales Privat- und Wirtschaftsrecht der Universität Heidelberg und der Gesellschaft für Arabisches und Islamisches Recht e.V. Herausgegeben von Herbert Kronke, Gert Reinhart und Nika Witteborg. 2001.

Band 61 Patrick Fiedler: Stabilisierungsklauseln und materielle Verweisung im internationalen Vertragsrecht. 2001.

Band 62 Werner Mangold: Die Abtretung im Europäischen Kollisionsrecht. Unter besonderer Berücksichtigung des spanischen Rechts. 2001.

Band 63 Eike Dirk Eschenfelder: Beweiserhebung im Ausland und ihre Verwertung im inländischen Zivilprozess. Zur Bedeutung des US-amerikanischen discovery-Verfahrens für das deutsche Erkenntnisverfahren. 2002.

Band 64 Bernd Ehle: Wege zu einer Kohärenz der Rechtsquellen im Europäischen Kollisionsrecht der Verbraucherverträge. 2002.

Band 65 Heiko Lehmkuhl: Das Nacherfüllungsrecht des Verkäufers im UN-Kaufrecht. 2002.

Band 66 Jochen Nikolaus Schlotter: Erbrechtliche Probleme in der Société Privée Européenne. IPR-Harmonisierung im einheitlichen Europäischen Rechtsraum. 2002.

Band 67 Konrad Ost: Doppelrelevante Tatsachen im Internationalen Zivilverfahrensrecht. Zur Prüfung der internationalen Zuständigkeit bei den Gerichtsständen des Erfüllungsortes und der unerlaubten Handlung. 2002.

Band 68 Tobias Bosch: Die Durchbrechung des Gesamtstatuts im internationalen Ehegüterrecht. Unter besonderer Berücksichtigung deutsch-französischer Rechtsfälle. 2002.

Band 69 Ursula Philipp: Form im amerikanischen Erbrecht. Zwischen Formalismus und harmless error. 2002.

Band 70 Christian Stefan Wolf: Der Begriff der wesentlich engeren Verbindung im Internationalen Sachenrecht. 2002.

www.ingramcontent.com/pod-product-compliance
Ingram Content Group UK Ltd.
Pitfield, Milton Keynes, MK11 3LW, UK
UKHW021132041026
8980IPUK00034B/1694